日本史研究叢刊 29

有間皇子の研究

斉明四年戊午十一月の謀反

三間重敏 著

和泉書院

切目山万葉歌碑

前　言

有間皇子の謀反未遂事件は、大化改新以前の旧体制が亡び唐の新体制が成立する過渡期に生じた。本事件は『唐名例律』謀反の条に抵触する未遂事件である。考慮すべき条件として、絶対条件及び十分条件に若干の補足問題がある。

一　絶対条件として五点を挙げる。

(1) 大化改新後、唐の律令制度を新しい法制として準用したことが見受けられる。そのヒントに、大化五年蘇我倉山田石川麻呂の謀反容疑があり、唐の制度活用がある。

(2) 何故に有間皇子は斉明四年十一月、謀反を起こす企画を建てたのかという理由である。そのヒントに、大陸における後漢時代から生まれた革命思想が想定され、有間皇子に影響を及ぼした。

(3) 斉明天皇時代は、『隋令』の謀反罪適用の過渡期の死刑三覆奏時代に当たる。そのヒントに、行刑の手続が唐太宗の『貞観令死刑五覆奏』施行適用以前の法準備期を想定する。

(4) 自由人舎人新田部連米麻呂が、白浜に到着後急拠斬刑の判決を、何故受けねばならなかったのかの疑念を抱く。そのヒントに、皇子の斉明三年九月紀伊旅行に密着し、皇子の行動の全てを熟知していた。

(5) 諸学者が『唐断獄律』の規定「日本剋得」の行刑を想定しない理由に基づく。そのヒントに、皇子他二名の行刑執行に唐制度運用を考慮しなかった。

等が挙げられる。

二　十分条件として考慮すべき三点がある。

(1) 塩屋連鯯魚が謀反事件に参画し、『唐擅興律』に抵触する動員数値に達すること。そのヒントに、首謀者有間皇子と同じ律の死刑処分になっている。

（2）『日本書紀』に明示する「藤白坂」は、白浜裁判地から同じ日の「未剋」限に到達できる地である。そのヒントに、前日十日における拷訊の厳しさを考慮すれば、有間皇子他二名の歩行は切目川を越えない所に想定される。

（3）『唐擅興律』に該当する人物は、海人族の協賛を得る条件が広域に支配力を持つ族長層を束ねる塩屋連鯯魚がふさわしい。そのヒントに、孝徳天皇から良国司と抜擢された知名度の高い人物である。

三　補足として紀路内に「市」を想定する。切目港、戦後に生じた「岩内古墳」を究明する。

（1）『唐獄令』に見合う人家の多い集落地が、「市」として考えられる。しかもその集落は「藤白」と擬定できる沿岸地になる。そのヒントに、中世に活動する切目庄薗が関わる。切目崎で湾入する「切目港」は、平安時代音韻変化で「目《ツ》」が「尾《べ》」となる清音より濁音化した。

（2）岩内一号墳は、戦後森浩一氏により有間皇子の墓ではないかとされた。昭和五十四年七月『古墳の旅』芸艸堂、一九七九年刊に、「皇子の死の六五八年より、約半世紀ほどしてから皇子の墓が立派に造営された可能性は十分あります」と仮説を出された。

この仮説は反対する説のないままに増殖するが、筆者は七年後の昭和六十一年十月三日、白浜町青少年研修センターで、「有間皇子」と題して講演した際、結びの所で「森氏が述べた有間皇子墓成立の可能性は無いと断定できます」と明言した。

目次

序章　有間皇子自傷歌二首問題

有間皇子謀反事件を政治面から採りあげた論文は数多くある。詠歌面でもこれまた実に多い。従前の研究で蔑にされていたのが『詩緯』に引く三大革命のひとつ「戊午革運」問題である。この問題を示唆したのは、昭和三十六年第七回神道史学会「戊午の変雑考―有間皇子の死に就いて」であった。

その後本事件を広く概説したのが、第一章総論「有間皇子の一生」である。中国では五世紀に二度王朝が成立を見る。最初は東晋を滅ぼした宋の建国であり、その後が宋を滅ぼした南斉の建国である。両者には「武王克殷」故事に基づく革命思想があり、六十年を一元とする回帰現象を踏まえる。その現象は「緯書」の流行と無関係ではないのである。

有間皇子は五世紀に実現した宋・斉の建国が倭国においても可能であると過信する。宋建国の劉裕も南斉建国の蕭道成も、ともに建国のため部下と志を分かち合う信頼関係を伴とする「老成人」であった。この点を若い有間皇子が見落としていた。皇子の欠点は「老成人」が苦労した革命研究の基本を洞察できなかった劣《おろ》かさにある。皇子は斉明四年天皇・皇太子一行が白浜湯治旅行に京を留守にする時機を狙って、勝運を賭けた計画を立てる。

大化改新後新しい『唐律令』準用する違反行為・謀反行動に打って出る。『名例律』に規定する「犯意」が大いに関わったからである。塩屋連は大化改新以前から中臣氏と関係し、鯯魚に祖父や父の時代に確保した海人族の族長として支配権を得ていた。それが、皇子の企画に協力した「塩屋連鯯魚寸考」であり、「古代における皇族の謀反―海人族の協賛―」である。鯯魚は軍事行動の総責任者に当たる。

大化改新以後の孝徳天皇治政化では、中国の律令制度受容に積極的な様子が知られる。蘇我山田石川麻呂事件はその例証になる。旧制度になかった司法分野に、囚人が枷鎖を使用される『獄官令』を適用し、大臣の伴党田口臣筑紫は枷を着け後手に縛られている。当時の知識人層は旧思想を嫌い、新思想として「緯書」の併行と共に律令政府の中に浸透してゆく。所謂「謀反」行動に『飛鳥浄御原律令』成立前倭国律令が『唐律令』を準用していることが、新制度下に於ける統治概念として根づき始める。

裁判史の研究で最も力を入れて究明しなければならない問題は、その時代の法律がどうであったかという法制史の問題である、と利光三津夫氏は昭和三十九年『裁判の歴史—律令裁判を中心に—（日本歴史新書）』至文堂刊で述べられた。そして「孝徳斉明両代は、諸事明治維新直後の社会と同じように、新旧交替の過渡期たる様相を示していたから、その裁判手続、裁判法規のごときも唐律令を参酌し、従前の慣習を以てしたと考えられる。裁判手続は原則として、人証書証による中国的な裁判手続がこれに取って代わった」という。

有間皇子については、『万葉集』巻二に一四一・一四二番歌を詠じたと明記されている。『万葉集』を信じ編集者の画く「題詞」を信じ、二首歌が斉明四年作と考える学者が多い。しかし、「題詞」検討説が出てきた印象を強く感じる。この二首の解釈には法制史に於ける被疑者に対する尋問事状を踏まえねば文学論の詠歌に過ぎないと思う。

貞観四年十一月十七日、唐太宗は慎重な『刑官拷問実施令』を出している。太宗が刑官に慎重手続を採らせているのも恩情主義に徹する法制定に太宗の人柄が滲む。利光氏は前著『裁判の歴史』で「自白は証拠の王」という原則を、律令裁判手続で述べられた。そして物的証拠の代表的なのが書証という。留守官蘇我赤兄が入手した証書は、内容不明だが白浜裁判で有効になったと推測できる、と言われた。

利光氏が推測された書証には、舎人新田部連米麻呂に関わる内容が多かったと私は思う。何故ならば、自由人舎人が白浜裁判で斬刑処分を受けたからである。舎人米麻呂は犯罪事実を知る立場だったから、皇子の行動を素直に白状しなかった筈である。しかし拷訊の厳しさに堪え切れず、共同正犯と見なされて斬刑となる審理に屈服したのが直相に近いと想定する。白浜裁判はこの米麻呂の自白を得るのに時間を要した筈である。

「謀反」罪に関しては犯罪事実認識のため拷訊による自白が認められる。自白を得なければ拷問回数前後三回で、「拷訊」二百回以内と『唐断獄律』に定めている。所謂規定内で生者も断罪されることは許される。従って十日の白浜裁判の審理は米麻呂の自白を得る時間が、「拷訊」二百回以内を得る為の書証入手に費やされた筈である。

拷訊の実体は、『獄官令』に「背臀分受、須数等」の規定がある。緊急時には、橘奈良麻呂の乱時、関与者黄文王がひっきりなしの栲杖下で死んでいる。平安期には伊予親王事件で容疑者中臣王が、背中に大杖を連打され崩爛し、事件と無関係を主張し息絶えた拷訊の凄さを記録に残す。僅か二例の拷訊は生々しい実態を示唆するに余りある。

白浜裁判の真相は、米麻呂が受けた拷訊の厳しさを想像させるに十分と思う。利光氏は前掲書で「証拠によって犯罪事実を認識しえた場合、または拷問によって自白が得られた場合等には、」、鞫状を作成しこれを「弁定」または「弁証」と称していると言われた。そして「白浜裁判の場合、有間皇子が裁判手続上、この弁定の過程を通して自己主張した筈である。中大兄が有間皇子の前で弁定を読み聞かせた時に、〈天与㆓赤兄㆒知、吾全不㆑解〉の発言があった」と洞察された。

真相を確認する手続順序に従えば、米麻呂の自白を得て、謀反協力者に決論づけられ、その後流罪該当の守君大石・坂合部連薬への事実関係確認に移ったと想定できる。それは量刑者二人への捜査範囲を絞りこむ必要上、察獄官役に徹する皇太子の手続方法が、十分条件として採られた筈だからである。

拷訊の第三段階で兵力動員を実質的に行使する責任者になる塩屋連鯯魚があぶり出され、弁定の段取になる。最終段階で有間皇子に落ちつき、皇太子が真相を判断する立場から、先に調べあげた傍証を以て、皇子に厳しい拷訊を加えた筈である。例えば『保元物語』中、「謀叛人各召し捕らるる事」にも「七十五度の拷訊」を載せている。

真相を積み重ねる過程には、米麻呂の自白が得られぬ事で皇太子はてこずり拷問に時間を要した筈である。皇子の謀反計画を知っている舎人としては、頑強に皇子の無実を弁じ拷訊に堪え、奈良朝の黄文王や平安朝の中臣王の如く、死に至る迄の寸前で自白をした。それは皇子に対する忠誠心の証しとなる故である。白浜裁判の審理には、『唐律令』運用で謀反容疑者究明に、捜査時間がかかった。『唐律令』の準用下で、謀反罪適用に「拷訊」の厳正さを理解して始めて、皇太子が天皇代行として、容疑者に「弁定」文を聞かせたと推定する。拷訊の後で「弁定」文をまともに聞く事は、体力を保持するのがやっとで、翌十一日の刑執行の様子を考えねばならない。

従前の有間皇子に関する碩学の論文は、『唐律令』準用下の謀反を説明されなかった。法制史の立場から察《み》れば、『万葉集』巻二、一四一・一四二番歌は、斉明三年九月時における紀行歌であると言える。有間皇子の詠歌二首を冷静に論じられたのは阪口保氏である。

昭和三十年四月一日、文学圏社・松田道別、孔版『挽歌の本質』第六章、「萬葉集初出の挽歌―有間皇子の悲劇―」には、

> 此の有間皇子の歌は、決して挽歌ではない。歌詞だけを見れば、明らかにそれは旅の歌であって、寧ろ、雑歌のなかの羇旅の部に入れるべきものであって、死に関連する悲哀の感情は現われていない。……有間皇子のこの歌は、この事件と関係なく、この地を通過した折の、しかも恐らくそれははじめて通過した折の―勿論、あとから結びつければ関係は生ずる。それは神のみが知る関係である。あとの事件を切り離して、その初度通過の折に歴史を戻して考えれば―旅の歌であって、第二首目の、推の葉の歌も、その時に作られた歌であろう。

と言われた。私はこの阪口説に賛同する。

『南斉書』巻一、高帝紀上に蕭道成が、宋の順帝から「終礼」を得る璽書に、

> 革運斯炳、代終弥亮、負扆握レ枢、允帰明哲一、団以二獄訟一去レ宋、謳歌適レ斉。

の明示がある。有間皇子はこの革運想を知る人であり、この貴重資料を日本でも実現可能と信じた。これは斉明四年十一月に直接関わる動機である。

終章は戦後和歌山県文化財役員をされた巽三郎氏の研究に「岩内一号墳」において協力されたのが森浩一氏である。その森氏が昭和二十九年（一九五四）七月『古墳の旅―中国と日本―』で、「皇子の死の六五八年より、約半世紀ほどしてから皇子の墓が立派に造営された可能性は十分あります。この仮説から考えられるし、古墳が八世紀であるのもかえって辻褄があうのです」と、仮説を述べられた。以後『古代学研究』九四号に「盤代と有間皇子」を翌年十月に発表する。『紀州新聞』に「岩内古墳と有間皇子」の講演を通じて、岩内一号墳を有間皇子の墓に限定してゆく。昭和五十八年に、「岩内一号墳と有間皇子」の史跡化を踏まえて、史実化を進めてゆかれる。森氏の情熱は、昭和五十九年九月『万葉集の考古学』に、四年前に『古代学研究』九四号で発表された「盤代と有間皇子」をくり返された。

正史に基づかない森説は、昭和五十四年一月三十一日付『読売新聞』が、「有間皇子の墓説強まる」を発表してから、「可能性がある」表現で進められた。早くも二月十四日『日高新報』が紙面に大きく、「脚光あびる岩内古墳　有間王子の埋葬か　森同大教授が断定説」を示す。断定の理由は、

①漆の木棺は皇族級の埋葬者である

②銀線蛭巻太刀は貴族以上の身分のものと考えられる

③飛鳥から奈良時にかけて日高地方にはこの古墳の被葬者にふさわしい有力者がいない

④有間皇子は謀殺されてから後の時代（約数十年後）ここに埋葬された

などとしている。説明の最後は、今後の解明に大きな期待と関心が寄せられている、とした。

森氏に反対する意見もない様だが、私は一点だけ即ち『類聚国史』を見てほしいと思う。

第一章　有間皇子の一生

第一節　前　編

はじめに

『類聚国史』巻八十八刑法部二罪人上の中に、大宝元年（七〇一）以前における著名な謀反者十八人の名があげられている。これらにみられる名は、その殆どが皇族によって占められている。古代政治史を考える上で、この事実は注意しなければならない点であろう。本節で問題とするのは、数ある謀反事件中、慣習法から律令法にうつる過渡期の斉明天皇四年に、海人族の協賛を得て皇位を奪おうと計画し、協力者の裏切りにより僅か十九歳の年齢で死刑に処せられた有間皇子の一生である。

悲劇の主人公有間皇子は『万葉集』に挽歌二首を残しているので、万葉歌研究の面から謀反事件を解明する人によって、古来屢々古代史研究にとりあげられた(1)。戦後の昭和三十五年は有間皇子の認識が一段と深まった年である。『和歌山新聞』紙上に、「紀の国物語」（有間皇子の死）と題して荊木淳己氏の作品が、和歌山文協文芸部提供により掲載された。又、「白浜殺害」の新説・万葉歌人の有間皇子という、センセーショナル記事が紙上を賑わしたのも丁度この頃である。新説を出した清川吉彌氏は、皇子の処刑地「藤白」及び挽歌の「磐白」がともに「当時浜辺で噴き上げる温泉が湯花を散らし、岩が白く見える有様[2]」をいったものと理解し、白浜町湯崎の人々を驚喜させる多分に町民の気持に迎合するものだった。

又、福田恆存氏が芸術座上演の「有間皇子」を発表した[3]のが、翌昭和三十六年である。これに出演した松本幸四郎氏らが、上演の合間をみて海南市藤代の有間皇子墓に詣でたことを新聞がとりあげたので、有間皇子の認識は漸く一般人に深まった感がある。この一方、有間皇子はラジオ放送にも採りあげられたから、この頃は新聞・雑誌・ラジオのマス・コミュニケーションが一斉に有間皇子を、娯楽の好材料とした時代であったと言える。筆者が有間皇子に興味を抱き、研究の一端「戊午の変雑考—有間皇子の死に就いて—」を発表し[4]、この一部を「塩屋連鯯魚寸考」の本節にまとめ[5]、「古代における皇族の謀反—海人族の協賛—」の別稿を発表した[6]のは、四年後に当たる。昭和三十四年、有間皇子一三〇〇年祭で和歌山県日高郡南部町教育委員会が、「有間皇子を偲ぶ」の小冊子を発行して、皇子顕彰運動の口火をきった。従って、これ以前にも万葉学者による有間皇子研究の論文があるが、研究の多彩化はこの時点以後に俟たねばならない。

有間皇子の研究は、単に『日本書紀』（以下『書紀』と略称）及び『万葉集』に基づく資料だけからでは解明されないのであって、特に皇子の処刑地認定には民族史・法制史的見地から考察を深める要がある。猶、希望的観測であるが、皇子の墓にもし木簡あるいは銅板の墓誌が遺骸と共に埋められたのであれば、今後に発見される可能性は充分にあるだろう。それによって律令法の実体が明らかにされれば、日本古代における政治・法制・文化史の研究は大いに進展する。この故に考古学研究に携わる人の協力が、今後ますます必要となるだろう。

有間皇子の謀反事件は、従来皇子が中大兄皇子の謀略に乗って行動を起こした、とする解釈が大勢を占めている。しかし、『書紀』斉明三年九月条の皇子の人物評に、

有間皇子性黠《サトシ》。陽狂《イツハリタフレテ》云々。

とみえる。境田四郎氏はこれが『日本書紀通釈』の言う「当時の文書のままに記された」もので、わるがしこい人物として他の反乱を企てた人にも見られない叙述であること、を述べていられる(7)。即ち斉明三年紀の資料は、天智天皇側の記録であることを充分考慮しなければならないが、この記述は有間皇子の積極的謀反活動に入った斉明四年紀をふまえてなされていると考えられる。従って皇子が積極的謀反活動に入る為には、青年がもつ一途にものを思いつめることが行動の背景にあったと言える(8)。

ハムレットの戯曲は有間皇子の謀反行動と同一に論じられないが、共通要素として父の復讐のため、謀反計画は慎重にねられ、行動は皇子の主体性で以てなされたと考えられよう。何故ならば、斉明四年の戊午の変は、有間皇子の積極的行動の下に展開される段取りであったのが、謀反加担者蘇我赤兄の中大兄皇子内通で未然に終ったからである。

人生は有為転変の歴史であり、非常と矛盾が織りなすメロドラマである。悲劇の主人公に対する世間の同情は、今も昔と変りなく続いている。有間皇子に対する同情は、『万葉集』に詠歌二首を残すため一層強くなるのであろう。日本人には昔から「判官贔屓」の要素が多分にある。しかし、歴史の推移は人間感情を超越した非常の時間の継続である。戊午の変の中心人物有間皇子は、正に悲劇の主人公として名をあげるにふさわしい人物と言わねばならない。

私はこれまで同情的に解釈されている有間皇子を、できるだけ正しくその不運の生涯を以下に解釈したい。

一　幼少時代の有間皇子

生誕　有間皇子は舒明天皇十二年（六四〇）に、軽皇子の長男として生まれた。軽皇子は時に四十五歳であった。軽皇子は一名万徳王とも言われ、父茅渟王と母吉備姫女王の長男に当たる。又軽皇子は姉の宝皇女が舒明天皇の皇后であり、既にこの時勝気な中大兄皇子十五歳を東宮にしているので、全く皇位を望めない不遇をかこっていたものと想像される。有間皇子の命名の由来は不明であるが、天武天皇の皇女大来の事例もある様に、地名と関係があるのであろう。即ち、舒明天皇は三年九月と十年十月に、摂津国有間温泉に行幸している。この行幸には、天皇の弟茅渟王・その妃吉備姫女王や皇后・軽皇子ら皇族が同道したと考えられる。『書紀』舒明十年十月条には「幸有間温湯宮」とみえ、同十一年正月壬子条に「車駕還自温湯」とある。この記述から、有間温泉には行宮が設けられていたことが分かる。天皇は十一年十二月にも伊予温湯宮に行幸して翌年四月に還都しているので、伊予温泉にも行宮の存在したことが分かる。この様に天皇が長期に亘り温泉地行幸をする傾向は皇后をはじめ皇族達にも温泉地出遊の気分を高めたであろう。有間皇子の母は阿倍小足媛であるが、皇子を生んだ時に夫軽皇子が四十五歳とする『神皇正統記』の説が正しいとすれば、舒明天皇の第二回有間温泉行幸時には夫と同道していたと思われる。

境田四郎氏は前掲論文で「有間」の命名について、

　　母方阿倍氏の一族久々智氏が摂津国有間地方に居住していたので、その縁によって名づけられたのだろう云々

と言われている。軽皇子は即位後大化三年十月より二ケ月余に亘り、左右大臣及び群卿大夫を従えて有間温泉に行幸している。事実に基づけば、軽皇子は有間温泉を好んでいた事状が窺われる。従って有間皇子の命名も有間の地名に由来するものと推定されよう。

阿倍小足媛　皇子の母阿倍小足媛は、阿倍倉梯麻呂の女である。『書紀』大化元年七月戊辰条に「元妃」とみえるから、小足媛は軽皇子が即位後迎えた間人皇后や、次妃蘇我乳娘よりも早く軽皇子の妃となった女性と断定できる。従って軽皇子にとって小足媛は愛妻即ち寵妃になる。小足媛は夫軽皇子が脚を患って朝廷に出仕できなかった皇極天皇の頃、三嶋に退去していた侍宿する中臣連鎌子の世話をしていた。その接待は別殿に鎌子を招じ新しき夜具を鋪《シ》いて、何不自由なく暮らさせる特別扱いであった。『書紀』皇極三年正月乙亥条に、

　　軽皇子……乃使㆓寵妃阿倍氏㆒、浄㆓掃別殿㆒、高㆓鋪新蓐㆒、靡㆑不㆓具給㆒、敬重特異。

とみえ、又『鎌足伝』に、

特重礼遇、全得交待、専使寵妃、朝夕侍養、居処飲食、甚異常人。

とある。小足媛は夫の命で鎌子の日常生活の面倒をみた。ところが後年鎌子に定恵の一子が生まれるが、伴信友によれば定恵の母は阿倍小足媛であり、有間皇子の五歳下の弟が定恵であるという。[9] 小足媛を寵妃とするのはよいが、寵妃が懐妊中に鎌子に賜与されるという説は後世のつくり話と見ねばならない。『荷西記』[10]に、

定恵和尚……実天万豊日天皇孝徳皇子也……落涙言、吾天万豊日天皇太子。宿世之契、為陶家子云々

とあるのは、多武峰寺初代検校延安が考えた説である。[11] 又、故柳原博光氏蔵『真名大織冠公御伝』(『大織冠縁起』の別称)に、

賜懐妊御息所、号二車持夫人一、然其懐妊六箇月也。詔曰、生子若男者、為二臣子一。若女者、為二朕子一。鎌子連堅守而送四ケ月。生子男子也。夭。定恵和尚是也。

とある。ここにみえる「夭」の注が問題で、柳原家本ではこの他に、

天智天皇御宇己巳冬十月十四日。夭。

同十五日。夭。

と二例がみつかる。柳原家本の注は出典を示すのが多いので、これも「夭」のつく出典と思われるが徴する資料はない。只『多武峰略記』上第十一住侶に引く『旧記』[12]が、「夭」記と大同小異の説と『荷西記』の内容を出典もあげずに載せている点から考えると、「夭」記は『荷西記』の成立する前後の記録であろう。従って延安による『荷西記』にみられる様な定恵の出自を高く見せようとする運動が、九世紀末には窺われるので、[13]「夭」記もこれに関係する記録であったに違いない。

この様に考えると、小足媛が鎌子の夫人になって定恵を生んだと解する伴信友の説は、定恵の没年でも『荷西記』以後の文飾多い和銅七年七十歳遷化説[14]を採用する誤りを犯している点を、併せ考勘すれば正しくないと言えよう。

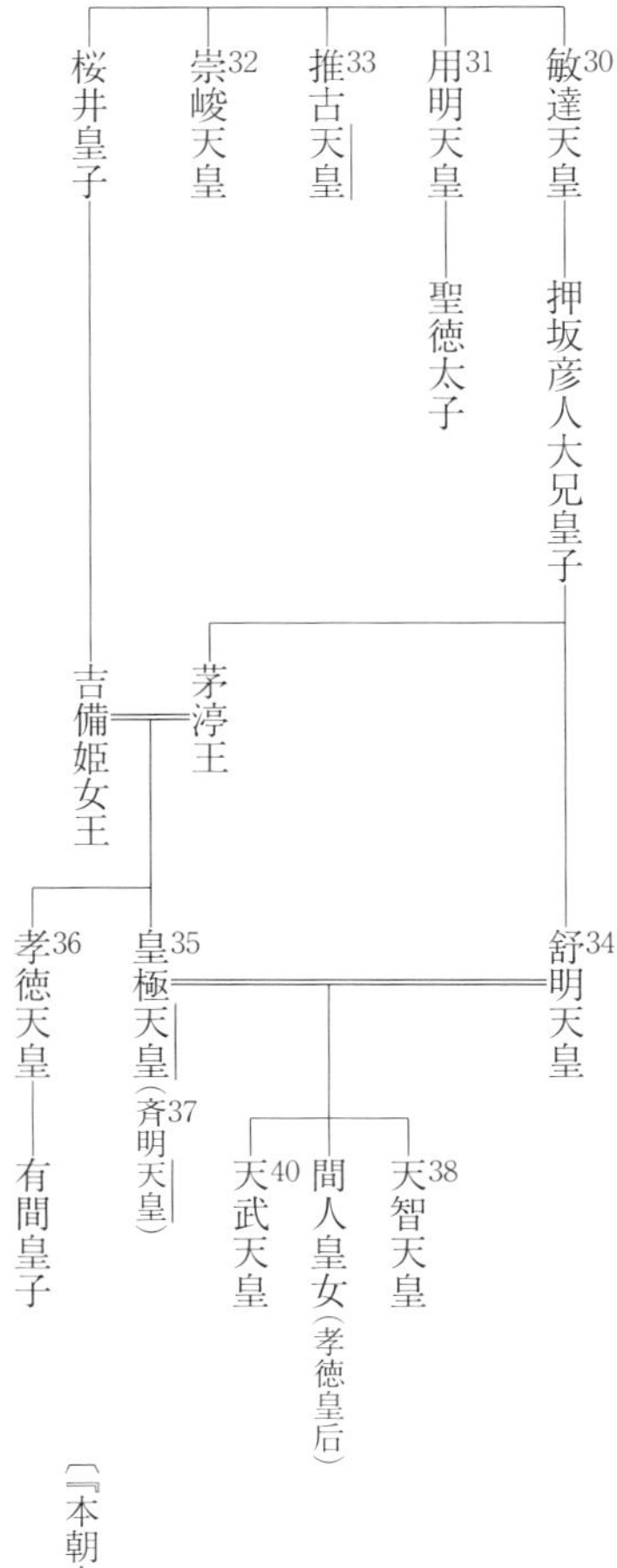

〔『本朝皇胤紹運録』による
｜天皇は女帝を示す〕

有間皇子は伯母皇極天皇の子中大兄皇子とは従兄弟に当たり、その弟大海人皇子についで皇位継承権をもつ人であった。そこで、その関係を皇統譜で眺めると、右の図表の通りである。

いま小足媛が鎌子の夫人でないことを推定した。従って、小足媛は定恵を生んだと考えることも正しくない。小足媛はやはり『書紀』孝徳元年（大化）七月戊辰条の后妃伝にみえる、「有間皇子」を生んだ母と限定すべきである。

幼年時代　有間皇子は大化元年紀の出自を示す記録を含めて、『書紀』では斉明三年九月条及び同四年十一月条にのみその名をあらわす。従って、皇子の幼年時代は不明である。だが皇子が十九歳で謀反行動に奔り、あえない最期を遂げた事実より推測すれば、謀反行動を決意する原因が必ずやその少年時代に存在したであろう。その原因の一つは、父孝徳天皇の崩御と無関係でなかったであろう。

当時、生まれた子供は母方の家において育てられたから、有間皇子もその例外ではなかったろう。皇子は母方の阿倍氏の邸宅で何不自由なく育てられたと思われる。小足媛が住んでいた地はさだかでないが、夫孝徳天皇が難波に新しく都を定めているのは、妃の阿倍氏と関係があったからではあるまいか。『万葉集』に阿倍氏と難波が関係深きことを詠んだ歌が残っているのも、この推測を傍証するものである。阿倍氏には極めて多くの同族があり、太田亮氏の『姓氏家系大辞典』によってもその様子が窺われる。小足媛は左大臣の父を出自とするので、血統いやしからぬ古代よりの名門の人[15]である。だから父阿倍倉梯麻呂が数ある妻妾の一人に生ませた子供に、小足媛がいたのかもしれない。『書紀』の簡単な后妃伝から、小足媛が正妻の女であることは推定されない。ただ天皇の妃となる事実により正妻の女である可能性が強いことだけは、誰しも疑えないのである。名門出の倉梯麻呂が本貫地だけでなく数箇所に別宅を所有したであろうことは先ず間違いない。小足媛の家もその別宅の一つに当たる。小足媛が皇妃として生活を送るのには、やはり難波から近い所と考えらる。では小足媛が有間皇子を養育した地は、一体どこに求めるべきであろうか。私は有間皇子が謀反行動に入ろうとして逮捕された「市経家」が、小足媛のいた家でないかと思う。

『日本書紀通釈』は「市経家」を、『大和志』を引いて、

　平群群村里、一分《イチフ》。

という。この一分は生駒山麓の東側、現在の生駒町一分に当たる。一分と難波宮とは凡そ三十粁の距離で、その街道は後の平城京への最短コースに当たり、上代の富雄の地に通ずる要路である。従って、この一分を市経に推定する『大和志』の説は大過ないであろう。この一分に有間皇子の家があったとすれば、有間皇子が母方の小足媛の家で成長した事実の推定より、市経家は小足媛のいた家と考えてよいと思う。ここで有間皇子は父孝徳天皇の崩御を知り、なきがらを河内の磯長陵[16]に斂葬するのに立会ったのであろう。父の死は皇子にとって唯一の精神的支柱の喪失であった。母の小足媛が天皇の崩御時に在世したかどうかは現在全く不明である。だから、もしこの時既に小足媛が他界していたのであれば、皇子の悲嘆は大きかったに違いない。母なき後の皇子を支えてくれるのは天皇の愛情だけであったからだ。母方の阿倍氏も皇子を支えてくれたかも知れないが、もし小足媛が倉梯麻呂の正妻の女でなければ、その

援助も余り期待できなかったであろう。この当時、皇太子中大兄皇子の勢力は天皇を難波宮に置きぎりにして、母斉明上皇と妹間人皇后を率いて倭の古京に帰る程であった。だから、この中大兄皇子の顔色を窺って、阿倍氏の心ある者も敢えて有間皇子に援助の手は差し出そうとはしなかった、と思われる。

後年、有間皇子が謀反に積極的であった事実は、皇太子中大兄皇子が孝徳天皇に行った冷たい仕打によるものである。私は有間皇子が送った市経時代を、上述の様に考えている。従って、有間皇子は多感な十五歳の時に父の死にあい、中大兄皇子等の父に対する仕打を眺め、青年時代を悶々の日々に暮した。有間皇子に同情し、その行動に賛同する者があった。即ち、大化改新後の新政策に寄与し、天皇の信任を得た東国国司の一人塩屋連鯯魚・皇子の身辺警護の舎人新田部連米麻呂・守君大石・坂合部連薬等、地方出身の官人以下の身分低き人々である。皇子の謀反失敗を記録する或本に、或人が皇子に諫めた、『書紀』斉明四年十一月庚寅条是日割注に記す。

不レ可也。所レ計既然而無レ徳矣。方今、皇子年始十九、未レ及二成人一、可下至二成人一而得中其徳上。

の言葉は、正に十九歳の皇子に対して有力貴族が諭した行動を暗示していよう。皇子の謀反が性急であった背景には、戊午革運の思想に、皇子が市経時代に学んだ「緯書」の影響がある。

二　紀路と詠歌

紀路とは四方を山に囲まれた倭京に住む人が、南国の陽光を浴びた太平洋を臨む紀伊路の略称である。その行程は倭京から南の吉野川に出て、川に沿って河口に下り『万葉集』に名高い勢能山から陸路藤白に至り、旧熊野古道（第一図）に合う経路で、もと牟婁温湯（白浜湯崎）に及ぶ官道である。後にこの紀路は、熊野信仰に伴って熊野参詣道として発展した。斉明天皇が有間皇子の説明で牟婁行幸をしたり、天武十四年紀によれば、紀伊国司から牟婁温泉が埋没して湯が出なくなったことを、解文で急拠中央に報告しているのである。これは、牟婁温泉が貴人の要地であるこ

とをよく示している。紀路を詠んだ万葉歌に、

愛し夫は、天飛ぶや　軽の路より　玉襷　畝火を見つつ　麻裳よし　紀路に入り立ち　真土山　越ゆらむ君は
黄葉の　散り飛ぶ見つつ　親しみ（五三四）

これやこの　大和にしては　わが恋ふる　紀路にありとふ　名に負ふ背の山（三五）

がある。紀伊国は又「浜ゆふ」の名で知られる。浜ゆふは七、八月頃に咲く有名な植物である。柿本人麿が詠んだ、

み熊野の　浦の浜木綿　百重なす　心は思へど　直に逢はぬかも（四九六）

の歌は、紀路に群生する浜ゆふの様子をよく表わしている。紀路には名所が多く、『万葉集』にその名をとどめている。博学の本居宣長は「紀の国の名どころども」と題して、

①待乳山（巻一・三・七・九・十二等）
②名草山（巻七）
③吹上浜（巻十二）
④雑賀浦（巻七）
⑤白崎（巻九）
⑥三穂の岩屋（巻三）
⑦野島河胡根浦（巻三）
⑧殺目山（巻十二）
⑨磐代（巻一・二・七）
⑩南部（巻九）
⑪神島（巻十五）

第一図　熊野古道及び神社・旧蹟地（著者作成）

等を、花山天皇が詠まれた千里浜（続拾遺）が元弘元年の大地震で二十町程陸となったと記す『太平記』などを引用して、紀伊国が名所旧蹟に富む由を述べている。宣長が洩らした名所に藤白がある。巻九―一六七五に、

藤白の　み坂を越ゆと　白栲の　わが衣手は　濡れにけるかも

とみえている。海南の藤白は元来、坂からの眺望佳景を詠んだもので表わされる歌が多い。宣長が「君のめぐみ」で此地をとりあげているのもこの古来の絶景地をふまえてのことである。ところがこの歌は、江戸時代に入って『万葉集』研究が盛んになると、『万葉集略解』・『万葉代匠記』から有間皇子の終焉地と考えられるようになった。この考えは、『折口信夫全集』や岩波日本古典文学大系本『日本書紀』に踏襲されている。だから、本多平八郎氏の『THE MANYOSHU』も、

As I go over Fujishiro Slope where Prince Arima met his end, the tears run down my way-worn cheeks, wetting my sleeves.

と、「詞に表れぬ無用の鑑意」（荷田春満）をすることになる。藤白のみ坂は、現在の海南市の外れ山手にある藤白神社の脇道を南上する坂を指す。有間皇子が謀反罪で処刑された地名も実は藤白坂である。『万葉集』の詠歌地と皇子の終焉地が、偶然地名の「藤白坂」と付合する様に、皇子の処刑地「藤白坂」は、当時の『唐律』準用下刑法規則の帰納解釈に基づけば、大辟罪の執行が『獄官令』に「日未後乃行レ刑」と明記する。十日にわたる厳しい拷訊の後で真相を究明した直後の皇子の肉体的疲労を考慮すると、十一日白浜を出発して、午後三時を限定するため、海南市の藤白に充てることはできない。海南市の藤白坂が皇子の処刑地と誤解されたのには理由がある。文明年間成立とみられる『文明日記』に、

坂下藤松祠　有二有間皇子御塚所一　此所縊死　依之至二于今松藤生懸一。

と記録が残されたため、後の『紀伊名所図会』もこの説をうけついだ。更に、天保十年の『紀伊続風土記』が、坂の

中途にある藤白松の下から仏像二体を得た事実を述べ、

　是もし皇子葬埋の跡ならむ歟

と大げさにしたから、問題は一層大きくなった。天文年中発見されたという二仏像は、その一体が明治二十二年に焼失し、残る一体が宮本家に保存されている。これは平安末期に盛んに熊野へ奉懸された御正体の一種で、内刳式銅鋳造半肉座像の十一面観音である。

天文年中に発見の二御正体については藤白神社奉懸のものであると推定した(17)。従って、御正体から有間皇子の祠、即ち処刑地と推定することは困難と言わねばならない。『万葉集』の「藤白坂」は眺望に富む有名地で、歌意は急峻を登る為に衣服が汗ばんだという、単純明快なものである。

紀路はこのほか、名高の浦・黒牛の浦・和歌の浦・雑賀の浦・由良の浦、と海に関係する名所が多い。これらは山間に住む都人が海の動きと南国の強い日光に感激した詠歌がもたらしたものである。

　玉津島　見れども飽かず、いかにして、つつみ持て行かむ　見ぬ人のため（巻七―一二二二）

この歌などは海浜に住まない人の心情をよく表わしている。倭京の人にとっては、海をみることは、単調な生活にうるおいを与える楽しみの一つであった。その上に紀の温湯行は最高のぜいたくな生活であった。紀伊旅行は上代人にとって夢なのである。その旅行の途次に詠んだのが藤白の歌である。海浜を過ぎる快感は日頃体験しない都人にとって極めて印象が深い。だから藤白の歌も海浜を洗う波しぶきを強く意識して詠んだものと解する方が、上代人の心情をよりうまく摑んだものと言えよう。静かで動感のない山間平野にある人がみる、暖かい日光に映えて飛び散る水滴の様は、正に夢に描いた感激の縮図にもたとえられる。万葉人の直情的な表現は、我々が考える以上に純粋であった。従って、海南と関係深い藤白は、有間皇子と結びつけないで、旅行途次の率直な気持を詠んだ有名地と解すべきであろう。

三　斉明天皇三年の有間皇子

斉明三年　有間皇子は漸く十八歳を迎える。この年は皇子にとって、多彩な毎日を送る一年である。皇子は孝徳天皇の晩年における不遇を知り、中大兄皇子を快く思わなかった。天皇の崩御後この想いは一層つのったに違いない。皇子は隠忍自重して戊午革運思想を信じ、反抗の機会を狙っていた。はやり立つ激情を抑えて皇子は一途に謀反活動の一歩をふみ出すことになる。即ち斉明三年九月における紀伊国の湯治旅行がそれである。有間皇子の名は孝徳紀に只一回后妃伝にみえるのみで、あとは斉明紀三年と四年の謀反事件に詳しくみえる二例にすぎない。『書紀』撰者がわざわざこの三例のみを採りあげたのは、或いはこれだけの資料しか手許になかったのかもしれない。しかし、有間皇子関係資料の多くは天智朝廷側に保存されたものであろうから、皇子に有利な資料は天智側に残されていなかったものとみてよい。

さて、『書紀』の斉明三年は有間皇子関係の記述が四分の一を占めている。そして、三年の記述部分が斉明天皇の七年間中最も少ないから、有間皇子関係部分は述作文中で大きなウエイトをもつと言えよう。従って、三年の記述文は他に記録する要のある資料がかなり削除されているものとみて大過ない。三年の記事は六月までみられず、七月になって初めて覩貨邏国の男女六人の漂泊を伝え、須弥山像の造作を記録している。その後が有間皇子関係記事で、続いて年月未詳の新羅遣使記事があり、石見国の瑞祥報告で終っている。

この様にみれば、有間皇子の遊山旅行を中心に、平穏無事な記述で三年は占められていると言わねばならない。内実は必ずしも平穏でなく、不穏な空気に包まれていたらしいのである。四年における蘇我赤兄の言葉によれば、政治の三失があげられている。これは四年の時点における発言であるから、四年以前から生じていた失政を示す。即ち、二年の記事に、

是歳、於㆓飛鳥岡本㆒、更定㆓宮地㆒。時高麗・百済、新羅、並遣㆑使進㆑調。為張㆓紺幕於此宮地㆒而饗焉。

とみえる様に、半島の三ケ国から調をうけ、一方、田身嶺に両槻宮（一名天宮）を建て、狂心渠[18]と悪評された過酷の労働力を要した渠を作ったことがみえている。これらに要する建設用材が使用されず、

宮材爛矣、山椒埋矣

というから、かなり無益な土木事業を進めていたことがわかる。このような事情だから、宮殿に対する放火や石山丘を作っても作るあとから自然に駄目になると、誹謗する者がいたのも無理はない。しかも吉野においても宮殿の造作が行われたのであるから、これらの工事が翌年にもち越したであろうことは、充分想像される。従って、無益な土木事業が四年迄継続されていたと言えよう。さもなければ、人心を摑んで謀反をほのめかす赤兄の発言が生きてこない。斉明三年時の一見平穏とみえる記事は、その実人々の天皇を誹謗する声で満ちた内容とみなければならない。

謀反の着手　古代における謀反に関する定義は『唐名例律』八虐の最初に、

謂、謀危社稷。

と明らかにされている。何を以て謀反とみなすかは、『唐律疏議』一名例、謀反に、

左伝（宣公十五年）云、天反時為災、人反徳為乱。然王者居宸極之至尊、奉上天之宝命、同㆓二儀（天地）之覆載、作兆庶之父母。為子為臣、惟忠惟孝。乃敢包蔵凶慝、将起逆心、規反天常、悖逆人理。故曰謀反。

と述べられている。又、『賊盗律』謀反の条では、

有㆓狡豎凶徒㆒、謀㆑危㆓社稷㆒。始興㆓狂計㆒、其事未㆑行、将而必誅。即同㆓真反㆒。名例（律）称㆑謀者、二人以上、若事已彰明、雖㆓一人㆒同㆓二人之法㆒。

と、その未遂も誅すべきことが示されている。今日においても犯罪を構成する重要な要素に、「犯意」の存在がある。犯意を立証する為には単に自白にとどまらず日常の言動が注目される。有間皇子が謀反の犯意を抱いたらしいことは、

『書紀』斉明三年九月条の、

有間皇子性黠、陽狂云々。往牟婁温湯、偽療病来、讃国体勢曰、纔観彼地、病自蠲消云々。

とみえる記録によって窺われる。即ち、「性黠」や「陽狂」の人物評に使われた用語を、ここで見逃すべきでない。

「黠」は、

「黠」堅黒也、从黒吉声。段注、黒之堅者也。（『説文』）

「黠」堅黒也。（『広韻』）

「黠」一曰慧也。（『集韻』）

「虔」儇、慧也。自関而東、趙魏之間、謂之黠。（『方言』）

『漢書』巻六十九、趙充国伝には、

以尤桀黠、皆斬之。師古曰、桀、堅也、言不㆓順従㆒也。黠、悪也、為㆓悪堅㆒也。

等の諸解釈があり、「わるがしこい」の義がある。『書紀』の古訓に「さとし」とある「黠」は「悪・堅・慧」の義があるから、陰険で頑固で狡獪な意味を含んでいる。従って、岩波日本古典文学大系本『日本書紀』下の頭註に、「黠」の古訓に「わるがしこい」の意が見当たらないと記すが、『書紀』編纂者が「わるがしこい」の意で叙述したものと解して大過ない。

次に「陽」の解釈であるが、古訓に「うほり」とある。『日本書紀通釈』は、「ウツホリの誤なるへし。イツハリと云に同じ」と言い、岩波大系本は、「ウツホリの約。イツハリと多分同義であろう」と言う。「陽」は、

詐也。（『一切経音義』、一五）

本亦作為佯、音同。（『釈文』）

澹、陽為縛其奴。師古曰、陽、即偽耳。（『漢書』巻三十三、田儋伝）

と諸書にみえるように、「佯」イツハルの意味に通ずる。『史記』巻三十八、宋微子世家に、

　被髪佯狂而為奴。

とみえる例や、『正字通』子集中、人部に、

　佯、通作レ陽。内不然而外飾偽曰レ陽。

と明記する事例により、「陽」が古来「イツハリ」と訓まれているのが正しいと言えよう。これらにより、『書紀』の記録は「云々」の存在から有間皇子を悪逆非道の人物とした天智朝廷側の記録であろうと推察され、『書紀』編者が「云々」の原文を削除した当時の公式記録と推定できる。境田四郎氏はこれを蘇我赤兄などが作成したものであろう、と推測され、原文削除の理由を天智系の謀略による記録が批判された結果に基づく撰者の手心と述べられた。有間皇子事件の理解に問題はあるが、「云々」は天智側の公式記録であることは疑えない。

　さて、『書紀』九月条の記述は、有間皇子がその性質わるがしこく、表面を偽って狂人のまねをした、皇子は紀伊国の牟婁温泉に往き、病気を治療するとごまかした、そして、天皇の許に伺候して、現地状況報告をする言葉に、紀伊国の様子をほめて「纔観彼地、病自蠲消」ほんの僅かその地を眺めるだけで、私の病気は知らない間に癒りました、と解されよう。この現況報告は女帝にとって興味をもたせ、かつ遊山旅行への決意を促すことになる。九月条の後半に、

　天皇聞悦、思欲往観。

とみえる簡単な記述の中に、天皇が有間皇子の言葉に動かされた様子がうまく表現されている。翌年十月に天皇は牟婁温湯へ行幸しているから、この行幸は明らかに有間皇子の先の報告に影響されるところ大なりと言うべきであろう。有間皇子は天皇の牟婁行幸を機会に、綿密な謀反作戦計画を練っていた事実を『書紀』に引く或本から推断される。だから、有間皇子の紀伊国体勢報告は、その裏に天皇の行幸を決定する誘発行為があるものと考えねばならない。有

間皇子の牟婁温湯遊行は、狂気を装った湯治行為なのではなく、来るべき天皇の行幸に打撃を与える一大水軍作戦の効果を大ならしめる目的意識が秘しており、現地状勢視察は作戦行動を裏づける。班固の『西都賦』に、

天子乃登㆓属玉之館㆒、歴㆓長楊之樹㆒、覧㆓山川之体勢㆒、観㆓三軍之殺獲㆒。原野蕭条、目極四裔。禽相鎮圧、獣相枕籍。

とみえる様に、軍事行動で勝利を得る為には山川の実状をよく見極める必要がある。予定された、三年九月の有間皇子の行動は、謀反行動に入る準備に当たり、その行為には天皇を害せんとする犯意が認められるのである。有間皇子の犯意を別な面から考えてみよう。

藤並神社　神社所在地は『倭名抄』に吉備郷の古名を載せる地[19]で、中央に知られた上代からのユカリあるところである。神社は有田川流域の台地にあり、熊野古道にも近く、『万葉集』に詠まれた白上の磯に擬定される[20]要津迄、一里余の距離にある地勢上の条件に富んでいる。神社は旧有田郡藤並村大字天満の地名にあり、明治四十年四月一日に郷社から藤並神社に指定された。神社の境内には古墳一基あり、これにより古墳を作らせた豪族の氏神[21]が藤並神社の古姿であったと思われる。尤も上代における吉備郷の首長を祭るのが藤並の神であったのかも分からない。地名に天満を残すのは、天元三年（九八〇）菅原道真を勧請したのが当社の始めとすることによる。この説は、古墳の存在を考慮すれば、菅公勧請後の付会の説である。ところが、大正四年有田郡役所発行の『有田郡誌』では、菅公勧請を以て当社の始めとしている。そして次の様な記述がある。

祭祀　社家の伝によれば斉明天皇三年有間皇子当国行啓の時幣を捧げられ、同四年冬天皇牟漏の温泉に在ます時、那耆野芝に幸して幣を奠し玉ひ、又神戸田を増し玉ふといふ、然れども此由諸書は近世の偽造にして尽く付会の説に過ぎず。水主神鎮座のことと共に全く信ずるにたらざるものなりといふ。

『有田郡誌』が近世の偽書という社伝は、『有田郡誌』成立以前の明治年間に火災で焼失している。従って、同郡誌の説は古文書を見ないで菅公勧請の事実重視による専断であるようだ。有間皇子が斉明三年に藤並神社で水主神に奉

幣したという社伝は文書として今日残らないが、幸にその内容は『北野社記』に収載されている。この古伝は『有田郡誌』の言う様に、簡単に付会の説と斥けられない内容を含んでいる。その理由は、

一、斉明三年における有間皇子の牟婁紀行は、上述した様に謀反活動の準備工作と考えられること。
二、有間皇子が動員した水軍は、紀州沿岸の海人族であったこと。
三、動員水軍の統率者は、日高川河口の塩屋を根拠地とした塩屋連であること。
四、水軍動員に直接参加した塩屋連鯯魚が死刑処分をうけていること。
五、藤並神を奉ずる有田川河口周辺の海人族が、塩屋連の支配下にあったと推測されること。

等による。古来、吉備郷として知られた藤並は都京と関係が深かったものと考えられる。即ち『倭姫命世記』に吉備国造と采女吉備津比売が良地口御田を進めた記述がある。吉備国造は、在田郡内の吉備郷の海部首長と推定されることに基づく。この天皇家勢力の進展を暗示する『倭姫命世記』の記述は、中央と吉備郷の密接な関係を物語るとみて間違いない。その吉備郷が吉備海部直の宰領地であるから、紀伊国沿岸に点在する海部族を統轄する塩屋連が、この吉備郷の藤並を支配下においたことは疑えない。かくみると藤並と塩屋連との深い関係が連想され、その延長に塩屋連鯯魚と深いつながりをもつ有間皇子が浮び上がってくる。従って、藤並神社古伝が『有田郡誌』の言う様に一概に排斥できない内容をもつと言えよう。

大体、神社の古伝は社格を高くする為に、成立を古き時代に求めるのが一般である。藤並神社の古伝もやはりその様に解されやすい。しかし、一方に古墳をもつ動かせない考古学上の資料が存在する。吉備郷が上代における海部直の宰領地であるとする歴史上の事実に基づけば、藤並神社古伝は事実の一端を示す信憑性のある資料と言わねばならない。

四　塩屋連鯯魚

鯯魚は、大化改新直後東国に派遣された官人で、孝徳天皇の親任篤き人物である。有間皇子と鯯魚との関係は、鯯魚が孝徳天皇に信頼を得た大化元年ごろからできたものであろう。孝徳天皇は仁慈あつき帝である。『書紀』『大織冠伝』に藤原鎌足は最初孝徳天皇と親密になり、寵妃から日常の細かい世話をうけている。孝徳天皇は鎌足を遇した様に信頼をおいた人間には過大の恩義を与える人である。鯯魚も鎌足と同じではなかろうが、寵妃阿倍小足媛と懇意になったであろう。後年、小足媛の生んだ有間皇子の謀反に加担し、忠誠行動に入っているのは、鯯魚が孝徳天皇からうけた恩だけでなく、小足媛から提供された内分の義を感じてのことであったに違いない。

さて、鯯魚は姓を塩屋連とするから、その本貫は塩屋の地名であったことは間違いない。塩屋地名は『倭名抄』に下野国と伊勢国と僅か二例残すのみであるが、上代における塩屋は諸国に散在していた。別稿で述べた様に(22)、塩屋は元来海浜に設けられた製塩所の地名である。人間生活で塩を欠かすことの出来ないことは昔も今も変りない。寧ろ大量生産できない上代にあって、海浜を遠く離れた都の人間にとって、塩は貴重な食品の一つであった。だから、塩屋で精製された塩は、中央に提供する調庸であり、特に角鹿の塩は天皇の食膳に供する物であった。この様に各地の塩屋から送られる塩は、製塩作業に従事する海人族を統轄する塩屋連の支配下にあった。所謂、海部の族長が塩屋連であり、その一人が鯯魚である。鯯魚の本貫はさだかでないが有間皇子の謀反と密接な関係があることから、紀伊国日高郡内の日高川河口を塩屋と推定するのが穏当であろう。

紀伊国の塩屋は、斉明四年牟婁行幸で現在の白浜に滞在する斉明天皇一行と、中央の水軍を断つ絶好の場所にある。又、此処は『道成寺縁起』・徳大寺左大臣実能の詠歌・『中右記』・『後鳥羽院熊野御幸記』に載る有名地である。従って、日高郡の塩屋は上代から製塩作業に関与した海人族の聚落地であったと言えよう。ここに海人族統轄の族長がいたとしても少しも不思議でない。塩屋連はこの聚落地塩屋を支配していたのであり、その支配は中央への塩を中心とした貢進責任者として、朝廷から信任を得ていたものであろう。鯯魚はこの責任ある地位から中央官人にのし上がったのである。

昭和三十六年、特別史跡「平城宮跡」の第五次発掘調査により、第一次内裏の北の竪拡中から、

紀伊国日高郡財郷戸主矢田部益占調塩（表）三斗　天平字宝（ママ）五年十月（裏）

と記された木簡が発見された。木簡にある財部郷は塩屋と指呼の間にある地である。この木簡の記載年号から、天平宝字の頃、調庸布の代替物として財部郷から中央へ塩が貢納されたことが分かる。貢納者矢田部益占は三斗の塩を調として差出すに当たって、族長の責任者塩屋連へ先に提出したであろうことは疑えない。

塩屋と中臣氏　塩屋連は、海人族の族長であって、地方豪族中の一部族に過ぎない。しかし、鯯魚が朝廷派遣の官人となった事実は、塩屋連が中央に進出する要因があった筈である。では一体塩屋連を中央に出さしめた媒介者は誰であろうか。私はその媒介者を中臣氏と推定する。

『中臣氏系図』及び『松尾氏社家系図』によると、

黒田大連公生二男
中臣姓始
中臣常磐大連公　氏上。一云、常歯大連　塩屋牟漏連之女都夫羅古娘腹

とみえて、中臣氏が塩屋牟漏連と関係をもったことが分かる。又、舒明天皇紀に「中臣塩屋連枚夫」という名がみえている。この二例によって少なくとも大化改新以前、中臣氏が塩屋連と血縁関係を有した時期があったことは確かである。中臣氏は『中臣氏系図』に「中臣大鹿島命」と載せる事例や、『大織冠縁起』・『大鏡』道長条に鎌足を鹿島出身とする記述例から推して、常陸国の鹿島と密接な関係があると言える。(23) 中臣氏と関係をもった塩屋連は、或いは常

陸国と隣接する下野国の塩屋郷を本貫とすると解されぬこともない。中臣塩屋連の復姓をもつ舒明紀の記述は、特にこの感が強い。だが前記二系図の「塩屋牟漏連」は、この疑問に解答を与えているのである。ここにみえる牟漏は、表記上「武漏」・「室」・「無漏」・「牟婁」等と同じである。牟漏連は牟婁連でもある。牟婁連は律令体制下の国郡制度の行政地域である紀伊国の牟婁郡の首長を表象している。牟婁郡は「大化改新詔」にみられる采女貢進の行政地であったらしく、『続日本紀』に牟婁采女熊野直広浜なる女性の名が載せられている。従って、中臣氏と関係する牟漏連は、紀伊国の牟婁郡の族長であり、塩屋連は日高郡内の族長であると推定できよう。

次に鹿島の中臣氏が中央に近づけられたのは海人族である塩屋連の協賛があったからであろう。塩屋連は海浜各地に多くの製塩所を所有していた。だから、鹿島と中央を結ぶ伊勢国の塩屋も又重要な位置にある。日高郡の南部湾にある鹿嶋も中臣氏が塩屋と結びつく意味で軽視できない。伊勢国の塩屋と日高郡の塩屋との関係はさだかでないが、紀伊国と東国と関係深きことは考古学上の通説である。即ち、東国出土の特徴ある出土品が実は紀伊国海岸一帯から発見される。これは鹿島と日高郡の塩屋が文化面からも生活面からも近い関係にあることを例証するものである。従来、中臣氏が塩屋を媒介に紀伊国と関係をもち、東国と紀伊が文化生活面で類似することは、重視されていなかった。古代氏族の動向を探る点で、塩屋連を解明することは大切である。

さて、中臣氏と塩屋連とが大化改新以前に関係をもったことは、上述により明らかとなった。鯛魚が官人として中央で脚光を浴びたのも偶然でない。既に鯛魚の父・祖父の時代に中央の中臣氏の引合が塩屋連にあったのである。塩屋連は海人族として族長の立場から脱皮できなかったものか、鯛魚以後中央貴族として活躍した人物は誰もない。

古代皇族の保身術　壬申の乱で勝利を得た大海人皇子も、兄の天智天皇在世中は皇太弟として次の天皇になる機会を与えられていたが、必ずしもその身の安全は保証されたものでなかった。『書紀』天武天皇即位前紀に天智天皇が病床にあって大海人皇子に譲位の問題を切り出す際、天皇に派遣された蘇我臣安麻侶が密かに皇太弟に教えた、有レ意而言。

の言葉は、地位不安をよく示している。大海人皇子は身の危険を察知し、天皇から即位を勧められるや、

臣之不幸、元有二多病一、何能保二社稷一。願陛下挙二天下一附二皇后一、仍立二大友皇子一、宜為二儲君一。臣今日出家、為二陛下一欲レ修二功徳一。

と辞退して、直ちに僧服を身につけあわただしく護身用兵器を献上し、吉野宮に隠遁している。病弱でない皇太弟が何故あわてて出家し、吉野の隠れねばならなかったのであろうか。言うまでもなく、皇太子は生命の保証を得る行動として脱俗することを上策と考えたからである。出家をすることは政治から身を退くことであり、護身用兵器の献上は武力行使をしない証明であり、吉野隠遁は都に復帰しない決意の表現である。従って、この様な皇太弟の一連の行為は、天皇となる資格者が身の安全を守る為に必ず行わねばならないものであった。

同様の事例は、大化改新直後の古人大兄皇子が謀反事件にかつがれ、吉野へ逃げた話に求められる。古人大兄皇子は「吉野太子」と言われた人物であり、明らかに天皇となる資格者であった人に違いない。古人大兄皇子は不本意に謀反の仲間に入れられたのであり、皇子はそれを苦に生命を保たんが為吉野へ逃げたのである。吉野に入って以後の事情は不明だが、恐らく皇子は出家をしたのであろう。だから、その時には護身用武器は放棄されていたと思われ、皇子は即位の意志を示さなかったのであろう、と推定できる。それを『書紀』は、

討二古人大兄皇子等一。

で結んでいる。この真相は明確でなく、別の資料を引用しているので、無理に古人大兄皇子が殺されたものと考えて大過ないであろう。私は古人大兄皇子の出家した事実を、『書紀』撰者が削除しているものと考えている。そうしなければ、古人大兄皇子の殺害記事が天皇家（ここでは皇太子中大兄皇子）にとって、不都合のものとなるからである。

ここで、有間皇子が狂気の様子をするのも故なきことではなかった。大海人皇子や古人大兄皇子の様に、有間皇子

の場合緊急に身の安全策を採る必要はなかった。がしかし、正気の状態であれば中大兄皇子の監視の目が一層強くなり、到底戊午革運大願成就の為の行動は困難となったに違いない。黠い人間と評される有間皇子であるから、その行動は慎重であったであろう。狂気の行動は中大兄皇子らにとって、ごく自然にうけとられるものであったに違いない。不幸にして蘇我赤兄の内通がきっかけとなり皇子の謀反行動が挫折し、皇子の狂気は偽りであることが暴露されてしまう。『書紀』の記録はこの結果のみの表現であり、事件発覚までは皇子の狂気は誰にも不自然と思われなかった、と私は考えている。皇子が病気治療のため、温湯療法が皇子自身から提案され、大義名分のある牟婁紀行が実現したものであろう。さもなければ、身の危険を多少なりとも感じている有間皇子が皇位簒奪に神経をとがらす皇太子の注意を惹いて、随行者舎人を従えて離京する筈がない。やはり賢明な有間皇子は、中大兄皇子に疑念を抱かせない対策を講じて離京したに違いないのだ。病気の行動が皇子の考えた最善策であったからこそ皇太子に不信をもたせるものでなかったという推定に導かれるのである。

五　詠歌二首

有間皇子が詠んだ歌は、『万葉集』巻二挽歌の部に二首収載されている。

その二首とは、

磐白乃　浜松之枝乎　引結　真幸有者　亦還見武（一四一）

家有者　笥尓盛飯乎　草枕　旅尓之有者　椎之葉尓盛（一四二）

である。この歌には、

有間皇子　自傷結松枝歌二首

という詞書がみえることにより、古来多くの問題を残してきた。所謂、皇子の作歌事情が詞書の「自傷」の文句にひかれて、この二首は皇子が謀反罪容疑者として護送される斉明四年十一月の詠歌である、とする解釈が通説となった。[24]いずれも詞書から、死を予想した悲しい歌に訳されている。ところが、詞書を顧慮しないで二首の歌を考えると、

磐白の海岸に生えている松の枝を結ぶが、よく再び当地へ遊びに来ることがあれば、今結んだ松の枝を見たいものだ。（一四一）

家にいる時であれば、食器に御飯を盛るところだが、今は草を枕にする旅の途中であるから、手近な椎の木の葉を食器代りにして御飯を盛る。（一四二）

と解釈されよう。詞書の有無が二首の歌意を全く相反する解釈に導く。果して詞書は正しい史実に適うものかどうかが、ここで問われねばならないだろう。

有間皇子の詠歌二首の後に、長忌寸意吉麿が結松を見て哀しび咽ぶ歌、

磐代乃　崖之松枝　将結　人者反而　復将見鴨（一四三）

磐代之　野中尓立有　結松　情毛不解　古所念（一四四）

の二首と、山上臣憶良が追いて和えた歌

鳥翔成　有我欲比管　見良目杼母　人社不知　松者知良武（一四五）

の一首が、『万葉集』巻二に収載されている。そしてその次に、

右件歌等、雖不挽柩之時所作、准擬歌意。故以載于挽歌類焉。

の左注がある。この左注は、山田孝雄博士が「その左注ははじめより存して、有馬皇子の歌に対しての注なりしものとせざるべからず。……これは編者のしわざ」、と言われている。[25]即ち、編者が有間皇子の悲劇的な結果を知っているがため、長忌寸意吉麿の詠歌や山上臣憶良の詠歌を含めて、前記の如き左注となったものである。元来、有間皇子が詠んだ結松の歌は、「恋に多く、又賀にも詠んでゐて、必ずしも『詞林采葉抄』が云ふ様な遠慮はなく、却つて楽

観的希求をあらはしてゐる」[26]様に、悲しみの気持を表現したものでない。池田弥三郎氏は、詞書作者が皇子の詠歌をその作家事情を無視して、[27]哀調に満ちた最期を意識して悲しい歌と解釈した為に、前記した詞書・左注となって『万葉集』に残されたのであるとする。これが後世に影響するところは、『俊頼髄脳』[28]や『詞林采葉抄』に言う様に、祝の場所や祝辞としての禁句となった。

皇子の詠歌二首は、旅のつれづれに詠んだ歌と素朴に歌意が解釈で異るのは云うまでもない。護送時のあわただしい時間内における成立と考えられない。法制史の見地上、唐律準用下「凡断罪行刑之日、……仍日未後乃行刑」を考えれば、日程面から導かれる詠歌成立の困難さと詠歌時節に歌詞の合わない点から明らかである。詠歌二首は斉明四年の事件と全く関係ないのであるが通説を認められる人は多い。谷馨氏は「皇子の作歌はいや更に痛ましい」と述べられている。[29]有間皇子がはじめて磐白を通った際に詠んだ旅の歌である。即ち、皇子が牟婁紀行をした斉明三年九月の詠歌、と私は推定してる。

天皇の牟婁行幸　天皇は前年の九月における有間皇子の紀伊旅行報告を聞いた際に、紀伊国の景勝にいたく興趣を覚えられたのか、「聞しめし悦びて、往《オハ》しまして観そなはさむと思欲」された。しかし、三年には紀伊行幸の実現をみなかった。天皇が牟婁に行幸されたのは、一年後のことである。『書紀』斉明四年十月甲子条に、

幸二紀温湯一。

とあるのは、これを示す。この時の行幸は皇太子中大兄皇子を同伴し、京には留守官蘇我赤兄ら当時二流とみられた者を残すのみであったから、主だった高級官人は天皇に随行したものと推定される。『南紀徳川史』所収の「十寸穂の薄」によれば、天皇の一行は十月十七日に雄の水門（現在の和歌山）に着かれ、紀国造が用意した船に乗り牟婁温泉に直行された、という。　難訓歌

莫囂円隣之　大相七兄爪謁気　吾瀬子之　射立為兼　五可新何本（巻一—九）[30]

行幸に供奉した額田王が、この歌を詠まれた。中皇命(31)が、

君之歯母　吾代毛所知哉　磐代乃　岡之草根乎　去来結手名（巻一―一〇）

吾勢子波　借廬作良須　草無者　小松下乃　草乎苅核（巻一―一一）

吾欲之　野嶋波見世追　底深伎　阿胡根能浦乃　珠曾不拾（巻一―一二）

等の歌を詠んだりしているから、この時の行幸は女性が参加していたのである。

額田王の詠歌は『万葉集』中古来有名な難訓歌で、谷馨氏は、

倭文《シヅ》取りし
木綿《ユフ》取りし｝祝鎮《ハフリ》む　吾が背子が

い立たすがね
射て立たすがね｝厳橿《イツカシ》が本

と訓み(32)、祭祀に関連した歌であろうと解されている。ここにみえる中皇命は田中卓博士の論証により(33)、孝徳天皇の后で皇太子の妹間人皇女である。又、間人皇女は吉永登博士の説に従えば兄の皇太子と結婚関係をもっていたらしい(34)。それはとも角、十二番の歌が斉明天皇の御製であるという『類聚歌林』の説を考勘すれば、一〇と一一番の二首が皇女の作である事は間違いない。しかも、その二首は磐代の岡の作である。従って、九～一一番の三首から、天皇一行が紀路の一部にしろ陸上を通って、牟婁に赴いたと考えねばならない。

同年冬十月、天皇は去る五月に他界した皇孫建王（皇太子の男）八歳のことが忘れられず、『書紀』斉明四年

山越えて　海渡るとも　おもしろき　今城の中は　忘らゆましじ

水門の　潮のくだり　後も暗に　置きてか行かむ

愛しき　吾が若き子を　置きてか行かむ

の哀傷歌を詠まれ、秦大蔵造万里に詔して、

伝二斯歌一、勿レ令レ忘二於世一。

と言われた。先に「十寸穂の薄」が雄の水門にふれていたのは、この第二首目の歌句から想定したものである。第一首目の「山越えて云々」により、行幸が陸路と海路の併用であったことが窺われる。

註

（1）詠歌を斉明四年十一月と解釈する説には、僧契沖『万葉集代匠記』（古今書院・大正十四年刊）に「謀反の事により て捕はれて物部の中に打ち囲まれておはします道」がある。佐佐木信綱・芳賀矢一校註・加藤千蔭が啓蒙的で普及に功高い名著『万葉集略解』上巻（博文館・大正元年刊）に「其のあくる日藤代にて命うしなひまゐらせつ」や、山田孝雄『万葉集講義』巻二（宝文館・昭和七年刊）に「牟婁の温湯の行宮に護送せらるる途中……よまれたる歌なるべし」がある。土屋文明『万葉集私注』第二巻（筑摩書房・昭和二十五年刊）に「此の歌は十一月十日に牟婁湯到著前岩代で作られたものと推定できる」や、吉永登『万葉集その異伝発生をめぐって』（万葉学会・昭和三十四年刊）に「再び大和に送り返される途中、岩代においてよんだもの」や、犬養孝『万葉の風土続』（塙書房・平成三年刊）に「皇子の二歌は斉明四年十一月九日の昼頃か午後かの作となる」や、井村哲夫（坂下圭八・橋本達雄・渡瀬昌忠著）『注釈万葉集〈選〉』（有斐閣新書・昭和五十三年刊）に「自分の前途に何があるか見据えつつ歌っているわけで、……生死の切所に立ちながら、なお落ち着きとゆとりが失われていない」等がある。

（2）昭和三十五年一月『紀南新聞』。

（3）『文学界』第一五巻第一〇号・文芸春秋新社・昭和三十六年刊。

（4）第七回神道史学会。昭和三十六年六月四日。

（5）『日本上古史研究』通巻第五九号・昭和三十六年十一月刊。

（6）神戸市外国語大学同窓会会誌『楠ヶ丘』九号・昭和四十年三月刊。

（7）「有間皇子の歌をめぐって」『大阪女子大学紀要・国文編』第一四号・昭和三十八年刊。

（8）拙稿「英語教育に求められる柔軟性」大阪学院高等学校昭和四十二年度『教員研究集録』。ハムレットが父の復讐をとげる為、堪えがたきを堪え忍びがたきを忍び、恋人オフェリアに先立たれた時、「To be or not to be, that's the question.」と有名なセリフを残し、遂に自分の生命を代償にして目的を達成する、というシェークスピアの戯曲がある。これの解釈は日本における最初の訳、『東洋学芸雑誌』新体詩抄「シェーキスピール氏ハムレット」に、「死ぬるが増か、生きるが増か、思案をするはここぞかし云々」とあるのを、後学の訳文みなこれに倣っている。ここで単純な語句の解釈は、復讐には生き伸びることを前提条件として、艱難辛苦に堪えねばならない執念のとりことなる人間心理を解さねばならない。所謂be動詞は「存在」を表わす「生きる」の意に認められる。けれどもハムレット劇をよくみると、ハムレットは復讐の為に生命を投げだすのであり、目的達成迄の生命は尊く、みだりに死ぬことができない条件を踏まえる。そして、亡霊との対話を家来達に口外させない処置をハムレットがとるのは、狂気のふりをする彼の秘密を国王に知られたくないからである。狂気の行動、これは復讐の機会を逃したくないハムレット深謀遠慮から出たものである。

（9）「松の藤靡」『伴信友全集』第三・定慧和尚伝・内外印刷・明治四十年刊。

（10）拙稿「荷西記の復元及び訓読と校註」『皇学館論叢』第四巻第一号・昭和四十六年刊。

（11）拙稿「延安と談山神社」『大和文化研究』第一四巻第一一号・昭和四十四年刊。

（12）拙稿「定恵・不比等皇胤説と夭記」『南都仏教』第二五号・昭和四十五年刊。

（13）拙稿「玄念と定恵和尚存日記」『芸林』第二一巻第二五号・昭和四十五年刊。

（14）拙稿「定恵和尚の一生」『日本歴史』第二八八号・昭和四十七年刊。

（15）「名門」の用例は、李商隠（八一二―八五八）の「為李貽孫上李徳裕啓」『文苑英華』巻六六一に、「語二姫朝之旧族一、荘武慙レ顔、叙二漢代之名門一、韋平掩レ耀」とある、漢の宰相韋賢（前一四八―前六〇）及びその子韋玄成（?―前三六）と、平當（?―前四）及び其の子平晏を指す。『漢書』に引く父子宰相故事は唐代文人にとって常識となっていたらしい。李瀚（玄宗時代の文人）編『蒙求』標題に「韋平相延」として引かれる。李商隠が用いた「名門」の意味が、漢室と姻娅関係になく三代の官職就任の父子を採用している。隣の韓国では安東金氏がこの条件に当てはまる。金祖淳は領相金昌集の玄孫で、その男佐根は哲宗朝に領議政となり兄弟の興根も領議政となった。その男弘根は左議政となり、男左根は娘を哲宗に納れて李室のミウチとなる。則ち祖淳の一族は憲宗・哲宗二朝に亘り繁栄を続けた。近代に入って、明治維新前に摂家と台鼎を出す清華とが華族の地位を得た。華族の逝去に贈られる勅撰追悼文には、近衛忠煕誄に「名門ノ領袖」、九条道孝御沙汰に「名門ノ師表」、近衛篤麿に「名門ノ偉器」の御沙汰書がみられる。勅撰追悼文に用いる「名門」には旧大臣家の三条実美や清華家の西園寺公望が含まれていない。その理由は明治十七年七月に公布された『華族令』に基づく「叙爵内規」で、家格を明示したいわくによる。

(16) 合田安吉編『歴代御陵めぐ里』(大修堂書店・昭和十一年十一月刊) 第三十六代、孝徳天皇大阪磯長陵の「陵史」には、「日本書紀及び、延喜諸陵式と共に曰く、大阪磯長陵に作るとあり。「延喜諸陵式の制」、兆域東西五町、南北五町、守戸三烟、遠陵に班してゐる。御陵の下に大和に通ずる街道あり竹内街道といふ、又御陵の北、山間に通ずる道を穴蒸越と言ふ古の大阪路にして陵号の大坂と称するものは蓋し之に依られたか」とある。

(17) 「斉明四年紀十一月庚寅条の藤白坂について」『熊野路考古』三号・南紀考古同好会・昭和三十八年刊。

(18) 田村円澄『藤原鎌足』(塙新書・昭和四十一年刊) によれば、昭和三十八年発掘の佐賀県武雄市橘町おつぼ山神籠石遺跡が、列石の外側に柵柱を内側に土塁を構築した軍事的城塞である。多武峯の周垣も同時代同様式の点で軍事的城塞の機能をもっていたのではないか、という。呉哲生氏は「狂心の渠—古代王権論（1）—」で、小島憲之氏が「文辞の比較よりみて、西都賦李善注を手本にしたこと」により、『文選』語の使用判明を指摘する。また漢代における都城建築と苑囿の設営の不可分関係を伝える。皇極天皇が中国的な「天円地方」概念に則る宗教儀礼者で、斉明天皇は天地という垂直的世界観を自覚した王者とみる。そして狂心渠計画が水と石の饗宴場化にあると説明している。本位田菊士氏は、斉明紀に飛鳥寺の西に須弥山を作り、水落・石神遺跡に都宮の建設、整備の国家意志の存在は、『狂心渠』事業で最高潮に達したという（「『斉明紀』二年是歳条の、いわゆる『狂心渠』の工事について—有間皇子謀反事件の背景—」『古代文化』第三七巻第二号・昭和六十年二月）。

(19) 巻九、紀伊国第一一九、在田郡、吉備。毛利柴庵述『皇室と紀伊』(昭和十年刊) ○有田の藤並神社の項に、「成務天皇の十七年丁亥、武内宿祢、勅と奉じて水主神を観請す」とみえる（三七頁）。

(20) 巻九—一六六八番歌、大宝元年辛丑冬十月、太上天皇大行天皇の紀伊国に幸しし時の歌、「白崎は　幸く在り待て　大船に　真揖繁貫き　またかへりみむ」。岩波日本古典文学大系の頭注には、「白崎—和歌山県由良町大引にある石灰岸の白い岬。湯浅湾の南端、大引浦の北端」とある。

(21) 毛利柴庵述『皇室と紀伊』七九頁・建皇子の註に「在田郡藤並神社の入り口、右側に大なる古墳ありて地上高く露出し、扁平の大厳石其上を掩へり。此れ古墳の年を経て露出せるものなりと。又いはく、これ、『建皇子』の墳基なりと。……此神林をば古来『泣沢の森』と呼ぶよし」とある。

(22) 「塩屋連鯯魚寸考」前掲註（5）。

(23) 丸山二郎著『日本古代史研究』（大八洲出版・昭和二十三年刊）の「中臣氏と鹿島香取の神」では、「中臣鎌足は本来中央に於ける古来の神祇の家の宗家の第一人者として立身したものではなく、或は常総の地の中臣氏の一人として、時勢の変転に際会してその地の力を負って、中央に於ける中臣氏の間に進出して来た、そして中央の中臣氏として、更にそれより軽皇子や中大兄皇子と接近の機を得てより以上に勢力を扶植したであろう、またそれを利用したものでなかろうか」と言われている。横田健一氏は「中臣氏と卜部」『日本書紀研究』（塙書房・昭和四十六年刊）第五冊で、「中臣氏が常陸の卜部氏から出て、中央宮廷祭祀にあずかるようになったのは欽明朝か、その少し前頃ではないかと思うのである。従来の論考の一つ見おとしていた点は、中臣氏の前身が、卜部だったと言う点である。私は今までの学説に対して、中臣氏は常陸の香島社を奉斎する卜部から出て、宮廷の雨師的司祭者として立身したのではないかと推定したい」と論じた。

(24) 因に、Dr. J. L. Pierson Jr. による英訳文を眺めても、

Two uta's by prince Arima, tying the branch of a pine-tree, feeling very sad and miserable.
I have pulled down, and bound in a knot, the branch of a pine-tree of the beach of Ivasiro. If I be happy and safe (again) I hope to come back, and see it once more. (141)
When I am at home, I pile up the rice in a vessel but being on a (grass-as-cushion) journey, then I pile it on oak leaves.

となっている。又、日本学術振興会篇による英訳文では、

Lamenting his plight, and binding pine branches. At Iwashiro I bind
The branches of a shore pine.
If fortune favours me, I may come back

And see the knot again. Now that I journey, grass for pillow,
They serve rice on the shii leaves,
Rice they would put in a bowl,
Were I at home!

であり（同文はColumbia University Pressにreprintされている）、本田平八郎氏の英訳文では、

2 Elegies by Prince Arima
No. 141
I will tie guide-knots on these pines here upon Iwashiro beach,
and hope to see them once again
when proved not guilty of that breach.
No. 142
Where I at home, then I would have
a bowl for my rice, but oh grief, as I am traveling, I must eat
my food off an oaken leaf

となっている。

(25) 「挽歌—有間皇子自傷歌二首」『万葉集講義』巻二・大阪宝文館・昭和七年刊。
(26) 川村悦磨「結松に就いての考」『万葉集伝説歌考』甲子社書房・昭和二年刊。
(27) 「有間皇子の歌二首」『万葉百歌』中央公論社・昭和三十八年刊。
(28) 『日本歌学大系』第一巻、『俊頼髄脳』に、「此頃の人はいはしろといふ所のあるとは知らで、うせたる人の塚なり。結び松といへるはしるしにうゑたる木なり。さればいはひの所にてはよむまじきよしをいへる、僻事にや。……岩代の松はうせたる人の塚の木にはあらずとも。有間の皇子のよからぬ事によりてまどひあるき給ひけることのおこりを思へば、歌合はせにはよまでも有りぬべしとぞ承りし」とある。
(29) 『額田王』で「代匠記」は「此の二首の御歌に、その折の御こゝろ、たましひとなりてやどれるにや、かなしきこと

かぎりなし」云々と註を添えているのであった、と記す。

（30）李寧煕著『もう一つの万葉集』一九八九年文芸春秋社第三刷によれば、「歌の全文がそっくり韓国語である」と述べられ、真の意味Ⅰ表向きの意味「水郷《みずこおり》 廻《めぐ》らせよ　大城《くにさし》に　拝謁《はいえつ》せよ　来《き》たれ　城立《しろた》ちにけりに　行《ゆ》き来《き》せむ　幾度《いくたび》」Ⅱ裏向きの意味「麻具《まぐ》を廻《まわ》せよ　大股《おおまた》の麻具《まぐ》を識《し》らせよ　来《き》たれ　麻具《まぐ》立ちにけりに　行き来せむ　幾度」とされた。作者は書き終えての所で、「歌の全文がそっくり韓国語である」と記されている（二八〇頁）。

（31）『万葉集』巻一に「中皇命往二于紀温泉一之時御歌」とある。

（32）『額田王』で、「代匠記」は「此の二首の御歌に、その折の御こゝろ、たましひとなりてやどれるにや、かなしきことかぎりなし云々」と註を添えているのであった、と記された。昭和三十五年早稲田大学出版部再版。

（33）「中皇命と有間皇子」『万葉』第四号・昭和二十七年刊。

（34）『万葉―文学と歴史のあいだ―』十九（創元学術双書・昭和四十二年刊）、有間皇子の悲劇に、「わたしは中大兄と間人との間に父母を同じうする兄弟にあるにかかわらず、後世の表現を用いれば不倫な関係があったのではないかと推定したことがある」と自説を続け述べている。

第二節　後　編

六　牟婁行宮

天皇が牟婁に行幸されてから、翌五年正月三日に帰京されるまで温泉地に滞在された日数はかなり多い。行幸に従った人々も多いから、温泉地には一ケ月余の滞在に堪える家屋が予め作られ、この中に行宮が作られた。その行宮趾は、旧瀬戸鉛山村字御幸ノ芝二九九二番地と伝えられている。(1) もと白浜町長の浦政吉氏から直接聞いたところでは、この行宮趾は持統天皇の行幸に際し設けられたもので、斉明天皇の行宮趾は鉛山湾と瀬戸湾を遮る丘陵地である、と言われる。氏の論拠は御幸ノ芝地が玉体を安んずる場所として不都合で、有間皇子の謀反に対処する為には、地勢の利を考えねばならないことによる。この利を得た権現崎から瀬戸湾に及ぶ丘陵地が、考えるべきである当面の候補地になるらしい。元禄年間成立の『紀南郷導記』(2) に此所の説明が次の様にされてある。

番所ノ東南ニ権現崎ノ小社有リ。瀬戸浦ノ山ニ、トクロノ宮ト云ヒテ社有リ。華表ヨリ内ニシテ木葉一ツニテモ取リヌレバ祟リ、忽チニ煩フト云フ。此宮ヲ俗ニ誤リテ藤九郎ノ宮ト云ヘリ。昔頼朝郷ノ長臣盛長、此所ニ流罪セラレ卒ス。即チ神ニ祀リシトナリ。謬説ナリ。

この「トクロノ宮」は仲哀天皇即位二年三月紀に、「徳勒津宮」みえる行宮で、現在では和歌山四箇郷新在家・日高郡衣奈浦の説もあって明らかでない。(3) この権現崎丘陵地は、展望極めてよき田辺湾から南下すれば通航して沿山・瀬戸湾に入る船をすべてチェックできる。即ち、有間皇子の牟婁行宮襲撃に参加する船師動員作戦に、よく対処できる絶好の土地が瀬戸崎丘陵なのである。此所には熊野三所権現(4) が存在し、その境内に「火雨塚」という古墳があり、又、斉明天皇が行幸された時に、腰をかけられたという腰掛石も存在する。古伝承はともかく、この周辺に古墳の存在することから古代人の生活と密接な関係があった場所であることは否めない。

留守官蘇我赤兄臣　吉永博士の推定に依れば間人皇女が皇太子と通じ、失意の孝徳天皇を難波京に残して古京に皇祖母尊・皇太子・弟大海人皇子と共に帰ったという意味は重大である。この時の行動は孝徳天皇のみか有間皇子にも深刻な影響を与えたに違いない。公卿大夫百官人等すべてが間人皇后と共に難波宮を引きあげたと『書紀』にある。宮は生気なく森閑として、天皇一人がその孤独に堪えねばならなかった。間人皇后一行の倭京帰還が突然の行動でないにせよ、間人皇后を初めとする天皇をとりまく官人の多くが、忠誠を誓った大君に背いたのである。孝徳天皇のうけられた打撃は余りに大きかったであろう。天皇が退位を考えられて、乙訓郡の山崎に退位後の住居を作られた気持は、子である有間皇子にはその胸中がよく分かったとみて大過ない。天皇の恨みの気持は間人皇后に送った歌が『書紀』白雉四年是年条に、

　金きつけ　我が養ふ駒は　引出せず　我が養ふ駒を　人見つらむか

と吐露されている。と言わねばならない。この時から多感な皇子が天皇の復讐を決意したとしても、少しも不思議でない。皇子が復讐する相手は、父孝徳天皇を失意のどん底に落し、人生をちぢめ非常な所行をした皇太子中大兄皇子である。歳月移り変って皇子が十九歳の今、年来の宿願である皇太子を殺す好機が到来した。事は急を要する。前年企画の綿密な謀反作戦は早速実行に移されねばならない。皇子はあせったであろう。「徳《イキホヒ》なし」と注意をうけたけれども、その様な言葉は好機到来に喜ぶ皇子の耳に入らなかった。『書紀』斉明四年十一月壬午条に、

　有間皇子、乃知二赤兄之善一己、而欣然報答之曰、吾年始可レ用二兵時一矣。

と記す文は、戊午革運の機到来とみた皇子の心境を偽りなく示すものであろう。
狂気のふりまでして天皇・皇太子などをごまかし、湯治療法にこと寄せて水軍動員の綿密な計画を皇子は立てた。

天皇の遊山気分を煽って紀伊行幸を実現させた有間皇子にも、一抹の不安があった。それは天皇不在の京において、如何にうまく挙兵をするかである。『擅興律』によれば、兵二十人を動員した者は杖百の刑に処せられ、五十人の場合は徒一年、五十人を増す毎に一等の加刑である。唐高宗永徽四年（六五三）十一月、長孫無忌等上進の『永徽擅興律』では、千人は絞刑になる。有間皇子が斉明天皇一行を攻撃するための牟婁津包囲作戦と、中央の水軍攻撃を防衛するための淡路国遮断作戦は、『書紀』の注に引く一本が貴重な資料を提示する。即ち、

有間皇子曰、先燔宮室、以五百人、一日両夜、邀牟婁津、疾以船師、断淡路国、使如牢圄、其事易成。

とみえる事実により知られる。この記事は十日に有間が企画した内容を暴露した白浜裁判資料で明らかにされたものである。ここに「以五百人」とあるのが牟婁行宮攻撃に動員される兵力であり、「以船師」とあるのが攻撃作戦の背後防衛に動員される水軍である。曾て星川皇子が謀反に加担した吉備上道臣の動員船師は四十艘である。又、欽明天皇十五年に百済援軍として派遣された船が四十隻で、搭乗人数は千人と馬百疋であった。もし「艘」と「隻」の記述に大差がなければ、船一艘当たり大体四十人の搭乗となる。いま淡路国遮断作戦に動員された船師は不明であるが、仮に十艘とすると、四百人前後の海人が作戦に動員した数になる。前面の行宮攻撃兵力と後面の防衛兵力を合わすと、概算九百人前後である。これは『擅興律』に基づく動員数を、皇子の計画と鯯魚の水軍動員数が『永徽律』に比べ重い点に鑑みて引き出した。謀反者の科刑を眺めると、皇子は絞刑で塩屋連鯯魚は斬刑である。『唐名例律』では謀反罪には死刑の中に絞斬二種の量刑相違がある。[5] この量刑の差が同一犯罪中に、具体的に示されるのが戊午の変である。『法曹至要抄』に残る『養老擅興律』佚文には、「擅発㆓兵二十人以上㆒杖一百。五十人徒一年、五十人加㆓一等㆒」とあって、先述したように、量刑は『永徽律』より重い。日唐両律の差を示したのが次頁の「日唐律量刑の相違一覧表」である。

謀反罪適用の客観的な判断は、専ら犯罪者の言動によって下されるから、有間皇子の絞刑は「言」にその任意性が

日唐律量刑の相違一覧表

律名＼国＼量刑＼種別		五刑															
		笞	杖					徒					流			死	
名例律	唐	10~50	60	70	80	90	100	1年	1年半	2年	2年半	3年	二〇〇〇里	二五〇〇里	三〇〇〇里	絞	斬
名例律	日本	10~50	60	70	80	90	100	1年	1年半	2年	2年半	3年	近	中	遠	絞	斬
擅興律 擅発兵条	唐							10人~99人	100人~199人	200人~299人	300人~399人	400人~499人	500人~599人	600人~699人	700人~799人	1000人以上	
擅興律 擅発兵条	日本						20人~49人	50人~99人	100人~149人	150人~199人	200人~249人	250人~299人	300人~349人	350人~399人	400人~449人	450人~499人	500人以上
律断簡	日本			1口2口	5人~9人	10人~14人		1口2口		5人~9人	10人~14人		15人~24人	25人~39人	40人~49人	50人~99人	100人以上
律断簡	日本	10初~50畢	贖銅6斤	贖銅7斤	贖銅8斤	贖銅9斤	贖銅10斤	贖銅20斤	贖銅30斤	贖銅40斤	贖銅50斤	贖銅60斤	一〇〇〇里	二〇〇〇里	三〇〇〇里		
古律書残篇						尾張去京七日	越前(去京八日)			伊予去京十日		住度海道卄日					
延喜式刑部							越前(三一五里)	安芸(四九〇里)	信濃(五六〇里)	伊予(五六〇里)	隠岐(九一〇里)	佐渡(一三二五里)	常陸(一五七五里)	安房(一一九〇里)	土佐(一二二五里)	伊豆(七七〇里)	
法曹至要抄						三〇〇里~四〇〇里			五六〇里		七〇〇里~一五〇〇里						
金玉掌中抄						越前(三一五)或云三〇〇里 安芸(四九〇里)			信濃(七〇〇里) 伊予(五六〇里)		隠岐(九一〇里) 佐渡(一三二五里) 常陸(一五七五里) 安房(一一九〇里) 土佐(一二二五里) 伊豆(七七〇里) 或云一五〇〇里						

あり、鯯魚の斬刑は「動」にあったのであろう。鯯魚に「動」の任意性を求める理由は、船師の動員に重要な役割を果たしたからである。紀伊の船師は古来有名を馳せた水軍である。皇子が謀反作戦成功に望みを託すのは、この紀伊水軍であったことを誰も疑うまい。『永徽律』で千人以上の違法兵力使用が絞刑であった。だから唐律では、或いは鯯魚が斬刑となる積極的な理由は、千人以上の兵力活用に基づくのかもしれない。しかしここでは、鯯魚の斬刑を考える必要十分な理由が浮んでこない。唐律は「百人徒一年半、百人加一等、千人絞」とある規定に基づくと、日本律の規定が厳格であったことがわかる。従って皇子が京で挙兵する場合、留守官をうまく謀反計画に賛同させるか支配下におかなければ、駅使を利用して水軍動員の命令を下すことはできなくなる。この状況判断の下に、皇子が留守官と接するのには、留守官の本心を知るまで謀反の気配を感づかれない慎重な注意が払われた筈である。留守官は天皇及び皇太子から信任を得た忠誠心篤き人間がえらばれる。所謂、皇太子の腹心である留守官を謀反計画に加える為には、重大事だけに皇子として石橋を叩いた上にも叩いて、その成功を万全にする行動を採ったに違いない。この様に考えれば、皇子が欣然として挙兵を明らかにした言葉には計画実現に支障なき点が保証されて出る言葉と言えよう。

即ち、留守官蘇我赤兄臣が皇子に、

天皇の治《シ》らす政治、三つの失有り。大きに倉庫を起てて、民財を積み聚むること、一つ。遠く渠水を穿りて、公粮を損し費やすこと、二つ。舟に石を載みて、運び積みて丘にすること、三つ、

と語った言葉には、施政上の真実と赤兄自身の配慮が含まれている。留守官は『書紀』・『続日本紀』から検出した次頁表より、皇族もしくは有力官人が充てられていることがわかる。

壬申の乱で大海人皇子が最初に採った行動は、留守司高坂王から駅鈴を手に入れることであった。又、天平一六年二月中納言巨勢奈氏麻呂は留守官に給う駅鈴使用で、難波宮に赴いている。これは先に小納言茨田王をして恭仁宮に赴き駅鈴・内外印を取りよせた一連の行為に連なる状況を示す。公事処理に大切な品を行幸先の難波宮に集めるため

『日本書紀』・『続日本紀』における留守官

	出典	内容	出典	内容
書紀	天武　一年　六月甲申	高坂王	天平十四年八月己亥 〃　十二月庚子	知太政官事正三位鈴鹿王等
	〃　己丑	高坂王・坂上直熊毛	〃　十五年　四月壬申	右大臣正二位橘諸兄等
	持統　六年　三月戊辰	浄広肆広瀬王等	〃　七月癸亥	左大臣橘諸兄等
続日本紀	和銅　三年　三月辛酉	左大臣正二位石上麻呂	〃　十六年閏一月乙亥	知太政官事従二位鈴鹿王等
	天平十二年　二月甲子	知太政官事正三位鈴鹿王等	〃　十六年　二月丙申	〃
	〃　十月壬午	〃	〃　十七年　五月壬戌	参議従四位下紀麻呂
	〃　十三年閏三月己丑	従三位大養徳国守大野東人等	〃　八月癸丑	中納言従三位巨勢奈氏麻呂・藤原豊成
	〃　九月丁丑	兵部卿正四位下藤原豊成	延暦四年　九月丙辰	太子及右大臣藤原是公等

である。留守官が駅鈴と切り離せない存在であることは、上記の僅かな事例で理解される。駅鈴の重要さは兵力動員の唯一の保障となるからである。蘇我赤兄の存在価値は、この駅鈴管理権者であったがためである。即ち、赤兄が天皇・皇太子により留守京を任される信頼をもっていたことを、我々は十分認識しなければならない。その赤兄が自ら天皇の失政をあげて皇子に近づいたとしても謀反を計画する皇子が簡単に赤兄を信用する筈がない。前年来皇子が運んだ計画は腹心の鯯魚以外の人々に隠密行動であった。皇子の狂気じみた振舞が謀反と結びついた叙述をする『書紀』は、結果から眺めて原因までの経過を帰納的に述べる天智朝廷側の記録である。この点を洞察すれば、皇子の行動が皇太子らに見すかされていたと推測したり、これを前提として戊午の変を考えることは間違いとなる。従来、先

学の多くが赤兄の発言を皇太子からの深謀に出るものとするのや、積極的に赤兄が中大兄皇子の信任を得ようとして行った謀略と解釈するのは、有間皇子の深慮遠望の立場を軽くみた考えとなる。(6)

七 石水渠水と造宮

京を留守にした皇太子が赤兄に有間皇子を謀反に駆り立たさせる役目をさせた解釈には、難点がある。第一に皇太子の京不在は天皇の随行によるもので、天皇の紀伊行幸は有間皇子の進言結果である。だから、天皇の行幸以前から謀反計画を私かに進める有間皇子の動向を知りながら、皇太子が京を不在にするのは危険極まりない。従って出京時になって初めて赤兄に犯意の確認役をさせたという解釈は、皇太子の性格として遅きに失する行為と言わねばならない。何故なら、皇太子は大化五年、信頼していた蘇我山田大臣を蘇我日向の讒言を信じて、二日後に大臣を自殺に追い込んで、讒言者日向を「しのび流し」と世評される筑紫大宰帥に任じているからだ。これは、皇太子の配慮と解しても皇位擁護に関しては即日行動である事実を示す。平泉澄博士も、

天智天皇は、皇統の危殆に瀕した時に出でて、何人も、如何ともする能はず、手を拱いて逆臣の跳梁を傍観するか、又は逆臣に阿諛して一身の安全を期するか、二者その一つを撰ぶの外無かった時に、敢然として手づから逆臣を誅戮せられたのであって、それほどの大事を経験された以上、皇位を窺ひ、之を奪はうとする運動に対しては頗る神経をつかはせ給ふ云々

と言われる様に、(7)皇太子の皇位擁護行動は短兵急である。従って、京不在中を撰ばなくても皇位擁護に不安を感じた時点で、皇太子には有間皇子を処理する機会が充分存在したとみねばならない。難点の第二は、失政三事が皇太子の意志を反映する発言にしては不穏当である。失政の内容は重税と民力を損なう点で共通している。その中で失政の第二点及び第三点は斉明天皇二年紀に、

時好㆓興事㆒。廼使㆓水工穿㆑渠。自㆓香山西㆒、至㆓石上山㆒。以㆓舟二百隻㆒、載㆓石上山石㆒、順㆑流控引、於㆓宮東山㆒、累㆑石為㆑垣。時人謗曰、狂心渠。損費功夫、三万余矣。費損造垣功夫、七万余矣。

とみえる記述で、明らかである。田村吉永氏はこの石上渠を、大官大寺址の東に南北六七町続く細長い田地「西ふけ田」と推定された。石上渠址の存在から、『書紀』の記述は裏付けをもったことになり、天皇の失政は間違いないものとなった。しかし、狂心渠と人々が政治誹謗をすることは、施政者側に立てば問題解決に弾圧を加えたり、関心を外らす様図る必要がある。皇太子がわざわざ人々の誹謗する問題をあげて、有間皇子の謀反を煽らなくても、皇子に機会を与える配慮をすれば事足りる。皇子の心がはやればはやる程解決は楽な筈である。だから、赤兄の発言を以て皇太子の発言まで考える要はないとみるべきであろう。『書紀』が天智朝廷側の資料を引用していることは疑えないが、『書紀』編纂者は天智側の資料を客観的に扱うだけでなく、寧ろ批判して引用する態度を採っている。従って、赤兄の発言がもし皇太子の要請或いは内意を得たものであれば、「皇太子、留守官蘇我赤兄臣をして、有間皇子に語らしむ」と言う表現をとるであろう。私は皇太子の内意を得て赤兄が発言したとする解釈を採らない。その考えの根本は、皇子の行動に主体性をおくからである。皇子は赤兄という強力な味方を得たと心躍らせたが故である。(8)

赤兄の発言中にみられる土木事業に動員される民力は莫大なものである。斉明天皇は皇極天皇時代にも百済大寺造営のため、近江と越の公民を動員したり、諸国に建築材提供を義務づけ、その上遠江と安芸の間の国には造宮丁を二重負担させて、飛鳥板蓋宮の大規模な建設をしている。歴代に行われる宮殿造作の中でも皇極天皇の行動は、規模も飾付も女性特有の豪華さを求めた国家観であったのであろう。(9)だから、石上渠を利用して大量石材使用の造宮は、世人の不評を買うに充分であった。この様に考えると、母斉明天皇の好事が皇太子にとって悩める問題であったに違いない。贅をつくした宮が必ず放火にあっているから、皇太子としても民心を安定させる為に腐心した筈である。従って、民心安定の必要上禁句となる事柄を、敢えて赤兄を介して有間皇子に伝える必要などない。解釈論として、禁句となる言葉をわざわざ出したのは、それだけ皇子の関心を高ぶらせ、謀反に走らせるためではないかと考えられもする。しかし、従来積極的に皇位護持運動をした皇太子が、ここで急に消極的な行動に移るなど考え難いから、やはり赤兄の発言は留守官として赤兄自身の発言とみるべきであろう。

八　皇子の逮捕と護送

皇子が謀反の犯意を抱いていたことは既に述べた。しかし、その実行開始を何時に求めるべきであろうか。皇子が赤兄から失政三事を打明けられたのは、十一月壬午（三）日である。その日に皇子は用兵の機会到来を赤兄に打明けた。『書紀』の注に引く一本によれば、これより以前、或人が皇子に徳のないことを理由に軽挙妄動を戒めたとある。(10) それは皇子が十九歳で未成人であったがためである。しかし、天皇一行が牟婁に出発して既に二旬になる迄、皇子は留守官と接しその心が皇子の謀反に賛成であると判断したゆえ、用兵の本心を赤兄に明らかにしたとみるのが穏当であろう。皇子の犯意を天皇の離京後漸く旬日を牟婁滞在に過している迄の時と、安易に考えられるべきでない。皇子は軽挙妄動を注意されていたから、その言質は皇子の慎重な行動の中から出たものと判断してよい。赤兄の失政三事発言があったから、簡単に皇子が赤兄に傾倒したのでは勿論ない。皇子は天皇一行の離京後を、留守官の本心を探るために種々な情報収集策を講じたであろう。その結論が赤兄の発言を俟って出た用兵云々の本音だった、と私はみている。

赤兄に本音をみせるのは十一月三日で、皇子は「犯意」を明らかにした。(11) その二日後、即ち甲申日に皇子は赤兄の家に出向き楼に登って、赤兄と共に謀反計画を相談した。ところが皇子の夾膝が自然にこわれたため、前兆がよくないことを感じて二人は計画を断念した。結果からみれば皇子と赤兄の両名は謀反計画を中止したが、楼で共に謀った事実から謀反行為に移った実行行為と解釈してよい。二人の談合は、留守官が駅鈴を管理している事実は前掲表と記述により推定されるから、皇子が駅鈴の使用を依頼したものであろう。駅鈴依頼計画中止後、皇子は市経の自宅に帰った。『書紀』には「皇子帰而宿之」とあるから、いつもは市経の家に帰らず京にいて、赤兄と折衝を続けていたことがわかる。

　赤兄は皇子との談合が順調に運ばなかった計画中断の夜半、物部朴井連鮪を遣わして、造宮丁を随行させ、有間皇子を逮捕した。ここにみえる造宮丁は、倭京から生駒山麓まで急拠派遣された兵士である。彼らは、造宮工事にのみ充てられた役民でなく、京在住の衛士が人員不足の為に臨時に造営業務を担当したものであろう。皇子逮捕に向けた責任者が「物部」の姓をもつから、鮪は古代から戦時に活躍する兵士の流れをくむものであり、平時に行刑を担当したり囚人の防援者となる武人である。緊急事態より推して、朴井連鮪が引連れた造宮丁は後に刑部省に属した物部と言われた武人を含むと考えられるのである。有間皇子の変で問題となるのは、皇子が夜半に逮捕されて以後の『書紀』の記述である。『書紀』には、

　甲申……是夜半、赤兄遣二物部朴井連鮪一、率二造宮丁一、囲二有間皇子於市経家一。便遣二駅使一、奏天皇所。
　戊子、捉三有間皇子、与二守君大石・坂合部連薬・塩屋連鯯魚一、送二紀温湯一。舎人新田部米麻呂従焉。於是、皇太子、親問二有間皇子一曰、云々。

とみえている。『書紀』を素直に解釈すれば、

　五日夜半、有間皇子を市経家で捕え、赤兄は天皇の許へ駅使を派遣する。
　九日、有間皇子・守君大石・坂合部連薬・塩屋連鯯魚を紀温湯へ護送する。皇子の舎人新田部米麻呂がこれに従う。ここに至り皇太子が自ら有間皇子の罪状調査に入った。

となろう。しかし、留守官蘇我赤兄が九日に有間皇子他三名を捕えて倭京より天皇のもとに護送し、その日に牟婁温湯で皇太子が皇子を訊問することは無理である。田辺幸雄氏は極く無理のない護送日程として、

六日、市経から飛鳥へ皇子を拉致する。
七日、皇子一行飛鳥を出発、背の山附近で一泊する。
八日、皇子ら由良乃至御坊附近で一泊。
九日、岩代通過の際、結松の歌を詠み、午後に温湯到着。そして皇太子の訊問。

と考えられた。ところで『古律書残篇』によれば、倭京でない平城京から紀伊国府までの所要日数は三日である。倭京は平城京より南すること緯度にして十度二分の位置である。『類聚三代格』巻十八、大同二年九月十六日『太政官符』に依ると「三度使乗駅馬」利用が、紀伊国府と奈良京間の日程を三日とし、平安京は更に一日半加えている。『日本紀略』延暦十五年二月丁亥条の勅によると、紀川経由の紀路が廃され、摂津国経由の南海道を設けているのであるが、『大同二年官符』から推測すると、奈良京より平安京を一日半多い日程の算出は紀路利用の様である。この推測に大過なければ、奈良京と平安京の距離が緯度にして二十分で奈良京と倭京の約二倍に当たる。従って、前者が一日半の日程と考えれば後者はその半ば半日を優に越える。仮に奈良京飛鳥京間を約一日として、紀伊国府飛鳥京間の所要日程を計算すると二日となる。これは『養老令』に規定する成人男子の歩行距離五十里の倍である。令制の一里は五町で現在の一里三十六町の七分の一強に当たり、その歩行道路も平坦なものである。

ここで田辺氏の算出した日程を眺めると、七日の行程は飛鳥から背の山（現在の名手町）間約十二里で、主に吉野川に沿った平坦道を条件にしたものである。ところが八日の行程は、急峻な坂を含む十四里に近い距離である。又九日の行程は田辺から湯崎まで船便を利用しても九里の歩行に要する時間が必要である。人間の歩行能力が現代人より万葉人の方が大きかったことは疑えない。けれども、日を経過するに伴い疲労が残り、一定距離をコンスタントに歩行することは困難とみるのが常識であろう。そうすると、田辺氏の想定された日程を少しゆるめる必要が生ずる。

田辺氏は六日を蘇我赤兄が有間皇子の事件調査の為丸一日費やしたと考えられたらしいが、私はこの六日を赤兄が護送に費やした日と考えている。五日夜半に皇子を捕えて飛鳥京に拉致する刻限は六日未明となる。赤兄が、護送準備と有間皇子の謀反を明らかにする詳細な文案作成に要した時間を考慮すると、遅くとも正午過ぎには皇子を護送していたとみるべきであろう。陰暦十一月の昼間行動は約十二時間である。護送途次の安全を考えれば、夜間行動は差しひかえたであろうから、日中の明るい時に強行軍をしたと考えられる。非常の護送であるから令制に基づく歩行でなく、当然公定里数の現在の七里弱より多い推定五時間歩行より多いものであったろう。河川・山道等の諸条件を考慮すれば、仮に十一里歩行と計算すると、六日は橋本附近で一泊し、翌七日は藤白坂を疲労回復後の登坂として麓まで進み、八日は九里の歩行能力として藤白・蕪・糸我・由良の四坂を越えた原谷か小松原辺で宿泊し、九日は田辺より船便で温湯到着と私はみている。

『大宝令』の規定では囚人護送には五人の防援者が配されたから、皇子他四名の護送に要した防援者は少なくとも二十五名の多きにのぼったであろう。総勢三十名を越える人々が一団となって採る集団行動は、単独行動と違って時間的な制約が加わる。そこで、皇子一行の護送は季節・日出・日入・山道・河川・人員等いろいろな角度から合理的に所要時間を割出して、『書紀』の記述とにらみ合わして考える必要がある。その上に、間人皇女が皇子の容疑釈明のため護送に同行するという解釈までがある。女性と言っても間人皇女は先帝の皇后である。だから皇女の道途の安全と世話は容易でなく、護送集団の行動は更に制約を余儀なくされるとみねばならない。ここで『書紀』の日程を理解することが困難となる条件が増すのである。

又、有間皇子が詠んだ歌をこの護送途中の作とみる解釈が多い。その様な誤解を生じるのは、事件の結果から類推した『万葉集』撰者の詞書「自傷云々」に惑わされたもので、事宜に適った解釈ではない。護送の諸条件をよく考えれば、女性の同行や詠歌の時間的余裕の生じる可能性がないと言わねばならない。

九　律令と裁判制度

元来、中国の律思想をうけなかった頃の謀反行為は、武埴安命以後即日刑の誅殺と定まっていた。ところが、大化改新後中国の司法制定準用から、訊問と釈明の裁判制度が入ってくる。完全に中国の裁判制度を消化していなかった孝徳朝では、蘇我倉山田石川麻呂にみられる如く、天皇の審問官三名が石川麻呂に派遣されている。が、石川麻呂は天皇と直接会っての釈明を理由に審問官の訊問を拒否している。石川麻呂の行動には慣習的な弁護釈明の手続が、旧来の状態でしか理解できなかったからであろう。これは律令に基づく裁判制度の過渡期の姿を示すもので注意する必要がある。

有間皇子の場合皇太子自らの訊問により、犯意を確認する必要上「動機」を聞き、裏付けに鯯魚、米麻呂、大石、薬の調書を採り上げた。その結果は、皇子の釈明・判決・処刑と順序正しい裁判内容の片鱗が制度の背景を窺わせる『書紀』に残る裁判記録戊子（九日）・庚寅（十一日）条文から知り得る。残念ながら「己丑」十日条の裁判記録が『書紀』編集過程で削除された。白浜裁判の実状を伝える（一級）削除資料の中には戊午革運の革命の実現者劉裕・蕭道成に関する『宋書』・『南斉書』の記載資料を含む可能性を感じる。これを『書紀』の記述に求めよう。

戊子、……皇太子親問二有間皇子一曰、何故謀反。答曰、天与二赤兄一知。吾全不レ解。

庚寅、遣二丹比小沢連国襲一、絞二有間皇子於藤白坂一。是日、斬二塩屋連鯯魚・舎人新田部連米麻呂於藤白坂一。……

流二守君大石於上毛野国、坂合部薬於尾張国一。

戊子（九日）に有間皇子が窮問されているから、庚寅（十一日）に斬刑となった塩屋連鯯魚や新田部連米麻呂、及び流刑となった守君大石や坂合部薬等も、九日に皇太子の窮問をうけたであろうことは疑えない。『唐獄官令』の規定では、鞫獄官が容疑者の窮問を行うのであるが、まだ中国の裁判制度がよく浸透していなかったためか、誅殺の代行者たる皇太子自らの窮問が行われた。この九日の窮問は皇子他四名が温湯に到着した日であるから、早朝よりの窮問でない。もし正式な裁判制度が採られたとみて誤りなければ、護送団にいた証人・参考人の証言も当然考慮に入れる必要がある。この状況を考えると、皇太子自らの取調べはかなりの時間を要することになる。私は有間皇子他四名の抗弁・伏弁を含めて、五名の判決が確定したのが十日であったと推定する。

『唐獄官令』大辟罪の規定によると、行決之司が三回覆奏し、決罪の前日に一回の覆奏を行い、更に断罪日当日に再覆奏しなければならなかった。特に悪逆以上の犯罪者には断罪当日に一回の覆奏でよいことになっている。『隋令』の三奏制度を踏襲するわが『獄令』大辟罪条は、形式上『唐獄官令』の五奏制度に比べ厳しい、しかし、実体上大差あるものではなかったと思われる。所謂、判決終了後行刑日まで、手続上五回の覆奏形式をふむか三回となるかが彼我の相違である。大津皇子や長屋王等皇族の謀反事件処理を眺めても、その審理の運営は律令に基づくものであったことがわかる。これを示せば左の表の如くである。

被断罪者／行刑過程	有間皇子	大津皇子	長屋王
謀反発覚・逮捕	斉明四・十一・五	朱鳥一・十・二	天平一・二・十
窮問・判決	〃　・九～十	〃	〃　・十一
（覆奏）・処刑	〃　・十一	〃　・三	〃　・十二

私は大津皇子・長屋王の判決・処刑例から、有間皇子の判決日を十日と推定した。『書紀』には十日の記録を削除しているので、その事実は不明と言わねばならない。『唐律令』準用の裁判制度が有間皇子に適用されたらしい形跡をみると、処刑の前日に判決のあったことは先ず間違いない。

壬申の乱後、近江朝廷側の重臣右大臣中臣連金が判決日に処刑されている。これは通常の謀反行為に対する処置でなく、戦乱終了後の特殊事情によるもので、戦時下の軍法とみてよいであろう。『唐律令』準用の下、金の処刑地と判決地の関係が有間皇子の例に似ている点で興味を起こさせる。(12) 中国の裁判制度が完全に定着する迄には、かなりの時間を要したことは疑えない。

緊急事態における謀反者に対する訊問は令に定めた拷訊の限界を越えるものであったと推定される。『獄令』に、

　拷訊者、背臀分受、須数等。

とあるが、橘奈良麻呂の乱に関与した黄文王らが拷杖で死亡している例がある。又、伊予親王事件で容疑をうけた中臣王が、背中を大杖で打たれ崩爛し息絶えた例もある。拷訊の事例を鑑みると、有間皇子他五名にもかなり厳しい拷訊があったものとみたい。その拷訊は中臣王の例を俟つまでもなく、背のみを叩くものであったであろう。『断獄律』拷囚条逸文から、拷杖数が二百回を越えてはならないのである。中臣王の拷杖は『唐六典』にみえる殿庭における決杖(13)と同じで、令に制約されない特例である拷背である。この点から類推すると、天皇親決の場合、被拷訊者を悶絶死するまで取調べが行われるのを想定させる。特に無罪を主張する場合、この拷杖が厳しく行われたに違いなく、中臣王の例がよくこの実体を示唆する。

さて、有間皇子は「天と赤兄と知らむ、吾全ら解らず」と無実を主張した。白浜裁判における貴重な皇子の発言記録から、自白を証拠とする裁判では皇子に過酷な拷訊を加えたろうと想像される。(14) 拷訊に堪えられず皇子は当初 唬《ウソブ》いで「吾全不解」と発言して、十一日の絞刑処分となったものと考えられる。(15) そうでなければ自白のない証拠不充分な材料で只赤兄からの報告書だけで処刑はし難い。皇子を死刑にすることは、塩屋連鯯魚・新田部連米麻呂・守君大石・坂合部薬の告白に基づき、皇子の告白を「黒」と認定してでき上がったものに違いない。手続上皇太子は有間皇子の発言を得て、律令制度に基づく死刑の判決を下したものとみるのが穏当である。(16)

十　判決と藤白坂

『書紀』の記録に基づけば有間皇子は絞刑であり、塩屋連鯯魚と新田部連米麻呂は斬刑である。両者は死刑であるが、量刑の性質上斬刑が絞刑よりも重い。謀反の首謀者が絞でその賛同者が斬であるのには何か理由が存在したに違いない。『唐獄官令』の処刑手続をみると、大辟罪の執行はすべて衆人の集まる市でなければならない。[17]この手続には皇族に対する除外例がないから、皇族も一般人と同様に市で処刑されることになる。然し、大津皇子・長屋王の謀反罪適用の処刑には、自宅における自尽が許されている。謀反人の処刑には皇族に対する恩恵が加味されているが、有間皇子の場合も皇族に対する特別配慮があり、律規定の斬刑が絞刑処分を適用されたことを示唆する。

一方、塩屋連鯯魚の斬刑は水軍動員に関与した罪及び皇子と謀反参画の、所謂、『擅興律』・『賊盗律』二罪の併合により、量刑の重き後者が適用されたものである。又、新田部連米麻呂は、舎人という皇族側近の兵士であり、皇族と運命を共にする至忠の人格者である。即ち、有間皇子の一身同体となる「ミウチ」関係の濃い「モノノフ」として、皇子の謀反計画には強い賛同者であったと思われる。白浜迄の護送記録では「従」として、米麻呂を有間皇子達と同格に扱っていないのは、米麻呂の身分が他の四名と違って低いため別な表現となったものである。[18]司法上、罪状が『賊盗律』に明らかであるため、米麻呂の斬刑処分が確定したものである。

ところが、守君大石と坂合部連薬は遠流と近流の処分である。その理由はさだかでない。但し『書紀』注引用の或本に、

　有間皇子、与㆓蘇我臣赤兄・塩屋連小戈・守君大石・坂合部連薬㆒、取㆓短籍㆒、卜㆓謀反之事㆒。

とみえるので、皇子が赤兄宅を訪れた時に、大石と薬が楼で謀反の成功を卜ったことだけは確かである。彼等が斬刑にならず流刑になっているのは、赤兄が天皇の許に派遣した報告書[19]の中に大石と薬を流刑にする処分適用文句が書き連ねられていたからであろう。但し区別される流刑の差は何を根拠としたのか不明である。因みに『延喜式』巻二十

四、主計上によると、「上野国　行程上廿九日下十四日。尾張国　行程上七日下四日」とある。同書巻二十九、刑部下　遠近の項によれば、「其路程者、従レ京為レ計」と明記する。

昔日の『古律書残篇』には、「安房国」とあれど行程を記さず。「上毛野国」の記述はない。然し『民部式』には、「東海道　尾張国上　近国」に記され、「遠国　上野国大」と記述する。故に奈良朝時代の俤を『古律書残篇』は残している。所謂白凰時代の守君大石と坂合部連薬両名の流刑実状を推測は可能となる。

さて、皇子他四名は白浜より「藤白坂」に送られた。護送途中の彼等は拷訊による肉体的苦痛と判決による精神的苦痛が重なり、言葉も出せぬ状態であったろう。前日における、有間皇子が自傷の歌を詠んだとする学者の説[20]は拷訊事状を洞察しない妄説である。陰暦十一月の寒いさ中にあって、落着き払い皇子が椎の葉に盛った食事をする余裕など到底考えられない。従って、『万葉集』の題詞に拘泥しないで九月の気候よき頃の詠歌、即ち事件と関係ない旅の歌である。『万葉集』編集者が事件を想定して挽歌二首を巻二に位置づけたものであろう。

ここで問題となるのは、『書紀』にみえる「藤白坂」の地である。有間皇子他二名は「藤白坂」で処刑されているが、そこは十一日の断罪時刻に当たる場所、即ち、『唐獄官令』で規定する未刻（十三時～十五時）に温湯から護送されて達する場所でなければならない。

未（ひつじ）は十二支の第八位に当たり、五行思想では土徳の位置である。未の解釈は『釈名』巻一、釈天に

未、昧也。日中則昃、向二幽昧一也。

とある。一日の生気が漸く衰え、万物が活動の状態から静止する過渡期の状態を示すものと言えよう。これは天地自然の理に適うもので人間も又自然の偉大な力に抗せられない。人間が活動を終えて自然に帰り土になる出発点がこの未刻なのである。所謂人間が幽界＝死に入る時刻が未であると、古代人は考えたらしい。罪を犯して死刑をよぎなくされる人間でも、天地自然の理は適用されたのである。如何に極悪非道の罪人でも万物が活動を始める早朝から、最

もエネルギーを発散させる正午まで処刑されることはなかった。死刑が五行思想での処刑であることから、その処理方法が天地自然の理に基づくことは言うまでもない。『通典』巻百六十八刑六考訊附に行刑規定の『獄官令』に、

　宣告犯状皆日未後乃行レ刑。

とあるのは、五行思想を反映したものである。十一日の何時頃、有間皇子他二名の死刑確定者を護送する一行が出発したか皆目分からない。だから、彼らが未刻頃どの辺りに歩を進めていたかは推測の域を出ない。目安となるのは『書紀』に見える「藤白坂」である。

　ここで参考となるのが、壬申の乱後天智朝廷側の第一級戦犯として斬刑処分をうけた中臣連金の行刑の実体である。金は行刑日の甲申に、窮問・判決のあった場所より七里も離れた地点に引かれて斬刑に処せられた[21]。一体に、金を含む近江朝廷側の犯罪容疑者は、天武天皇の第一線指揮所となった不破宮で裁判をうけた。裁判の結果、判決地の不破宮から金は護送されて近江国浅井郡の田根で斬られている。これは何を意味するものであろうか。七里の距離は護送者が歩行でくる時間にして不破宮から凡そ三刻（六時間）に当たる。これは早朝の八時に不破宮を発しての計算に合う。金の護送がどの様な人員構成をとり、又何時に出発したかは今日知る由もない。不破宮出発の時刻は、不破宮田根間の距離を参考にし、護送団の所要時間数を考慮してその出発時刻を割出す方法しかない。金の不破宮出発が前日とみれば致し方ないが、利光三津夫氏が力説される、甲申日の早朝と考えるべきであろう。とすれば、七里の歩行は一応強行軍として、田根辺りに丁度なる。しかも、田根到着は未刻に少し後れる頃となろう。金の護送方向が不破宮から戌の方向になることも注意すべきであるが、それより未刻の刻限に当たる所が行刑当日の護送限界であったことに注意したい。

　有間皇子が温湯を離れた時刻は分からないが、金の事例から考勘すれば、「藤白坂」は護送団が未刻に到達した地とみねばならない。従って、その「藤白坂」を通説の様に海南市のそれに擬定することは、大変な誤りを犯すことに

なる。いま仮に拷訊後を考えて皇子の一行は八時に温湯出発とすれば、護送船で九時頃田辺の津に到達となり、未刻まで六時間の余裕が生ずる。この六時間は護送道途の休息を考慮して歩行に費やすと、大体印南町辺りまで皇子一行が進んだものと思われる。従って『書紀』に言う「藤白坂」はこの周辺のどこかを指すものと推測される。私は先に『書紀』に載る藤白坂を岩代と切目を結ぶ坂と推定した。その論拠を次に述べよう。

理由の一は、『万葉集』巻九にみえる藤白のみさかは先に述べた如く、哀傷地と考える場所でなく景勝地と推断される場所であること。

理由の二は、有間皇子が温湯で判決をうけた後の行動の『書紀』の記述について、奥野健治氏が疑問を抱かれ[22]、距離及び時間の点から二度みえる藤白坂を誤写と考えて有田郡の藤並に推測する解釈がある。奥野氏は皇子と従者とは別に護送されたものと『書紀』の二度使用の「藤白坂」を解釈され、海南市の藤白と高野の藤白は同名異地を推測されている。そして奥野氏は『書紀』の誤写を条件に、二度使用の藤白坂を海南市の藤白坂に当てられた。

『書紀』の「藤白坂」二度使用を誤写とみるのは従来になかった説で、それだけにユニークな解釈である。しかし、距離・時間の点から無理がないと考えられた藤並は、藤並神社を中心に僅かの丘地をもつが、その周辺一帯が平地であって「坂」と名づける所はない。現在通る国道は藤並神社を見下す丘地を通っているが、海南の「藤白坂」から南下する熊野古道上の「坂」と名づけられる所はすべて急坂で高く、藤並の丘地とは比定できない。従って、『書紀』にみえる「坂」を無視すれば別だが、記述を信頼すれば、藤並を藤白と擬定することは誤りとなる。私は寧ろ、奥野氏が疑問を抱かれた時間と距離について従来の説になかった点を指摘したい。所謂通説の海南市の「藤白坂」が、『書紀』の同名地である点を理由に、皇子の没地と解するのに批判を加えた点、我々は傾聴する要があろう。

いま通説と異なる説をあげれば、

①『日本書紀通証』熊野

②『日本書紀通釈』紀伊国管川藤白之峯
③『大日本地名辞書』岩代浜
④清川吉彌氏の新聞紙上発表　白浜

等と要約される。①の説は熊野の区域が限定されないので不明である。②の説は先に奥野氏も注意され、最近では岩波日本古典文学大系本の『書紀』頭註にも注意されている。③の説は藤白を磐白の誤謬と推定したもので、論拠がさだかでない。④の説は大系本頭註も白浜・湯崎方面を南望する坂に比定するもので、この頭註を疑わしいとし、雑賀貞次郎氏は強く否定されている。(23)

さて、私が推定する切目・岩代間の坂を「藤白坂」とする理由の第三は、皇子の処刑が唐の律令法に基づく未刻以後の処刑規定解釈から、白浜から要した護送時間が切目以遠の距離に求められないこと、による。

理由の第四は、切目川に明治年間迄有間皇子の霊を祀る社が存在したことである。その皇子社は切目川と切目中学校の間にある小丘の端に存在したもので、明治四十三年成立の「耕宅地字絵図」に「字丸山」と社址が明記されている。皇子社が曾て存在し人々の記憶に残されていたことは、『十寸穂の薄』・『熊野独参記』(24)（もと『紀南郷導記』と称す）・『紀伊続風土記』等によって疑えない。皇子社が切目の神辺川の側の聖地モリに存在した事実は、十一日に絞刑にあった皇子の終焉地「藤白坂」と無関係でない。第二図で示した如く、丸山の近隣は『万葉集』巻十二で名高い殺目山である。皇子社から岩代へ抜ける道は長尾越と中山越の二コースがある。従って、ここは奥野健治氏が規定された藤並より海抜の高い丘陵であるから、「坂」と称するのに無理を生じない。いま「藤白坂」と称する地は残っていないが、長尾越の戸中の近所に白藤と称する所もあり、この丘陵地帯の旧熊野道（時代による変遷を考慮する必要がある）に、「藤白坂」と称した坂があったとしても不思議でない。この切目は白浜温湯より朝出発して、丁度未刻に到達する地点に当たる。又この辺りは古墳の散在で考古学上の研究対象地となっている所(25)である。ここは、現在は想像

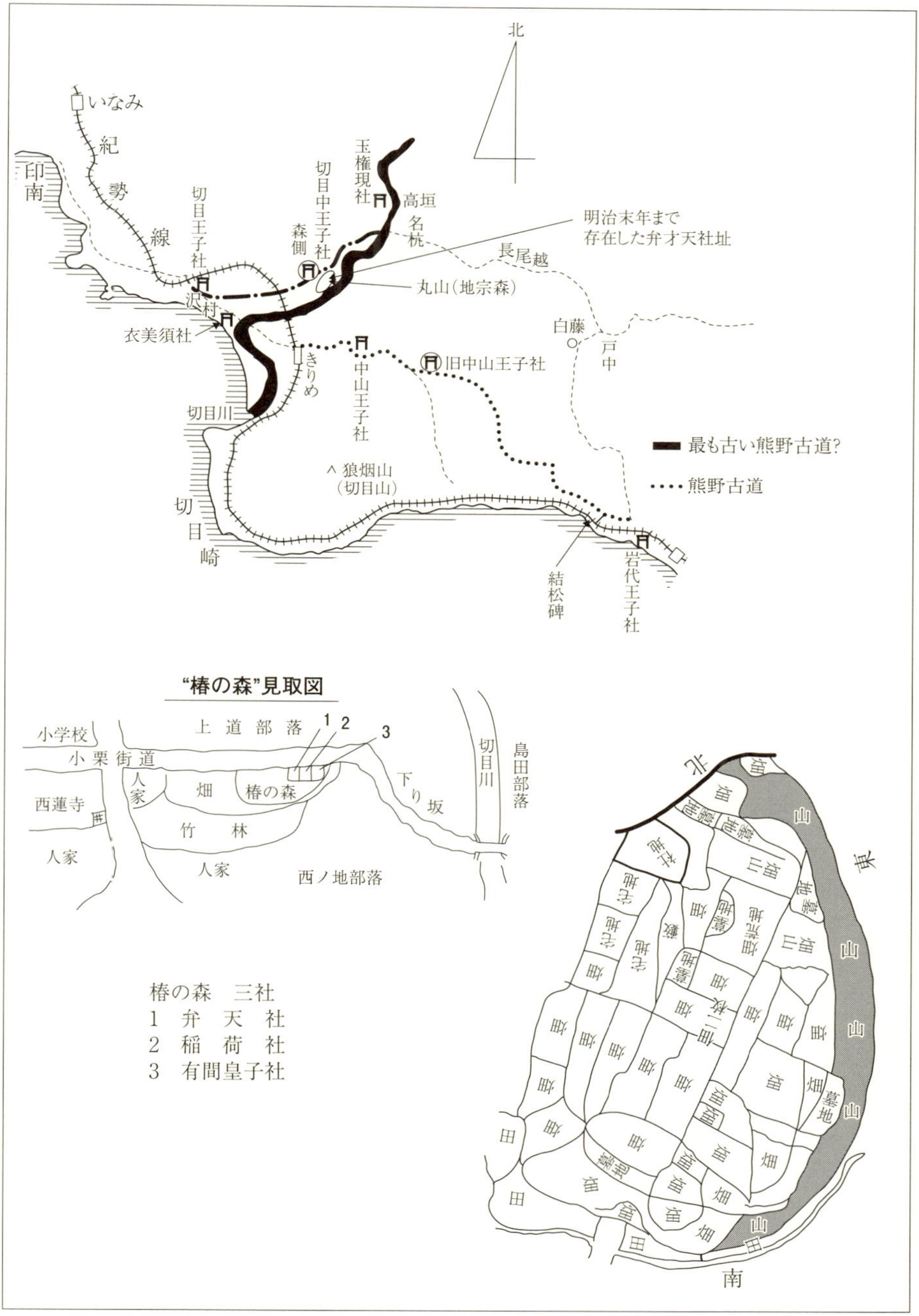

第二図　切目・岩代附近略図（著者作成）

されない有間皇子の死を証明する資料が、考古学者の手によって明らかにされるに充分な所と注目してよい。

十一　切目川と古代領域

大化改新後「熊野」は「牟婁」に改められたが、その牟婁の行政区域はもと御坊に近い所であったと推定される。従って、切目川はもと牟婁郡内にあり古称「熊野」の一部でもある。(26)『日本書紀通証』が「藤白坂」を熊野にあるとする論拠は、或いは切目川に近い所であったのかも分からない。切目川が上代人の集落地であることも既に明らかとなっている。従って、有間皇子が在世中、ここに集落が存在したことも予想されよう。『唐獄官令』の規定では、大辟罪の執行を人々の集う「市」で行うとなっている。切目は当時法制上の「市」がなかったけれども、紀伊国沿岸地帯で人口稠密度が比較的高いと思われるから、切目を想定する「藤白坂」は熊野沿道中「市」と解するにふさわしい所であったかも知れない。延久年間（一〇六九―七四）の文書に「切目薗」の名がみえているから、それを遡る斉明朝にも多くの住人が存在したのではあるまいか。

曾て存在した有間皇子社の丸地山（丸山）には、三島大明神が祀られていた。その祭礼がもと十一月十三日で元暦元年（一一八四）の社焼失後、別地に新社を設けてから十五日に改められた。これを憶測すれば、十三日の祭礼が古くは十一日であったかもわからない。三島大明神の祭礼と皇子の終焉日を結びつけることは危険だが、祭神の勧請・社の移動・並祀・合祀等乱れている現在、もとの正しい姿を確かめることは不可能である。祭礼と皇子の終焉日の関係は、後の研究を俟つことにしたい。

皇子社が切目川の側に存在することで思い合わされることは、讒言で自刎死させられた伍子胥が、人々の同情を買って祠を立てられていることである。有間皇子も武運拙なく罪を負って死んだが、ことの経過は不明でも若輩の皇族が非業の死をとげる様子を人々は憐れんだに違いない。だから、行為よりも結果をみた印象が強い人々は、皇子の死を傷んで没地「藤白坂」の近くに社を建てたとしても不自然でない。有間皇子社が丸地山に存在したことは、『万葉集』巻九に詠まれた、「藤白坂」と無関係である。切目川に近い熊野古道に曾て「藤白坂」があったことを暗示している。先に「藤白坂」についての小稿を『熊野路考古』三号（昭和三十八年）で発表したが、再びここに総合的見地から「藤白坂」の検討を示して批判に答えたい。

むすび

『書紀』の校本を信ずれば、有間皇子他二名が「藤白坂」において処刑されたことは疑えない。だから、皇子が絞刑され塩屋連鯯魚・新田部連米麻呂の両名が斬刑になった事実は古代史の真相である。非業の死をとげた人を憐れむ気持は誰にもあるが、歴史の真相は極めて非情であるのが常である。従来、有間皇子の変を憐情篤い見地からその死を解釈してきた。特に『万葉集』巻二に載る挽歌二首の詞書の誤解から、事件の真相がゆがめられていたと言える。事件の解釈に挽歌二首を引きながら、皇子の処刑と中国の律思想の浸透を考慮しないのが一般的な学者研究である。又「藤白坂」の理解に、人間の歩行能力を無視した日程を算出して、安易に『万葉集』巻九の「藤白のみさか」とするなど、事件の真相解明に粗雑な点がみうけられる。従って、今後も有間皇子の変を解明するには、通説を破る努力大なる経過を辿らねばならない。

鯯魚・米麻呂の斬刑にしても、これまでその実体について『唐律令』を踏まえた研究はない。『書紀』の簡単な記録では斬刑の真相は摑めないが、唐の資料から推して大凡の状況を窺うことはできる。律思想がよく普及した平安朝初期の中臣王の例から推察されるのは、拷訊が感情的に行われていることである。だから、有間皇子の変が起った斉明朝には、まだ旧来の慣習が行われていたのでないかと想像される。有間皇子も中臣連金の場合もそうであったが、処刑地が判決場所より戌の方向にあることは理解に苦しむ。律の思想からすれば、行刑は「市」であって判決地から眺めての方向は関係ない。私は先に、戌が夜の範疇に属し万物活動を止める時刻であることに注目した。『淮南子』に西北方を幽天[29]と言うから幽界に入る視点である、と考えた。しかし、必ずしも中国で考えられた五行思想によるものでなく、古代人が考えた何か死を忌むための行為が、処刑者を戌に連行したものであるのかも分からない。斉明朝と天武朝初期には古来の行刑思想が混在するらしいから、鯯魚・米麻呂の両名は古来の行刑が適用されたのでないかという推測も成立する。ここで『孝徳天皇紀』大化五年三月庚午条の、

喚二物部二田造塩一、使レ斬二（蘇我倉山田石川麻呂）大臣之頭一。於是、二田塩、仍抜二大刀一、刺二挙其宍一、叱咤啼叫而始斬之。

記述に注意したい。二田塩は物部の姓をもつから、上代より平和時に行刑を専門に扱い、戦争時に殺戮を行う武人であると言えよう。二田塩が死体の肉を刀の先に突き刺し、大声でわめく様子は戦後の勝利を祝う素朴な表現と思われる。一方で律令法に基づく枷を使用し、犯罪者に絞・斬の区別・流刑を行う反面、この様な旧態依然の行刑が蘇我倉山田麻呂にみられた。そこで、有間皇子の処刑時にも鯯魚や米麻呂の斬刑には、この様な行為があったのではないかと類推されよう。皇子と金にみられた処刑地方向の共通性及び、鯯魚と米麻呂の行刑に二田塩の如き行為を、私は推測するのである。

当時、『喪葬令』が曲りなりにも実施されていたとすれば、身分の高い死者には必ず姓名と年齢と死没日を明示する銅板か標柱が作られた筈である。皇子は犯罪者であるから、或いはこの様な表示物が作られなかったかも知れない。よしんばそうであるとしても、皇族の埋葬には何か身につけた品物が残されたのではないかと思う。切目岬では最近にも海岸の自然石を用いた簡素な古墳も発見されている。有間皇子は犯罪者であるから簡単な埋葬をされたのかもわからない。有間皇子は皇族であるから、よもや土葬でないであろう。だとすると、今後偶然皇子の墓が発掘されないとも限らない。切目から岩代にかけての海岸は、師楽式古墳など古墳の存在地である。それらは自然の暴威に浸蝕さ

れて絶滅の危機に瀕している。伝聞するところによれば、明治以来に浸蝕された海岸は「切目崎」南方で一町余に及ぶという(30)。自然の浸蝕を考え、今日まで千有余年間に消滅した古墳もかなりあったであろう。不幸にして皇子の墓がこれら消滅した中にあったならば、永久に皇子の墓は世に知られず、又、『書紀』に明記する斉明四年条の「藤白坂」も分からず仕舞になる。ひいては事件の真相もゆがめられた解釈のままになるであろう。

不幸な星の下に生まれた皇子も、人間の喜びを味わったらしい。『日下部系図』に皇子の男表米の名がみえているので、皇子が妻帯したことが知られる。そして皇子の注に、

後無罪滅亡之由、達二上聞一、天皇歎無レ益。

とあるが、この十五字は皇子の死を傷んだ後人の考えで、事実を物語るものではない。系図を信ずれば皇子の霊も浮ばれようが、有間皇子が『類聚国史』(31)の罪人中にみえる様に、無罪では絶対にない。大体系図は祖先を誇張して事実に基づかないことが多い。『日下部系図』もその例外でない。

皇子は戊午革運の大陸讖緯思想に染まり謀反の積極的行動で殺されたのである。事件の正しい理解は、六朝五世紀に劉裕が「晋宋革命」を実現し、蕭道成が「宋斉革命」を成し遂げた歴史上の「革運」革命が存在した、この前提条件を軽視して不可能である。

註

(1) 毛利柴庵述『皇室と紀伊』第三十七代斉明天皇 ○行宮趾に、「約三反五畝 村有。西牟婁郡瀬戸鉛山村字御幸ノ芝二九九二番地にあり伝説古、斉明天皇湯崎温泉へ行幸の時聖駕を駐め給ひし旧蹟なり。行在所の一部は寿永年間まで残存しありたりと。今は一帯の松樹林にして『御泉水の跡』僅に存せり」とある(昭和十年刊)。昭和六十二年六月六日『紀伊民報』に、「大原町文化財副委員長が調査 白浜町湯崎御幸ノ芝 須恵器の破片発見 伝承の行宮跡濃厚」が掲載

された。紙面に「昔から〝地主〟神が祭られていた祠を一時移転する時、大原満氏が、地下二十センチから壺の胴の部分に当たる須恵器の破片一個（長径六センチ短径四センチ厚さ六ミリ）を見つけた。この破片は七世紀初期のもので、歴代の天皇がおいでになった時代とも合致するので、伝承通りの行宮にほぼ間違いない、と大原さんは見ている。これまで湯崎一帯では須恵器類は見つかっていないという」と記述する。同年十月十三日の『朝日新聞』にも同一記事を載せるが、大原委員説を「享保十八年（一七三三）に紀州藩の学者、祇園南海が歌った「行宮の古い石台がこけ生している」という内容の漢詩「行宮跡」があり、明治三十八年の『牟婁郷名勝誌』に「行宮跡がわずかに残っている」という意味の記述を見つけた」を挙げている。

（2）昭和四十二年十一月三日、著者児玉荘左衛門、監修池永浩、編集者楠本慎平、による『校訂紀南郷導記』が紀南文化財研究会（田辺市上屋敷町、田辺市立図書館内）から上梓された。

（3）毛利柴庵述『皇室と紀伊』第十四代仲哀天皇、註に「徳勤津はトコロヅと訓む。今の和歌山四箇郷新在家にありしと説あるも、一説には西牟婁郡瀬戸鉛山村大字瀬戸の藤九郎神社即ちトウクロー神社は、このトコロヅ宮の転化なりともいふ。又、トコロヅは今の日高郡衣奈浦なりとの説もある」と記す。

（4）同書、「第三十七代斉明天皇　○熊野三所権現御腰掛石あり西牟婁郡瀬戸鉛山村大字瀬戸にあり。境内にある御腰掛石は、斉明天皇此地行幸のとき御腰を掛たまふ石なりと伝ふ。境内に『火雨塚』といふ穴あり深さ知るべからず（続風）」とある。昭和六十一年十二月五日の大原満氏私信には、本章の注（1）に引く『朝日新聞』の記事にない、祠の内部下に「五輪塔を表す空・風・火・水・地の梵字が板碑に彫られてい」ること、現在「熊野三所権現」は「熊野三所神社」の名称であることが、綴られていた。

（5）『唐擅興律』一条には「諸擅発兵、十人以上、徒一年。百人徒一年半、百人加二一等一、千人絞」とみえて、兵の無断動員に対する犯罪者の最高刑を「絞」と規定する。一方、わが『養老律逸文』（『法曹至要抄』中所収）では「凡擅発兵、廿人以上、杖一百。五十人、徒一年。五十人加二一等一」とあって、最高の量刑規定を欠く。『唐律』では絞刑が量刑の限界であるのにも拘らず、『唐律』準用の本事件では鯯魚が斬刑に処せられている。彼我の量刑の相違には何か理由がなくてはなるまい。所謂、淡路国遮断作戦には「船師」の動員を述べる或本の記事から、明らかに水軍正規兵の動員と見做す解釈があったことを想定できる。ということは、鯯魚は「船師」動員の犯罪事実をもったことが窺われ、且つ職務上「船師」掌握の関与があったことを示唆している、と言えよう。いま彼我の量刑が異なり、しかも鯯魚に『唐律』に規定されない「斬」の処刑が事実として記録されることに従えば、本事件でわが律が『唐律』を考慮し乍らも国情に合わせて、新たに「斬」を加えたことを推測させる。そして、本事件の単項律が前例となって、後の『擅興律』制定時に影響を及ぼしたのではないかと考える。

(6) 飯田武郷『日本書紀通釈』巻六十、「蘇我赤兄臣か、皇太子中大兄命に憑まれまつりて、此皇子をすかして、罪に陥入し者と見えたり。……赤兄臣をして、有間皇子に謀反をすすめまゐらせしなれは、……此赤兄臣は、性質残忍にして、上はつれなくつくりて、聖人風なる所行なともありけんより、皇太子の御心にも、自ら叶ひて、殊に新く眺ひたまひ、留守官など、重き列には備え給ひけん」の表現を用いる。飯田武郷の『通釈』説の解釈はその後広く学者に妥当として用いられる。例すれば田辺幸雄『初期万葉の世界』（塙書房・昭和三十二年刊）。では、『通釈』を引いて「皇子をそそのかし」紀伊への報告を自然とする。『通釈』説を「赤兄の謀略的行為としか採れない」と同調する。境田四郎『有間皇子の歌をめぐって』『大阪女子大学紀要』第一四号も同調説だ。三省堂・昭和四十二年刊の『講座日本文学2　上代編』五天智天皇も、「事実は後世史家のいうように皇太子と赤兄との謀略」と記述する。

(7) 「天智天皇の聖徳」『神道史研究』第八巻第六号・昭和三十五年刊。

(8) 田中元「有間皇子」『敗れし者への共感―古代日本思想における〈悲劇〉の考察―』所収・吉川弘文館・昭和五十四年刊。

(9) 本位田菊士「斉明紀二年是歳条のいわゆる狂心渠の工事について」『古代文化』第三七巻第二号・昭和五十一年。

(10) 「或人諫曰、不レ可也。所レ計既然。而無レ徳矣。方今皇子、年始十九。未レ及二成人一、可下至二成人一、而得中其徳上」は、岩波日本古典文学大系頭注が「或人」を、「守大石・坂合部薬らか。両人とも軍事的手腕があり、この事件後は流罪で済んでいる」とする。

(11) 斉明四年紀十一月庚辰朔壬午条に、「留守官蘇我赤兄臣、語二有間皇子一曰、云々、有間皇子、乃知二赤兄之善レ己、而欣然報答之曰、吾年始可レ用レ兵時矣」とある。

(12) 拙稿「中臣連金の死と行刑法」『歴史と地理』第一五九号・昭和四十三年刊。

(13) 『大唐六典』巻之六に、「凡断獄之官、皆挙二律令格式正条一以結レ之。……殿庭決杖者、皆背受」とある。

（14）利光三津夫『裁判の歴史―律令裁判を中心に―』（日本歴史新書・至文堂・昭和三十九年刊）では、「裁判史の研究で最も力を入れて究明しなければならない問題は、いうまでもなくその時代の法律がどうであったかという法制史の問題である」とはしがきで触れ、『天平十年周防国正税帳』に、「五月四日下流人（下略）、部領伝使〈刑部少解部従六位下荊間連養徳、将従二人、合三人、従来大日、食稲六束、酒六升、塩三合六勺〉」（『大日本古文書』巻二所収）を示し、「荊間連は、「この実例によって、吾人は、刑部解部は流人を配所に護送する部領使にも差せられることを知る」とし、物部氏の支族である」という。「令制官司の職員である物部は、大化前代からの伴造であり、物部丁は、その伴造に統率せられる部民であることが知られるのであって、これらはいずれも解部と同じく唐制に則って新設せられた職員ではない。この物部の例から推して、刑部省、治部省の解部も、やはり荊間の氏名を負える「負名入色人」を簡んで補任したもの」と記し、「解部は拷問の実行にもあたった」こと、「孝徳斉明両代は、諸事明治維新直後の社会と同じように、新旧交替の過渡期たる様相を示していたから、その裁判手続、裁判法規のごときも唐律令を参酌し、まじうるに、従前の慣習を以てしたと考えられる。……孝徳天皇の朝に刑部省が存在し、その長官である尚書に高向国忍が任ぜられた……裁判手続は原則として、人証書証による中国的な裁判手続がこれに取って代わった……改新に際して、唐律令にみえる証拠法に関する規定が、大量に朝廷の裁判にとり入れられたことは推察に難くない」（四四頁）と記す。

（15）前掲書四九頁に、「この（飛鳥浄御原律令）律令の中には、唐律令にみられるような整然たる裁判手続が大体定められていたものと推定している。……律令において訴訟断獄のことを掌る刑部省の官制は、大宝律令をまたず、持統天皇の時代にすでに整備されていたのである。天武、持統両天皇の御代における朝廷の裁判が、大体唐律令を母法とした律令の各条規に基づくものであったことは疑いがない。」とあり亦「わが律令の編纂者は多くの場合において、唐律の定める刑、唐律令の定める義を緩和せんとしており、かかる実例は枚挙に遑がない」（八二頁）とある。

（16）利光三津夫氏は前掲書で、「証拠によって、犯罪事実を認識しえた場合、または拷問によって自白が得られた場合等には、判官はその結論を文書となして、長官に提出した。これを鞫状と称する。鞫状には、今日の訊問調書に相当する被告の最終的申立てが添付せられねばならなかったが、律令はこれを弁定、または弁証と称している。弁定は必ず囚人の前でこれを読み聞かせて、その筆記に誤りがないかどうかを検する必要があった」（九二頁）と記す。白浜裁判の場合、有間皇子が裁判手続上、この弁定の過程を通して自己主張をした筈である。中大兄が有間皇子の前で弁定を読み聞かせた時に、「天与二赤兄一知、吾全不レ解」の発言があった。その後、弁定内容が記録から皇太子側の意向で削除をみたと推測すべきである。

(17) 唐杜佑（七三五―八一二）撰『通典』巻一六八、刑六考訊附に、「大唐律諸審獄之官、先備二五聴一、○諸犯罪在レ市。○諸決二大辟罪一、皆妨援、至二刑所一囚一人、妨援二十人毎二一囚一、加二五人一」とある。仁井田陞著『唐令拾遺』は『開元二十五年令』と推定している。

(18) 『唐律疏議』巻十七に規定する。「謀反大逆問答一　諸謀反及大逆者皆斬。即雖二謀反詞理不レ能、動衆威力不レ足レ率レ人者、亦皆斬」に基づく唐律が、米麻呂の処分に関わる。律令裁判における特色を利光氏は、「刑法および訴訟法が成文法によって定められ、律令裁判手続の成文法主義的特色」を挙げられている。この唐の成文法主義は、飛鳥出発時には自由人米麻呂が、律令に基づく審理手続を受ける過程で、有間皇子を除く斬刑者の塩屋連鯯魚の供述か、或いは流刑処分となった守君大石と坂合部薬何れかが口にした言質を据えられて、緊急逮捕の手続を踏んで、個別審理の対象となる。大石か薬の中の一人が供述した内容は、「諸知二謀反及大逆一者、密告二随近官司一」に関与する『唐闘訟律』第三九条に抵触する。この条文の通報義務違反が絞刑になる点、絞刑を逃れた背景に流刑処分となった二名がからむと推測する。大石と薬両名の審理の後で米麻呂の斬刑処分が決まり、白浜裁判が決着をみたと、米麻呂審理を踏まえて洞察する。

(19) 利光前掲書には、「自白は証拠の王」と言う原則を律令裁判手続で述べられた。そして物的証拠の代表的なのが書証という。留守官赤兄が二人から入手した書証は、内容不明だが白浜裁判で有効になったと推測できる。

(20) 清王先謙撰集『釈名疏証補』に、「正義、盛必有レ衰、自然常理、日中至レ盛、過中則昃」とある。

(21) 拙稿「中臣連金の死と行刑法」『歴史と地理』第一五九号・昭和四十三年刊。

(22) 『万葉地理三題』「有間皇子墓」・佐紀発行所・昭和三十四年刊。

(23) 昭和三十四年十二月筆者が直接雑賀貞次郎氏にお会いした時、雑賀氏は、半歳前『路傍の石』作者山本有三氏が有間皇子に関する資料調査のため来られたこと、その折有間皇子社が『紀伊続風土記』に載せることを伝えた由を、また同じ事を貴方に伝えるのに二回目だとも加えて示唆された。この時岩波日本古典文学大系本の頭注について、疑わしい旨を強調された。雑賀氏との接見は、国鉄田辺駅近くの「かなや旅館」の御主人にご紹介を賜わり、同席された三十分余の覚書に記す。

(24) 山本賢撰『切目誌料』(旧切目村郷土資料集) 昭和三十四年八月自刊。

(25) 巽三郎「紀伊国日高郡切目川村崎山古墳発掘調査報告」『古代学研究』一七号(昭和三十二年刊)に、「遺物の出土、(一) 須恵器 (二) 土師器」を記し、「結び」で「副葬土器類に追葬を偲ばせ得る資料を見出し得ないことによって被葬者を単独と観察するのが妥当であろう。……過去における古墳発掘者の語るところも等しく、その出土副葬品の貧弱性についてであった。これらを以て謂うならば海洋性部族の奥津城たる性格を導き出し得ないだろうか」とある。

(26) 拙稿「殺目山寸考」『万葉』第七五号・昭和四十六年刊。

(27) 丸地山の略称を丸山をいう。古くは地宗森と呼んでいた。丸山の北端にある社地は、明治時代に弁財天社と別に二社が存在した。明治四十三年六月測量、山本重之助写『日高郡西之地　耕宅地字絵図』に「字西森口」「字丸山」「字森側」を載せる。この森側は元村管内西蓮寺にある、享保十五年(一七三〇)十一月十五日の過去帳に、「森川吉兵エ」の娘、法名光月清丹信女が残る唯一氏名とある。山本重之助氏の御子息啓蔵氏の教示に依れば、椿の森は切目川に面する「上道部落」と「西ノ地部落」間に「小栗街道」が通り、街道の切目川に近い筋側から「有間皇子社」「稲荷社」「弁天社」が並んでいた。三社を含む畑(殿《とお》の畑《はた》)持主家には「この三社を大切にせよ」と言い伝えがあった。丸山は三島大明神・玉野明神・八幡神の勧請地となった所で、切目における聖地「モリ」に当たる。このモリには東京岩代村に鎮座した八幡宮が遷座し、明応四年(一四九五)に、切目川の上流古屋に移り八幡神社になったという。神の留まる場所でもある。所謂切目八幡宮は、延久四年(一〇七二)の『石清水文書』に「薗八幡・衣奈薗・那賀郡鞆淵薗」と並べて、切目薗があり創建のかなり古い大社であったらしい。「とおのはた」は『宝暦十歳(一七六〇)切目組大指出帳』に「大畑」にあったという。『紀伊続風土記』巻六十七、西野地村にみえる「大畑」と似通う。山本啓蔵氏は「殿ノ畑」は「大畑」の転訛らしいという。丸山の近くに切目中学校がある。この付近に住む古老の話では、社地の前を「オバタケ」とも「オンハタケ」とも云うと。その意味は「大畑」・「御畑」であろう。丸山の南切目川の対岸にある島田村内の畑地を「キリハタ」と呼ぶが、これら「ハタ」の名称が共通する点は、切目川流域の丸山周辺を「ハタ」と呼んだのかも知れない。山本啓蔵氏の友人長井和雄氏は、「皇子社は殿の畑」と言い、長井氏が子供の頃(明治時代)椿の並木があったという。昭和三十八年、和歌山県教育委員会発行の『遺跡地名表』に、「四五四番　遺跡の種類「古墳群」、遺跡名「西之地古墳群」、所在地「西之地」、地目「畑・山林」、遺物「須恵器片」。四五五番　弥生集落跡(四五八番)四五九

番　丸山遺跡名」がみられ、切目川を挟んだ島田村では、「四六〇番　縄文集落跡、四六一番　古墳群、四六二番　弥生集落跡、遺跡名「崎山古墳群」等が続く。有間皇子の処刑地（藤白坂）は、『唐獄官令』の規定により、行刑は人の集まる地で執行されるに関わる。切目が縄文時代から集落地であり、平安朝初期には、著名な良港であった点は注意すべきである。有間皇子社の存在を早く明記したのは、『紀南郷導記』（『熊野独参記』と共通部分多し）児玉荘左衛門撰である。『校訂紀南郷導記』編集者楠本慎平氏は、「児玉荘左衛門について」で、「二代国主清渓公の治世中、すなわち同七年（一六六七）から元禄十一年（一六九八）までの間」と成立年代を推定された。楠本氏の推定に基づく説を参考にすれば、元禄十一年以前に有間皇子社が、建立していた事実を確認できる。『紀南郷導記』の記述順序は和歌山から南下して紀路を辿るのを特色とする。ここでは、「藤代坂ハ上下二十五町。名草海部両郡ノ境ナリ」と述べる。僧正行意は和歌、「藤代ノ　御坂ヲ越エテ　見渡セバ　露モヤラヌ　吹上ノハマ」一首を引用して、有間皇子社には一言も触れない。即ち荘左衛門は有間皇子社が存在しなかった事実を、示唆しているのである。五十年後成立する『文明旧記』（名高浦専念寺第十四世住職僧全長が延享四年（一七四七）将軍吉宗没後二年に入寂するが、その著作中にある）に、「坂下藤松祠　有有馬皇子御塚所、此所絞死」の記述を残す。『郷導記』はこの後に、「△印南村五躰王子小社ヨリ二十五六町南、小山ノ腰ニ穴有リ、……昔、泳（ひょう）ノ雨降リシ時、此穴ニ蟄居セン所ト云ヒ伝ヘタリ。有馬王子ノ小社有リ」と続く。『郷導記』成立後十七年の『倭漢三才図会』切目山には「△按有馬皇子社、結松、鵐藪、小歌森等、白跡、雖レ有二岩代一。今所レ在切目領二西岩代村隣一也」と記す。『三才図会』成立時には岩代村の管轄が切目領と解釈された。寛政改革を行った松平定信施政の一七九二年『紀伊志略』では、西岩代村の所轄であった。有間皇子社は所管を変更するが移動することなく、『十寸穂の薄』に「切目川の辺、有馬皇子社あり」と明記する。この後仁井田好古の『紀伊続風土記』巻十九に「〇藤白松　王子権現より西二町に松樹あり。是を藤白松といふ。有間皇子を絞る処といひ伝ふ」と記す。この説を引いたのが『皇室と紀伊』である。佐佐木信綱博士揮毫の歌碑が建てられて通説の確認に寄与する。歌碑の設立から、切目の有間皇子社の存在は、海南の藤代を重視する説が多くなる。この説を引くのが『本朝地理志略』『海南郷土史』『内海村誌』『紀伊通覧』『紀伊名所図会』『紀州旧跡志』『万葉集私注』等である。『書紀』の「藤白坂」を『万葉集』と同一地名と解した故に、日高郡の地から名草郡の地に誤解される説が増殖するのは嘆かわしい。

(28)　拙稿「斉明四年紀十一月庚寅条の藤白坂について」『熊野路考古』三号・昭和三十八年刊。

（29）清王念孫の『広雅疏證』巻九上、釈天、年紀に、「西北幽天」を掲げ、作者は『呂氏春秋』巻十三有始覧に同文を引く。

（30）筆者は、巽氏の知人老翁の「昔の切目崎が一町ばかり沖に延びていた」由を、巽三郎氏から教えられた。

（31）『類聚国史』は菅原道真が奉勅撰集の一大記録集である。同書の巻八十八、刑法部二、罪人上の中に、「有間皇子・蘇我赤兄附出、斉明天皇四年十一月庚辰朔壬午、留守官蘇我赤兄臣」と明記する。

第二章　戊午革運実現者劉裕・蕭道成の位相

第一節　戊午革運前編

はじめに

旧聞に属するが、筆者は「戊午の変雑考―有間皇子の死に就いて―」を、第七回神道史学会で発表した。(1)翌年、発表の一部を事件の首謀者有間皇子に協力した共同正犯者に絞って述べた。(2)昭和三十八年、『唐律令』準用下の限られた断獄から、『万葉集』に載る「藤白坂」と有間皇子が処刑された「藤白坂」は同名異地である事を明らかにした。(3)二年後、有間皇子謀反事件の結末で斬刑となった塩屋連鯯魚は、水軍動員の責任者の想定から鯯魚が紀伊国日高郡の「塩屋」と深く関係する点を考え、海人族の協力が絶対必要であった事件の背景を述べた。(4)

四十二年『唐律令』を受容する過渡期の行刑を探査して、大化改新後における蘇我倉山田石川麻呂・有間皇子・壬申の乱等「謀反」事件を考察する。(5)四十三年、有間皇子の処刑地に関しては、罪刑法定主義に基づく『唐律令』準用下を考慮して、紀路の「きりめ」の地を想定し其処に明治末年まで存在した有間皇子社が事件の真相を暗示する事に言及する。(6)同年、戦後処理の裁判と平時の裁判に共通する点は何かにふれて、行刑制を隋の死刑覆奏制にからめて有間皇子事件を検討する。(7)四十六年、事件に関連して古代の「紀路」解明に、『万葉集』に残る「殺目山」を古伝承の

『熊野権現御垂迹縁起』に明記する「紀伊国無漏郡切部山云々」を論拠として、天武十四年（六八五）以前の実状を洞察する。[8] 六十三年、『唐律令』準用下の裁判制度把握のため、舎人新田部連米麻呂の断獄を、『唐獄官令』・『唐断獄律』の解釈を通じて白浜裁判を辿り、斉明四年（六五八）十一月の『日本書紀』に欠けた十日己丑の実像・裁判推移に迫って見る。[9]

そして折々に集めた小稿を以て皇子の実像を画いたのが「有間皇子の一生」である。[10]「戊午の変」と題し研究を進める一方で、儀礼冊文研究に走り本道からいつしか外れてしまった。事件の本質解明に欠かせない問題は、何故有間皇子は斉明四年に拘泥したのかの一点にある。『日本書紀』の記録では窺知できない問題が潜んでいるのかも分からない。この点を研究中断に終止符をうつ本節で採りあげる事にした。

解明の鍵を握るのが、「武王克殷故事」だと問題点を想定する。この故事は「緯書」の『詩緯』[11]に、

戊午革レ運、辛酉革レ命、甲子革レ政。

と十二語で短く引かれる。ここに「武王克殷故事」と『詩緯』とが相俟って、戊午革運の理想革命者が辿った歴史の共通点が見えてくる。『詩緯』は『易緯』の辛酉・甲子の革命観念[12]に戊午を包含して[13]、梁・陳時代の六朝後半期を過ぎて大陸に止まらず日本にも影響を及ぼしてくる。この影響を諸に受けたのが有間皇子なのである。以下、『詩緯』と密接に関わったと想定する戊午革運の実現者について述べたい。

一　武王克殷故事

文章博士三善清行が昌泰四年（九〇一）に著わした『革命勘文』は、讖緯思想が改元の名の下に右大臣菅原道真の失脚に寄与した九世紀末の政変を象徴する貴重な資料である。その貴重性を示すのは、唐代に残された緯書の佚文を伝えることであり、革命論の展開に「辛酉」「甲子」年の干支故事を踏まえて「改元」の必然性を強調することであ

る。昌泰四年二月廿二日、三善宿禰清行は文章博士の立場から「請三改元應二天道一之状」を醍醐天皇に提出した。『革命勘文』に依れば、

今依二緯説一、勘二合倭漢旧記一。

と記して、「辛酉」年を「人皇革命」の首とし、「甲子」年を「革令之証」に理解すべきと清行は考えた。その手法は、

（1）孝元天皇卅五年辛酉、日本紀闕。漢呂崩。大臣誅二緒大后呂一、迎二立文帝一。

（2）崇神天皇卅八年辛酉。漢宣帝神爵元年。四十一年甲子。宣帝五鳳元年。

（3）景行天皇五十一年辛酉。秋八月立二稚足彦尊一為二皇太子一。是月以二武内宿禰一為二棟梁之臣一也。摂二行万機一。当二於後漢安帝建元元年一。

（4）誉田天皇卅二年辛酉。前涼張軌自立為レ王。卅五年甲子。前趙劉天海自立為レ王。

（5）允恭天皇即位元年辛酉。宋高祖武帝劉裕即位。為二永初元年一。四年甲子。後魏太祖大武皇帝即位。

といった順序で説明が続く。清行は漢朝成立以後の事例を挙げたが、『漢書』・『後漢書』・『宋書』・『後魏書』すべてが「緯書」ならぬ正史を引く。いま改元の証拠第一条に関しては、（2）の「辛酉」が神爵元年を二年に誤り、（3）の「辛酉」が建光元年を建元元年に誤り、（5）の「辛酉」が永初元年を二年に誤る。（4）の「甲子」については、前涼張軌及び前趙劉天海が自立して王を称した例を挙げるに過ぎない。緯説に依って漢籍資料を説明する改元理由が、実は正史の丸写しなのだが年次を三例誤る。

清行は「革命勘文」で、

周文王、戊午年決二虞芮訟一。[14] 辛酉年青龍銜レ図出レ河。甲子年赤雀銜二丹書一。[15] 而聖武伐レ紂。戊午日軍渡二孟津一。[16] 辛酉日作二泰誓一。[17] 甲子日入二商郊一。[18]

と記す。彼は文王の虞芮故事[19]を用い、武王の孟津渡河進軍を引いて、「戊午」の年と日を明らかにしているが、大変

と理解する中で「年数亦同」の解釈を下す。後漢安帝の建光元年辛酉及び延光三年甲子に対して、彼は前者に改元を記し、後者には（1）と同様に無視する。（1）の元号制定なき文帝甲子年は、三年前の辛酉とともに元号を記すことは不可能である。（2）（4）（5）何れも改元資料として辛酉・甲子を当然として元号を挙げるものと解する清行手法に倣うならば、（3）の甲子年が欲しいところである。

（4）の辛酉・甲子に関しては、これ迄の改元年次明示の手法を採らず、年紀不載の「王自立」記述に変更する。どうも改元理由として不都合の場合には、記載を敬遠した様である。

いま『革命勘文』記載内容を簡略化すると「自前六六三年至九〇四年改元表」（表一）の如くである。上部を日本関係で記し、下部に中国関係の改元年と干支年該当部分を補った。

自前六六三年至九〇四年改元表（表一）

No	干支	西暦	日本改元	革命勘文	中国改元	革命勘文細注及び補足
1	戊午 辛酉 甲子	BC六六三 BC六六〇 BC六五七		神武天皇即位、可為□革命之首。 〃　四年、宣為革令之証也。		荘公三十一年に当たる。 周僖王三年斉桓公始覇、王会諸侯於鄄。 周恵王即位元年。
				←240年→ 四六		
2	戊午 辛酉 甲子	BC四二三 BC四二〇 BC四一七		孝昭天皇五十六年。日本紀闕。 〃　五十九年。		秦躁公十一年に当たる。 秦懐公元年。又三晋分晋、地如小侯、朝於晋。 周威烈王元年。又趙桓子元年。
				←60年→ 二六		
3	戊午 辛酉 甲子	BC三六三 BC三六〇 BC三五七		孝安天皇卅三年。日本紀闕。 〃　卅六年。		秦孝公十六年に当たる。 秦孝公始覇。天子致胙（十九年、秦本紀）。 斉威王、強取諸侯。
				←180年→ 四六		
4	戊午 辛酉 甲子	BC一八三 BC一八〇 BC一七七		孝元天皇卅五年。日本紀闕。		漢少帝弘皇帝になった翌年に当たる。 漢呂太后崩、大臣誅諸呂、迎立文帝。 文帝三年に当たる。

5	6	7	8	9	10	11	12	13
戊午 辛酉 甲子	戊午 辛酉 甲子	戊午 辛酉 甲子	戊午 辛酉 甲子	戊午 辛酉 甲子	戊午 辛酉 甲子	戊午 辛酉 甲子	戊午 辛酉 甲子	戊午 辛酉 甲子
BC一二三 BC一二〇 BC一一七	BC六三 BC六〇 BC五七	BC三 一 四	五八 六一 六四	一一八 一二一 一二四	一七八 一八一 一八四	二三八 二四一 二四四	二九八 三〇一 三〇四	三五八 三六一 三六四
	崇神天皇卅八年。 〃 四十一年。			景行天皇五十一年。 〃 五十四年。			誉田天皇卅二年。 〃 卅五年。	
120年 二六			180年 四六			180年 二六		120年 四六
				1320年				
	神爵二 五鳳元	元始元	永平元	建光元	光和元 中平元	赤烏元	永寧元 永安元	
漢武帝元朔六年に当たる。 〃 元狩三年に当たる。 〃 六年に当たる。	漢宣帝元康三年に当たる。 漢宣帝神爵「元年」に誤る。 〃（応劭曰、先者鳳皇五室、因以改元）。	漢哀帝建平四年に当たる。 平帝（哀帝元寿二年六月崩後九月即皇帝位） 〃元始四年に当たる。	後漢明帝 〃 永平四年に当たる。 〃 七年に当たる。	後漢安帝元初五年に当たる。 後漢安帝永寧二年改元建光「建元」に誤る。 〃 延光三年に当たる。	後漢霊帝。熹平七年三月辛丑、大赦天下、改元。 〃 光和四年に当たる。 後漢霊帝。光和七年十二月己巳、大赦改元。	呉大帝。嘉禾七年八月改元。蜀後主建興十六年正月改元 魏斉王芳正始二年、蜀后主延熙四年。呉大帝赤烏四年。 〃 五年、〃 七年、〃 七年。	西晋恵帝元康八年に当たる。 前涼張軌自立為王（永康二年四月癸亥改元）。 前趙劉天海自立為王（正月景午改元）。	東晋穆帝升平二年に当たる。 〃 五年に当たる。 東晋哀帝興寧二年に当たる。

No	干支	西暦	日本改元	革命勘文	中国改元	革命勘文細注及び補足
14	戊午 辛酉 甲子	四一八 四二一 四二四		允恭天皇即位元年。 〃 四年。	永初二 元嘉元	東晋安帝義熙十四年に当たる。宋高祖武帝劉裕即位（永初元年に誤る）。宋少帝景平二年八月丁酉改元。後魏世祖太武皇帝即位・始光元年。
15	戊午 辛酉 甲子	四七八 四八一 四八四		（白髪武広国押）稚日本根子天皇（清寧）二年。五年天皇崩。弘計（顕宗天皇）即位。		宋順帝昇明二年に当たる。南斉高帝建元三年に当たる。南斉武帝永明二年に当たる。
16	戊午 辛酉 甲子	五三八 五四一 五四四	清寧二 〃 五	春正月天皇愁無継嗣。天皇崩。弘計即位。	元象元	東魏孝静帝、天平五年正月丁卯大赦、改元。 〃 興和三年に当たる。 〃 武定二年に当たる。
17	戊午 辛酉 甲子	五九八 六〇一 六〇四	推古九 〃 十二	上（聖）徳太子、有伐新羅救任那之事。始賜冠位徳仁義礼智信、肇制憲法十七条。	仁寿元	隋文帝開皇十八年に当たる。隋文帝開皇廿一年正月乙丑朔、大赦、改元。 〃 仁寿四年に当たる。是年隋文帝崩。
18	戊午 辛酉 甲子	六五八 六六一 六六四	斉明四 〃 七 天智三	天豊財重日足姫天皇崩。天智天皇即位 春二月詔換冠位階、更為廿六階、	龍朔元 麟徳元	唐高宗、顕慶三年に当たる。唐高宗、顕慶六年三月丙甲朔、改元。 〃 龍朔三年十二月詔改来年正月為麟徳。
19	戊午 辛酉 甲子	七一八 七二一 七二四	養老五 神亀元	日本根子高瑞浄足姫天皇崩。養老八年（七に誤る）天皇初改元。		唐玄宗開元六年に当たる。 〃 九年に当たる。 〃 十二年に当たる。
20	戊午 辛酉 甲子	七七八 七八一 七八四	天応元	桓武天皇四月三日受禅。同日即位。	興元元	唐代宗大暦十三年に当たる。唐徳宗建中二年に当たる。唐徳宗皇帝、建中五年正月朔詔、改為興元。
21	戊午 辛酉 甲子	八三八 八四一 八四四	承和八	無異事。	会昌元	唐文宗開成三年に当たる。唐武宗皇帝、開成五年正月庚戌、大赦改元。 〃 会昌四年に当たる。

←――四六相乗240年――→

22						
戊午	八九八	昌泰元	今年当於大変革命之年也。有知天道有信。	←	光化元	唐昭宗皇帝、乾寧五年八月甲子大赦改元光化。
辛酉	九〇一	延喜元			天復元	〃　光化四年四月甲戌、大赦改元天復。
甲子	九〇四				天祐元	〃　天復四年閏四月乙巳制、大赦改元。

注　西晋恵帝甲子年、永安・建武・永興の三回改元を行う。

神武即位辛酉年を見ると『史記』巻十四、十二諸侯年表記載の、

（斉）桓公七年、会二諸侯於鄄一。

とある記述を当て、神武四年甲子年には、周恵王の即位元年をあてる。紀元前三六〇年の辛酉年の、『史記』巻五、秦本紀中の孝公十九年における「天子致レ伯」は、『正義』に、

伯音覇、又如レ字。孝公十九年、天子始封爵為レ覇、即太史儋云、合七十七歳而覇王出之年。故天子致レ伯。

とある。武力・権謀により天下を支配した者を伯（覇）という。諸侯の盟主を指す。『正韻』に「伯、同レ覇、五伯、斉桓・晋文・秦穆・宋襄・楚荘也。伯叔伯長之義、後人恐下与二侯伯字一溷上、故借二覇字一別レ之」とあり。諸侯のはたがしらを「伯主」という事例は、『史記』巻十四、十二諸侯年表に、

秦因二雍州之固一、四国迭興、更為二伯主一。

とみえる。ここで「致伯」とは、覇者の称号をおくったことを指す。

孝安天皇卅三年辛酉年、日本紀闕の文注には、秦孝公が最初の「覇」爵号を受けた事を「伯」に代えて「胙」を用いている[20]。胙は上古の爵位の一種である。

孝元天皇卅五年辛酉年、日本紀闕の文注には、「漢呂太后崩、大臣誅二諸呂一、迎二立文帝一」の表現がある。これは『漢書』巻三、高后紀の、

八年七月辛巳、皇太后崩。

を指し、後に続く、

辛酉、（勃）斬二呂禄一、笞二殺呂禄一。分部悉捕二諸呂男女一、無二少長一皆斬レ之。大臣相与陰謀、以為二少帝及三弟一為二王者一、皆非二孝恵子一、復共誅之、尊二立文帝一。

部分を抽出したものである。

崇神天皇卅八年辛酉の文注「漢宣帝神爵元年」は、上記した。同天皇四十一年甲子の文注は、『漢書』巻八宣帝紀の記事の「五鳳元年」を簡単に引く。

景行天皇五十一年辛酉年に該当する文注は、「当二於後漢安帝建元元年一」であるが、「建元」が正しくは「建光」(21)であること上記した。同天皇五十四年甲子年には、改元の漢籍資料がない。

誉田天皇卅二年辛酉年の文注は、「前涼張軌自立為王」である。西晋の恵帝は、春正月景午に「永安」の改元をし、七月庚申に「建武」と改元し、冬十一月景午に三回目の改元で「永安」号を復活させ、十二月丁亥詔で「永興」の改元をした。清行は一年四改元を知悉し乍ら、煩瑣を避けたものか、前涼張軌の自立を引く。

張軌については、『晋書』巻八十六及び崔鴻の『十六国春秋前涼録』に伝記を載せる。祖先が漢常山景王耳からみえる。家は世々孝廉儒学で名を成した。父温は太官令を極官とする。好学の軌は、武帝の太康中（二八〇―二八九）征西将軍司馬になる。世情不穏を感じて後漢の「竇融故事（河西五郡大将軍事、禹国都尉から涼洲牧に就任）を望んだ。某日めどき（筮）でトったところ(22)吉兆の象泰(23)の観(24)を得たので「覇者の兆だ」と口走る。果して永寧中、使持節安西将軍・護羌校尉・涼州刺史になった。折しも鮮卑族の領域侵略騒動が起こり、万余の首級を挙げて有名となる。

軌は河西の貴族の長男を集めて学校に入れて崇文祭を設け、亦春秋郷射の礼を催す。恵帝の末永興中、再び鮮卑族の活動が盛んになると、司馬宋配を派わして十万余人の損害を与える。ここで恵帝から加安西将軍、封安楽郷侯、食邑千戸を得て、名実共に河西の支配を委ねられる。光熙元年（三〇六）十一月恵帝崩じ、懐帝の即位後、東羌校尉韓稚が泰州刺史張輔を殺害する事件を鎮め、帝から西平郡公の爵位を受けたが断る。建興六年（三一三）愍帝即位後、侍中・太尉・涼洲牧・西平群公を拝するも固辞する。建康二年（三一四）六十歳で武公の謚を贈られて逝去した。『太平御覧』巻九七、西晋恵帝の項には「晋書曰」として、趙王倫の簒帝位記事と劉元海の王位僭称に注目するのみで、張軌の［自立為王］の記事がない。ということは、三〇一年辛酉の「革命勘文」記載は、『十六国春秋前涼録』以外の「緯書」に依ったとしか考えられない。疑問を残す、

　前涼張軌、自立為レ王。

八字は、現存資料に基づくと、崔鴻の『十六国春秋前涼録』には、『革命勘文』作成時に三善清行が利用した書写本に該当記事を残すことを想像させる。[25] 只『革命勘文』には、清行の記述に誤りがあり、「一蔀千三百二十年」が推古九年なのに、斉明六年に結論づける強引な手法が窺える。或は張軌自立の記述にもその強引性が表れているのかも知れない。

　誉田天皇卅五年甲子年の文注には、

　前趙劉天海、自立為レ王。

がある。劉天（『晋書』では元とする）海については、『晋書』巻百一、載記第一に伝を載せる。

　永興元年、（劉）元海乃為二壇于南郊一、僭二即漢王位一。

の記事により告代祭天の儀式を催し「天子臣某」の自称を示した事が分かる。『太平御覧』巻九七、西晋恵帝には『晋書』にも、

　永興元年……秋七月景申朔庚甲、大赦改為二建武一。八月戊辰……劉元海反二於離石一。自号二大単于一。

とみえ、又同書巻百十九、『晋書』載記序を引く。允恭即位元年辛酉の文注、

　宋高祖武帝劉裕即位。為二永初元年一。

は、『宋書』巻二、武帝紀中の、「四二〇（元熙二年）庚申」六月条に、

至㆓京師㆒。晋帝禅㆓位于王㆒。……甲子、策曰云々。又璽書曰、受終之礼、一如㆓唐虞・漢魏故事㆒。

とみえ、本紀第三に、

永初元年夏六月丁卯、設㆓壇於南郊㆒、即㆓皇帝位㆒、柴燎告㆑天。

とある。従って劉裕の即位は辛酉年の前年に当たる。

允恭四年甲子の文注、

後魏太祖太武皇帝即位。

は、『魏書』巻四上、世祖紀に、

世祖太武皇帝、諱燾、太宗（後魏）明元皇帝之長子也。……泰常八年十一月壬申、即㆓皇帝位㆒。大赦天下。

とみえるので、正史に記す通りである。

清寧二年辛酉は、五年甲子ともに漢籍資料に改元例がない。

推古天皇九年辛酉年には、『革命勘文』に、

是年有㆘伐㆓新羅㆒救㆓任邦㆒之事㆖。

と記す。この年は隋文帝の開皇二十一年に当たり、正月乙丑朔大赦改元で「仁寿元年」になる。文注はこの改元を欠く。

推古十二年甲子年は、聖徳太子がはじめて憲法を制定した。『革命勘文』に、

皇太子肇制㆓憲法十七条㆒云々。

とみえ、文注に、

是年隋文帝崩。

と記すので、清行が辛酉年の改元記事を失念した事が分かる。『革命勘文』は、神武即位元年から天豊財重日足姫天皇庚申までを、

合千三百廿年己畢。

と明示するが、那珂通世も指摘する一蔀の計算は三善清行の間違である。『革命勘文』は、斉明七年に天皇崩と天智天皇の即位を示す。その文注に、

当㆓大唐高宗龍朔元年㆒。

とみえ、又天智三年五月甲子に、朝散大夫郭務悰の来りて進表幷献物を明記する。その文注に、

当㆓於大唐高宗麟徳元年㆒。

がある。

ここで清行が軽視した『詩緯』の戊午改元に注目し、『易緯』の辛酉・辛酉改元を同様に瞥見してみよう。

①後漢明帝　中元二年二月戊戌、光武帝崩。皇太子荘、即皇帝位。三年正月永平元年。
②後漢霊帝　熹平七年三月辛丑、大赦天下。改元光和。
③蜀後主、延熙元年春正月、大赦、改元。
④呉大帝、嘉禾七年秋八月、武昌言麒麟見。有司奏言、麒麟者大平之応、宜㆑改㆓年号㆒。詔曰、改㆑年宜㆑以㆓赤烏為㆑元。
⑤東魏孝静帝　天平五年正月丁卯、大赦、改元元象。

等、五改元例が知られる。

この戊午改元にこれまで検討した『易緯』説を照合すると、辛酉改元は、

[1]前漢哀帝　元寿二年六月戊午年、帝崩。平帝九月辛酉、中山王即㆓皇帝位㆒。謁㆓高廟㆒、大赦天下。臣瓚注曰、帝年

九歳即位、即位五年、寿十四。勘文々注に無い例。元始。

[2]後漢安帝　永寧二年七月己卯改元建光、大赦。

[3]隋文帝　開皇[32]廿一年正月乙丑朔、大赦、改元仁寿。勘文々注に無い例。

[4]唐高宗　顕慶六年三月丙申朔、改元龍朔等、

四例が知られる。又甲子改元は、

（1）漢宣帝　五鳳元年、春正月、行二幸甘泉一、郊泰畤。応劭注曰、先者鳳皇五至、因以改元云。

（2）後漢霊帝　光和七年十二月己巳、大赦、改元中平。勘文々注に無い例。

（3）西晋恵帝　太安三年春正月景午、成都王穎、自レ鄴諷二于帝一。乃大赦改元為二永安一。秋七月庚辰、大赦改元為二建武一。十一月景午、大赦改元、復為二永安一。十二月丁亥詔曰、大赦改元永興。

（4）後魏泰常八年十一月己巳、明元皇帝崩。太武皇帝壬申、即二皇帝位一。大赦天下、九年正月始光元年。

（5）宋文帝　景平二年七月中、少帝廃。八月丁酉、謁二初寧陵一還二於中堂一、即二皇帝位一。大赦天下、改二景平二年一、為二元嘉元年一。

（6）唐高宗　龍朔三年十二月庚子、詔改二来年正月一日一、為二麟徳元年一。

等、六例が知られる。殊に辛酉改元と戊午改元を対象にする時、改元条件に関わる革命の度合は、前者が後者より低い。則ち、『易緯』重視の辛酉改元説は、如上の検討では、『詩緯』軽視になり得ず、甲子改元六例と合わせて漸く戊午の比率と同等となる。寧ろ『詩緯』説が世直しに期待を抱かせる革運観念になる。その風潮の高まるのが晋宋・宋斉革命であり、実は五世紀に克殷故事の高揚により実現するのである。

二　緯書の盛行

斉明四年十一月、有間皇子は「所計既然」との計画を示唆した某の苦言を聞き乍ら、「而無レ徳矣」の忠告を無視して謀反行動に入った。「それは何故か、それは戊午開運の年に計画案を遂行したい気持が介在したからである」と、旧稿で述べた。有間皇子が身につけた学問素養の背景には、『詩緯』があり、『詩緯』の影響を考えずして、謀反の真相は解明できない。ここに「緯書」の『詩緯』が成立する歴史的過程を考えてみる。

『革命勘文』には、『易緯』・『春秋緯』・『詩緯』・『顧野王符瑞図』・『春秋元命包』・『春秋運斗枢』・『熊氏瑞応図』等の緯書が掲げられる。これらの緯書には、緯書独特の名称がつけられている。『尚書』に関係する『尚書緯』を始として、『礼緯』・『楽緯』・『孝経緯』・『論語緯』・『河図』・『洛書』等何れも二字乃至三字表現で命名する。就中『易緯』と『詩緯』は「緯書」を代表する。

これらの「緯書」は、共通して内容に「予言」を含み、又「革命」を採りあげる。前者を内容とする「緯書」には、社会的内要をもつ、民望に応える方士（様々な術・技・占卜をよくした方術の士）が介在する。彼等は科学的知識を備え、天文学に通暁する連中である。そのような連中が始皇帝時代に既に三百人を数えた。ということは、初期の「緯書」形成者が前漢成立以前に居たことを物語る。

前漢に入って武帝は[26]、建元五年（紀元前一三六）春、五経博士を設ける[27]。宣帝は易の三家、書の二家、と『春秋』を、元帝は『京氏易』等の学官を立てる。この学官は当時使用の文字を記すところから、今文学条の思想をもった。

元帝の後を嗣いだ哀帝の時、建平二年（前五）方士夏賀良が漢朝衰運の予言を帝に伝え、「太初」に改元しようとした[28]。が、奉書都尉（侍従官）劉歆の反対により取り止める。これは王朝の衰退を予言する場合、改元することによって事態の収拾策に用いるものである。夏賀良の予言は、十三年後王莽の符命によって漢家の滅亡を迎えることになる。丁度その頃、王莽は「符瑞を伴なった天命」「天命のしるしとなるめでたいもの」符命で以て漢王朝を簒奪している。[29]

王莽は元始五年（五）十二月平帝の逝去後、

　告㆓安漢莽㆒、為㆓皇帝㆒。

という武功県長孟通報告を前輝光謝囂が上奏した[30]。この上奏文が符命といわれるものである。間もなく周公の先例に倣って、王莽は天子の韍冕を服し、南面して車服・出入・警蹕など天子と同じ待遇をうける[31]。謝囂の上奏文で一時腹を立てた王皇太后も、安漢公が太皇太后に朝見する時には仮皇帝として、漢室輔翼の臣節に復することを理解する。そして居摂三年を初始元年に改め、孺子嬰元服後に周公故事通り政権返上を確約として、上奏文問題は鎮まる。王莽が符命を奉じた意味を知り、群臣会議の結論を以て王莽の「即真」が示された。

　真皇帝への道が整った中で、

　王莽、為㆓真天子㆒。皇太后如㆓天命㆒。

の「緯書」『天帝行璽金匱図』と『赤帝行璽某伝予黄帝金策書』が作られる。この金匱図と金策書には、みな王莽の大臣八人の姓名を書き列ね、符命を持込んだ哀章自身の名もみられた。『王莽伝』には、臨淄県の亭長辛当の夢告の符命、

　摂皇帝、当㆑為㆑真。

や四川省から届いた巴郡の石牛と石扶風の雍県石文の符命が持ち出された。

　天告㆓帝符㆒、献者封㆑侯。承㆓天命㆒、用㆓神令㆒。

嘗て哀帝が建平二年六月甲子に出した詔文、

　漢興㆓二百載㆒、暦数開元。皇天降㆓非材之佑㆒、漢国再獲㆓受命之符㆒。朕之不㆑徳、曷敢不㆑通。夫基事之元命、必与㆓天下㆒自新。其大赦天下、以㆓建平二年㆒為㆓太初元将元年㆒、号曰㆓陳劉太平皇帝㆒。

に甘忠可・夏賀良の蘭台所蔵讖書を符命とし、これら一連の符命を王莽が活用した由を記す。従って、王莽の漢家簒奪は「符命革命」と言われる。

王莽の簒奪は劉漢王朝の命運を断つことになるから、後漢王朝確立の為には手続を変えて、受命を万民に告知する必要がある。そこで「封禅の儀」を主張する張純の登場となる。張純は「封禅の儀」を実施することで、後漢王朝の基盤作りを意図した(32)。天意による「革命」に必要な条件を、張純は「封禅の儀」を強調することで、王者になり得ることを明らかにしている。これは中国における伝統的な思想である。その伝統的な革命思想を、司馬遷は『封禅書』で、斉の桓公に管仲が封禅を説く言葉として載せる。無懐氏・虙羲・神農氏・黄帝・顓頊・帝佶・堯・舜・禹・湯は、皆泰山で封の祭りを行い、云々山・社首山等で禅の祭りをした故事を引き、

皆受命、然後得㆓封禅㆒。

とその説明が詳しい。

これは周代まで伝統的な封禅祭祀を示した逸話を示す(33)。『封禅書』に続けて『暦書』を引き、王者が革命を起こして天命を受けるには、条件が必要となる。則ち慎重を期すこと、天道の運行法則を考えることである。この考え方を董仲舒が提示した(34)。古来から伝統化を示す「春秋の義」、天から付与された明命に必ず従わねばならない「柴燎告天・封禅の儀」を踏むことである(35)。これらの実情を「緯書」が亦反映している(36)。

王莽が当時流行する予言書「讖」を利用した同一手法が、光武帝による図讖利用の革命である。出身地の南陽地方豪族孝通が予言する。

劉氏復起、李氏為ㇾ輔。

の文は、地皇二年（二一）卜者王況が李焉に示したものである。この予言を穣人蔡少公が持ち出した、

劉秀、当ㇾ為㆓天子㆒。

と調子を揃えて光武帝の再興に役立てる。しかも光武帝にとって、後漢建国を予言する「緯書」の『河図赤伏符』[37]までが齎された。

劉秀発レ兵、捕二不道一。四夷雲集、龍闘レ野、四七之際[38]、火為レ王。

劉秀が軍事行動に入るのは、不道王莽を捕えることにある。これに賛同する連中がみな集る。天子となる劉秀は在野で、王朝再興のために戦っている。前漢高祖より数えて二百二十八年目に当たるこの年、火徳を嗣ぐ劉秀が帝位に即くであろう。

光武帝が中興の帝王として受命が可能になったのは、張純の功績である。その純が奏文を出して[39]から二年後、純の提示した中元元年、光武帝は東巡後の二月己卯、岱山に登り玉牒を封じた。玉牒は元封元年の「封禅の儀」に則った[40]。玉牒文は秘密の為、北海王興と斉王石の二人の外、封に立ち会えなかった。勿論「封禅の儀」の趣旨から封の刻文は現存しない。しかし王莽が準備した『泰山封禅文』は、元后の健康不良が理由で封禅中止となり残った。

玉質刻石文の残存部分は、陰刻朱書で、二十九字の残存文は、左の如くである[41]。

万歳一紀・作民父母清・退佞人姦軌誅・延寿長壮不老累・封壇泰山新室昌

後漢王朝期建武十八年に、曹操が「九命の錫」を献帝から王莽故事に倣って魏公の策命を受けた。「緯書」が盛んになる頃、曹操を革命主人とする予言が出たことは、「緯書」の全盛を想定させることになろう。

かくみるように、「緯書」の成立・盛行を迹づけてゆくと、「戊辰革命」を実現した始皇帝時代に早くも「緯書」の成立があった。前漢時代に今文学系の緯書の芽生えが読みとれる。そして予言を通して王朝維持の切札に、皇帝が「元号を改める」必然性も亦あたりまえのことになる。後漢朝中期から認識される「武王克殷故事」が王朝の成立と関与する時には、常に上古の反省に立ち戻り、古くて新しい問題として考えられる。そして予言に関連する革命思想は、『春秋玉版』に、『易緯』の活用期にみられる、

赤に代はる者は、魏公の子ならん

鬼山に在り、禾女連なる、天下に王たらん。

という表現が出てくる。これは旧き王朝を否定し天命を受ける新しい王朝が、自明の予言をしていることを示す。

註

(1) 昭和三十六年六月四日、京都・楽友会館。

(2) 「塩屋連鯯魚寸考」『日本上古史研究』通巻第五九号・昭和三十六年刊。

(3) 「斉明四年紀十一月庚寅条の藤白坂について」『熊野路考古』三号・南紀考古同好会・昭和三十八年刊。

(4) 「古代における皇族の謀反―海人族の協賛―」神戸市外国語大学同窓会会誌『楠ヶ丘』第九号・昭和四十三年刊。

(5) 「律令時代における行刑の実体」大阪学院大学高等学校教員研究集録。(拙著『まむしの愚痴』第一巻に収録・平成十一年刊)。

(6) 「有間皇子と有間皇子社」『神道学』第五九号・昭和四十三年刊。

(7) 「中臣連金の死と行刑法」『歴史と地理』第一五九号・昭和四十三年刊。

(8) 「殺目山寸考」『万葉』第七五号・昭和四十六年刊。

(9) 「罪刑法定主義下の謀反―有間皇子事件研究ノート―」巽三郎先生古稀記念論集『求真能道』所収・歴文堂書房・昭和六十三年刊。

(10) 昭和四十五年度第六回『大阪府私学教育研究論文集』所収。

(11) 「十周参聚、気生二神明一」の八字を冠する。注に「天道卅六歳而周也。十周名曰二王命大節一。一冬一夏、凡三百六十歳。一畢無レ有二余節一。三推終則復レ始。更定二綱紀一。必有二聖人一。改レ世統理者、如二比十周一、名曰二大剛一。則乃三基会聚、乃生二神明一。神明乃聖人改レ世者也。周文王、戊午年決二虞芮訟一、辛酉年青龍銜レ図出レ河。甲子年赤雀銜二丹書一。而聖武伐レ紂。戊午日軍渡二孟津一。辛酉日作二泰誓一。甲子日入二商郊一」とある。

(12) 「辛酉為二革命一、甲子為二革令一」とありて、「令」は『詩緯』の「政」と異なる。

(13)『隋書』巻三十二、経籍志に「詩緯十八巻、魏博士宋均注、梁十巻」とある。

(14)『毛詩』、大雅、緜に「虞芮質二厥成一、文王蹶二厥生一。予曰有二疏附一、予曰有二先後一、予曰有二奔奏一、予曰有二禦侮一」とある。中村惕斎講述『詩経示蒙句解』に、「二国はみな今の山西平陽府に属す。かの間田の地、今も間原と云とぞ。成ぎとは、訟の決断して、是非平になりたるを云。そのかみ、虞芮二国の君、さかひめの田をあらそひて、久く平がず。時に文王仁徳、明盛なりしかば、二君紂に訟へずして、周にゆき、その是非を、正さんといひあはせて、共に周の境に入て見れば、耕す者畔をゆづりて、相をかさず。ゆく者路をゆづりて、相さはらず。其邑に入れば、男女路をへだててゆき、少者は老者の労にかはりて、首の半白き者は、物をひさげてゆく者なし。其朝に入れば、士は大夫たることをゆづり、大夫は卿たることをゆづりて、みだりに其等をすすめず。二君感じて相告て云く、我等物あらそひをすること、まことにこれ小人なり。敢て君子の廷を、ふむべからずと。乃あらそふ所の田を、間田となして退きかへれり。間田とは、かれもこれもとらずして、公に帰するを云。天下の諸候これをききて、これより紂に朝勤せずして、周に帰服する者四十余国に及べり」とある。

(15)『呂氏春秋』巻十三、応同に「文王之時、天先見レ火、赤烏銜二丹書一、集二于周社一」とある。許維遹撰の『呂氏春秋集釈』には「王念孫曰、火、赤烏、衍二火字一」とする。『魏志』、文帝紀、延康元年十一月献帝禅位冊注所引献帝伝載禅代衆事、壬子に「文王為二西伯一、赤烏銜二丹書一」とある。又『宋書』巻二十七、符瑞志上に「武王……乃伐レ紂、度二孟津一、中流白魚躍入二王舟一。王俯取レ魚、長三尺、目下有二赤文一成レ字、言レ紂可レ伐。王写以二世字一、魚文消。燔魚以告レ天。有レ女自レ天止二于王屋一、流為二赤烏一、烏銜レ穀焉」とある。同文は安居香山・中村璋八編『重修緯書集成』巻六所収の中に、『洛書霊準聴』として引用されている。『重修緯書集成』巻二、『書・中候』には「周文王為二西伯一。季秋之月甲子、赤雀嗡二丹書一、入二豊鄗一、止二于昌戸一。乃排稽首受、取曰三姫昌蒼帝子、亡二殷者紂二」とある。同書所収の『尚書帝命験』も同文を引く。『尚書中候』には「太子発、以三紂存二三仁附一、即レ位不レ称レ王。渡二於孟津中流一、受二文命一、待二天謀一白魚躍入二王舟一」とあって、伝承内容が伝聞過程で混乱を示す。戊午日の話が甲子日になったり、赤烏が赤雀に変るかと思えば、丹書を銜えるが穀を銜えるといった類である。

(16)清林春溥撰『武王克殷日記』に、「戊午二十八日書序曰、一月戊午、師渡二孟津一、作二泰誓三篇一。淮南子曰、武王伐レ紂、渡二於孟津一。陽侯之波、逆流而撃、疾風晦冥、人馬不二相見一。拾遺記曰、周武王東伐レ紂、夜濟レ河時、雲明如レ昼。八百

之族、皆斉而歌。泰誓中曰、惟戊午、王次于河朔、群后以師畢会、王乃徇師而誓。史記曰、十二月戊午、師畢渡盟津、諸侯咸会曰、孳孳無怠。武王乃作太誓、告於衆庶」とある。『東洋歴史大辞典』、モーシン（孟津）の項に、「河南省黄河の南岸にある県。古の孟津の地で、春秋周の平陰邑である。……唐に至り洛陽、河西二県の地となし、宋の開宝元年に河西県を此に徙した。金の時始めて孟津と改称し云々」とある。

(17) 諸侯が孟の渡しを畢えて会合した折、武王の誓い三篇を指す。何れも偽古文。泰誓上では、天地は万物の父母であり、人は万物の霊長である。今や商王は災禍を人民に降している。諸君予を弼け、永久に四海を清めよという。泰誓中では今朕必ず往かう。将士よ警戒を怠るなかれ、諸君行動と心を一にして、功をうち立て永世に克くせよ、という。そして泰誓下では「無我則后、虐我則讎」の格言を引用して、予受（紂王）に克つとも、予の武（王）の（手柄）に非ず、これ朕が文考（故き父）を明言して、文王の勲績に結ぶ。

(18) 『武王克殷日記』に「甲子五日　史記曰、二月甲子昧爽、武王朝至於商郊牧野。乃誓。武王左杖黄鉞、右把白旄、以麾曰遠矣云々」とあり。この文『尚書』巻六、牧誓に依る。牧野に関しては、『逸周書』巻四、世俘に「二月既死魄、越五日甲子朝、至接于商」と記す。この朝を同書克殷には「周車三百五十乗、陳于牧野」と記す。

(19) 文王の「虞芮之訟」故事は、上古における聖王善政故事として有名であり、『毛詩』、大雅、緜「虞芮質厥成、文王蹶厥生。予曰有疏附、予曰有先後、予曰有奔奏、予曰有禦侮」。二十三行欠落。

(20) 『国語』巻六、斉語に「反胙于絳」とある「胙」は、韋昭（二〇四―二七三）注に「賈侍中云、胙、位也」と見え、韋昭謂「人君即位、謂之践胙、此言桓公城周、尊事夫子、又討晋乱、復其胙位、善之也」と記す。

(21) 『後漢書』巻五、建寧二年七月己卯条に「改元建光」と明示する。

(22) 清張澍輯録『涼州府志備考』職官巻三、張軌は、『太平御覧』巻一二四、偏覇部八、崔鴻の『十六国春秋前涼録《軌》』を引くが微妙な差異を示す。「軌以晋室多難、陰図保拠河西、追竇融故事。筮之、偶「泰」之「観」。投筮大喜曰、「覇者之兆」。乃求為涼州、公卿亦挙軌才堪御遠。永寧初、出為持節護羌校尉、拝涼州刺史。於時鮮卑反叛、寇盗縦横、軌到官、即討破之。威著西州、化行河右云々」と示す「点」部分が御覧本にはない。

(23) 『周易』上経、泰には、「泰、小往大来、吉亨。彖曰、泰小往大来、吉亨、則是天地交而万物通也。上下交而其志同也。内陽而外陰、内健而外順」とある。

(24) 同上経、観には、「観、盥而不レ薦、有レ孚顒若。彖曰、観二天之神道一、而四時不レ忒。聖人以二神道一設レ教、而天下服矣」とある。

(25) 那珂通世『外交繹史』巻一、第三章の辛酉革命ノ事に、「清行朝臣ノ説ニテハ、神武天皇元年辛酉ヨリ、斉明天皇庚申マデ千三百二十年、此即鄭玄ノ謂ヘル一蔀ニシテ、同七年辛酉天皇崩シ給ヒテ、天智天皇位ヲ嗣ギ給ヘル年ハ、第二蔀ノ首ナリト云ヘリ。……此ノ千三百二十年ト云ヘル数ハ、甚疑ハシキ者ナリ。鄭玄ハ、明カニ「六甲為一元、七元有三変、三七相乗、二十一元為一蔀」ト云ヘリ。即一元ハ、六十年、七元ハ四百二十年、之ニ三ヲ乗ズレバ、千二百六十年ニシテ、千三百二十年ニ非ズ。千三百二十年ハ、二十二元ニシテ、三七相乗ノ数ニ非ザレバ、此ノ数ハ恐ラクハ千二百六十二年ノ違算ナルベシ」とある。

(26) 吉川幸次郎『漢の武帝』（岩波新書・昭和二十四年刊）では、司馬遷が著わした『史記』に武帝の偉業を記すが、景帝の後五十四年の在位中、シルク・ロードを支配する匈奴の勢力を排除し、劉王朝の基礎を固めた君主である。一方賢良採用で国家発展の基盤を作りあげた。孔子が主張した六芸を尊重し、孔子の歴史哲学書「公羊春秋」理論を推進する。武帝以後中華民国の成立に至る迄、中国二千前の歴史を貫く理念でもあり、実践にも寄与したのは、董仲舒の進言と武帝の文化重視を高くしなければならない、という。又、貝塚茂樹『中国の歴史上』（岩波新書・一九七二年十六刷）では、董仲舒の儒教国家を再建すべしという主張は、武帝に強く訴えたという。「天人感応論」の背景には、儒教理念の徴象として明堂の存在が前漢時代において建築遺址の発見で注意されている。

(27) 五経博士が設けられたあと、詩経博士が同様に、轅固生の斉詩が他の経書と一緒に学官が設けられた。『詩緯』はこの斉詩と深く関わること、又『詩緯』のその成立が他の緯書と相前後して成立したものらしい。斉詩は『隋書』経籍志に「斉詩魏代已亡。魯詩亡二於西晋一」とあるので、『詩緯』と斉詩の存亡が一にみられる。前者には佚文を今日残すが、斉詩は極めて少ないという。「緯書名がつけられて典籍上に残存している資料は、漸く六朝時に見られるものだけに、『詩緯』名が時代的にどこまでさかのぼって、いつ頃どのようにしてつくられたものか、これらを明らかにする事は極めて困難である」という（安居香山『緯書の成立とその展開』国書刊行会・昭和五十九年刊、一二三頁）。

(28) 『漢書』巻十一、哀帝紀建平二年六月庚申条に、「待詔夏賀良等、言二赤精子之讖一、漢家暦運中衰、当二再受命一、宜二改レ元易レ号。詔曰、漢興二百載、暦数開元。皇天降二非レ材之佑一、漢国再獲二受命之符一、朕之不レ徳、曷敢不レ通。夫基事之元命、必与二天下一自新、其大赦天下、以二建平二年一為二太初（元将）元年一。号曰二陳聖劉太平皇帝一」と記す。

(29) 王莽時代の文化遺産には次の如きものが見られる。日本に伝来した貨泉貨幣は三十余ヶ処の遺跡から出土している。就中岡山県高塚遺跡からは二十五点が発見された。晋の摯虞著『文章流別論』に「後世以来、器銘の佳きは、王莽の鼎銘なり」がみえる。一九八二年甘粛省山中で九行九字の銅製詔版が発掘された。詔文は王莽時の篆書を知る貴重な遺産として、『人民中国』一九八四年一〇月号に「書道鑑賞図版」が公開された。その図版が一九八七年、『全国出土文物珍品選』にカラー版で拓本図版と共に刊行された。

(30) 『漢書』巻九十九上、王莽伝に「是月、前煇光謝囂奏三武功長孟通浚レ井得二白石一、上円下方、有二丹書著レ石、文曰、告二安漢公一莽為二皇帝一。符命之起、白レ此始矣」とある。

(31) 「莽の上書言に元始元年（一）正月に太傅となり、安漢公の称号を得たこと、四月甲子、王莽は宰衡号を得て位「上公」を獲得、それは元寿二年（前一）六月戊辰に新都侯の爵位を先に拝受していたことで、官職宰衡・大博・大司馬、をえた」結果「五寵」を得たことになる。ここで群臣に「周公故事」を奏させて、「在諸侯王上」の殊礼を確保した。この王莽に対する殊礼が先蹤となり、建安十九年（二一四）魏公曹操への復活が実現している。「魏晋革命」では元帝の景元四年（二六三）、晋公に封ぜられた司馬昭が、位相に加九錫を得て翌年晋王に進爵すると、同年五月逝去した昭の後嗣司馬炎が昭の天子待遇を引きつぐ。咸熙二年（二六五）五月文王司馬昭に元帝は、「冕十有二旒・建天子旌旗・出警入蹕・賀六馬・乗金根車・備五時副車・置旄頭雲罕・楽舞八佾・設鐘虡宮懸・位在燕王上」を殊礼とした。「緯書」については東晋次の『王莽—儒家の理想に憑かれた男—』（白帝社・二〇〇三年刊）で、「王莽時代はすでに成立していたとおぼしき『孝経援神契』という緯書」（一〇七頁）、「緯書」と関係が深い西王母信仰について、「（元始・居摂年間）この時期に成立しつつあった西王母と東王父の対を、元后と王莽になぞらえようとしたのではないか」九六頁、「緯書」の『礼含文嘉』に引く九錫について、「この王莽への九錫賜与が史上最初の事例である。曹操も……王莽の例に倣ったことは明らかであろう」一四九頁、と記されている。

(32) 安居香山『緯書の成立とその展開』（国書刊行会・昭和五十九年二刷）三五八頁。張純は光武帝に封禅を勧めた時も「楽動声儀」という緯書を引用して、周時の封禅に説き及んだという。「楽動声儀曰、以雅治人、風成於頌。有周之盛、成康之間、郊配封禅、皆可見也」の張純上奏文を注記する。

（33）天下統一を実現した秦始皇帝、秦漢革命後漢の高祖・文帝と景帝の説明の後、『暦書』に「王者易姓受命、必慎レ始、初改正朔、易服色、推二本天元一、順二応厥意二」を伝える。『礼記』巻十六、大伝に「聖人南面而治二天下一、必自二人道一始矣。……改二正朔一、易二服色一、殊二徴号二」同様の文を残す。

（34）『漢魏六朝一百三家集』所収『董膠西集』、賢良策之に、「春秋受命所先制者、改二正朔一、易二服色一、所二以応レ天也」に載せる。

（35）『春秋繁露』巻七、三代改制質文に「古之王者、受命而、王改レ制二称号一、正月服色定、然後郊告二天地二」とある。

（36）『重修緯書集成』巻一下（易下）に引く『易緯通験卦補遺』に、「王者必改二正朔一、易二服色一、以応二天地人三気之色二」とある。又同書巻六（河図洛書）所収に引く、『河図稽耀鉤』、「王者封二太山一、禅二梁父一、易姓奉度、継興崇功者、七十二家」とある。同文は同書所収『河図真紀鉤』にもある。

（37）同書巻六、九八頁に載せる。

（38）劉邦の天下統一の紀元前二〇七と、王莽が殺された年の合算を、「四七の際」則ち四の七倍数二八とした。

（39）『後漢書』巻六十五、張純伝に、「三十年、純上宜封禅、曰、自レ古受命而帝、治世之隆、必有二封禅一、以告二成功一焉。楽動声儀曰、以雅治人、風或於頌。有二周之盛一、成康之間、郊配封禅、皆可レ見也。書曰、歳二月、東巡狩、至二于岱宗一、柴。即封禅之義也。臣伏見二陛下一受二中興之命一。平二海内之乱一、修二復祖宗一、撫二存万姓一、天下曠然、咸蒙二更生一、恩徳雲行、恵沢雨施、黎元安寧、夷秋慕レ義。詩云、受二天之祐一、四方来賀。今摂提之歳、倉龍甲寅、徳在二東宮一。宜及二嘉時一、遵二唐帝之典一、継二孝武之業一、以二二月一東巡狩、封二于岱宗一、明二中興一、勒二功勲一、復二祖統一、報二天神一、禅二梁父一、祀二地祇一、伝二祚子孫一、万姓之基也」とある。

（40）同伝に「帝乃東巡岱宗、以二純視御史大夫一従、幷上三元封旧儀及刻石文二」の注には、「武帝元封元年封禅儀、令侍中皮弁搢紳、射牛行事。封広丈二、高九尺、有二王牒書一、書秘、其事皆禁。禅粛然、天子親拝、衣上黄。江准間一茅三脊為二神籍一、五色土雑封」とある。

（41）『考古』二〇〇二年一月期に、漢長安城桂宮四号建築遺址発掘簡報を載せる。三、遺物には「弩机郭」・「貨泉四枚」があるという。

第二節　戊午革運後編

三　晋宋革命の前夜

魏曹操は、宦官曹騰(1)の養子となり太尉になった曹崇を父とする。家伝に「曹叔振鐸之後」を明記して家伝の先蹤(2)となった出自の顕彰を行った人物でもある。霊帝が中平六年（一八九）四月崩じ、後嗣となった九歳少帝弁が九月に廃されると、操は董卓誅滅を名目として蹶起する。この年九月甲戌、献帝は大赦天下を行うと同時に「昭寧」を「永漢」と改元する。同年十二月、詔で「光熹・昭寧・永漢」三号を除いて中平六年に戻した。すなわち一年四改元の前例となる。

新皇帝協（献帝）を擁立する董卓が初平三年（一九二）、部下の呂布に殺されたことから関中が混乱する。建安元年（一九六）智謀者荀彧の建言で、操は献帝を迎える。献帝が関中に脱出を援助した功で、九月大将軍、封武平侯の爵位を得て、天下に号令する立場を操は確保した。しかし、献帝が洛陽を捨てたことは、朝廷の権威が失われたことを意味する。日々乱れる朝廷を見て、革命の象を感じる政府高官も少なくなかった。その中の一人侍中大史令王立が宗正劉艾に後漢の終焉が近いことを告げ、更に献帝に後漢滅亡後は曹氏王朝を委ねるべき、暦運の理を説いている。操はこの事実を知った上で、就位を王立に堅く口止めをしたと言う(3)。『張璠漢紀』の記述は、建安初期のエピソードとして捉えるが革命に対する予言の点から眺めると、二世紀末に「緯書」作りの素材が提供される一面を見出せよう。

ここで「漢魏・魏晋・晋栄・宋斉革命実現者位相」（表二）に就いて、簡単に説明をしたい。

曹操は、十五年に亘る新王朝を天道に反く漢室簒奪国家と位置づけ、王莽に関する履歴の評判悪い部分を削り、専

漢魏・魏晋・晋宋・宋斉革命実現者位相（表二）

魏武帝曹操・文帝曹丕履歴

No	干支	年	月	日（干支）	西暦	任官・爵位儀礼内容
1	丙子	建安1	8	辛亥 己巳	196	以曹操、領司隷校尉、録尚書事。 献帝、幸曹操営、為大将軍、封武平侯。
2	乙酉	建安10	1	丁丑	205	増封操万三千戸、平幽・冀之功也。
3	丙戌	建安11	1	己丑	206	増封幷前三万戸、比鄧禹・呉漢故事。
4	戊子	建安13	1 6	癸未 癸巳	208	司徒趙温、請置丞相、罷三公官、置丞相・御史大夫。 曹操、自為丞相。
5	辛卯	建安16	1	辛巳	211	以曹操世子丕、為五官中郎将、置官属。為丞相副。
6	壬辰	建安17	1		212	加入朝不趨、剣履上殿、賛拝不名、如蕭何故事。
7	癸巳	建安18	5 7	丙申	213	策命為魏公、凡十郡封、加九錫。 始建魏社稷宗廟、分魏郡東西、置都尉
8	甲午	建安19	3	癸未	214	魏公、在諸侯王上、改授金璽、赤紱、遠遊冠。
9	丙申	建安21	1 4	己丑 甲午	216	魏公子六人、封為列侯。 魏公、進爵為王。

晋高祖司馬懿・世宗（師）・太祖（昭）・武帝（炎）履歴

干支	年	月	日	西暦	任官・爵位儀礼内容
丙午	黄初7	12		226	撫軍将軍司馬宣王懿、為驃騎大将軍。
庚戌	太和4	2	癸巳	230	驃騎将軍司馬宣王懿、為大将軍。
乙卯	青竜3	1	戊子	235	以大将軍司馬宣王懿、為太尉。
戊午	景初2	7		238	司馬宣王太尉、増封鄽食臨潁幷前四県邑万戸。司馬昭、封新城郷侯。
己未	景初3	1	丁亥	239	遷侍中持節都督中外諸軍、録尚書事。 乃遷為大傅持節統兵都督諸軍事如故。
己巳	嘉平1	12	丁未	249	冊命為丞相、増邑万戸、群臣奏事不得称名、如漢霍光故事。加九錫、朝会不拝。固辞。
辛未	嘉平3	8	戊寅	251	司馬懿薨。天子臨弔、威儀依漢霍光故事。 追贈相国郡公。 衛将軍司馬景王師、為撫軍大将軍、録尚晋事。
壬申	嘉平4	1	癸卯	252	司馬師遷大将軍、加侍中持節督中外諸軍事、録尚書事。
	6）				司馬昭、引兵入場、大将軍景王師、謀廃帝。 景王以皇太后令、召群正会議。

10	丁酉	建安22	4 10		217	献帝命、建天子旌旗、出入警蹕。 〃冕十有二旒、乗金根車、設五時。 副車。以五官中郎丕、為魏太子。
11	戊戌	建安23	1		218	漢太医令等反、焼丞相長史王必営。 魏武帝故事載令曰、王必、忠能勤事、 心如鉄石国之良吏也。使以領長吏、統 事如故。
12	己亥	建安24			219	魏氏春秋曰、王曰、若天命在吾、吾為 周文王矣。
13	庚子	建安25（黄初１）	1 10 11	庚子 壬寅 丙午 癸酉	220	魏王崩于洛陽、年六十六。 詔、魏太子丕、以翼我皇家。 献帝禅位冊、敬遜尓位。 漢帝為山陽公、行漢正朔、以天子之礼、 郊祭。上書不称臣、封公之四子為列侯 等。

※袁宏『後漢紀』截漢帝、壬寅詔曰、魏太子丕、昔皇天授乃顕考以翼我皇家。

『両漢紀』下冊後漢紀、北京中華書局、二〇〇二年版。

甲戌	正元１（嘉平	10	癸巳	254	是日、依漢霍光故事、収帝璽綬（斉王芳二 十三歳）。 高貴郷公即位。景王師為相国、前幷四万戸、 大都督仮黄鉞、入朝不趨、奏時不名、剣履 上殿、錫銭五百万、帛五千匹、固辞。
乙亥	正元２	2	丁巳	255	舞陽忠武侯、景王師卒于許昌。 司馬文王昭、封高都侯、増封二千戸、為大 将軍、加侍中都督中外諸軍、録尚書事、輔政。
丙子	甘露１	1 8	庚申	256	大将軍文王昭、賜兗冕之服、赤舄副焉。 加号大都督、奏事不名、 司馬文王昭仮黄鉞増封三県。
戊寅	甘露３	5		258	司馬昭、為相国、封晋公、食邑八郡、加九 錫、昭前後九譲、乃止。
庚辰	景元１	5	己丑	260	後司馬昭、為相国封晋公、加九錫、又不受、 天子崩車中、年二十。太后令依故事、民例。
辛巳	景元２	8	庚寅	261	晋公茅土、九錫固辞
癸未	景元４	2 10	丁丑	263	進司馬昭爵位、九錫如前、昭固辞、乃止。 受命、始受相国、魏初故事、九錫之命。
甲申	咸熙１	3 5 8 9 10	己卯 庚申 庚寅 戊午 丙午	264	晋公昭、進爵為王、増封十郡 相国晋王、秦復五等爵、封騎督以上六百人。 中撫軍司馬炎、副弐相国（五官将故事） 司馬炎、為撫軍大将軍。 新昌郷侯炎、為王世子。

乙酉		
咸熙 2		
5	8	12
	辛卯 壬辰	壬戌 甲子 丙寅 丁卯
265		
晋王昭、冕十有二旒、建天子旌旗、出警入蹕、駕六馬、乗金根車、備五時副車、置旄頭雲罕、楽舞八佾、設鐘虡宮懸、位在燕王上。	文王昭薨。太子炎嗣為相国、晋王。進世子曰太子。	魏元帝禅位、如漢魏故事。太保鄭沖、奏策、敬授尓位。武帝炎、当壇于南郊、柴燎告類于上帝。太僕告于太廟、魏帝為陳留王。

ら高い知名部分を残そうとした(4)。操は簒奪者の悪名を避けて、建安元年（一九六）八月の就爵武平侯以後、十三年に丞相を経て、十八年に魏公爵位と加九錫を得た。王莽の場合、新都侯就爵後九命の錫を受ける迄二十年を要したが、操の場合十四年で期間が短い。二十一年魏王に昇格し、二十五年正月献帝位の段取りができた所で逝去した。魏王就爵後四年目になる。操は謙譲家荀彧を用い曹丕への受揖役を演じて亡くなるのである。史臣評には機略に勝れた非常人であり、時世を超越した英傑とある(5)。

操の逝去後九ケ月で魏太子丕が皇位を踏んだ。従って操の九命加爵の十八年から二十五年まで丕の即位確保をみると七年を要した計算になる。王莽が即位するまで僅か三年間で革命を実現した事をみると、操が九命の嘉礼以後即位までの期間は「拙速」と言うべきであろう。

では魏晋革命の場合はどうであろうか。革命の過程が少し異なる。過程の第一段階では宣王司馬懿が黄初元年（二二〇）魏文帝即位の後、河津亭侯となる。七年夏五月文帝の疾篤により嗣主（明帝）輔佐の遺詔を受けた時から、撫軍将軍より驃騎大将軍を拝任して重鎮としての活動に入る。懿は景初三年（二三九）正月侍中に転じ持節都督中外諸軍・録尚書事の軍事権と行政権を確保する。十年後の嘉平元年（二四九）十二月、丞相（行政の頭）に任じられるも、一年八ケ月後に逝去する。懿のあと景王司馬師が懿の官職を襲ぐ。司馬師は嘉平元年大将軍曹爽の不軌陰謀事件を鎮圧した功で長平郷侯になり、四年三月武陽侯に進む。この就爵から二年後の正元元年（二五四）閏一月許昌で逝去する。九月、師は司馬昭を用い皇太后令の理由で廃帝を断行し、高貴郷公の即位に持ち込み相国に就く。ところが三ケ月後、師は許昌で逝去する。師が宣王懿の野辺送りを済ませてから逝去まで在位三年六ケ月であった。師の在位期間が第二段階となる。

師のあとを文王司馬昭が嗣ぐ。昭は景初二年（二三八）新城郷侯に封ぜられてから、正元元年六月高貴郷公の即位後、高都侯に進封し、甘露元年（二五六）六月高都公に進封し「九錫の殊礼」を受けるが断る。同五年五月、景王師の廃帝例に倣って、高貴郷公の逝去後皇太后令を奉じて廃帝を行う。昭は甘露三年以来、曆年「九錫の殊礼」を打診され、景元四年（二六三）十月相国の官職に就き殊礼を受けた。『晋書』巻二には、策書を受け、伊尹・周公・呂尚故事を引合の説明に加えて詳細九命錫文を載せる。新城郷侯の就爵が景初二年であるから、殊礼を受ける期間が実に二十五年を要したことになる。

咸熙元年（二六四）三月己卯、昭は進爵して晋王となる。翌二年五月、一連の准天子と上公待遇を受け、秋八月辛卯に逝去した。就爵後逝去迄の二十八年に及ぶ活動には、景王師に従って廃帝の実力行為に参加し、前漢霍光が王賀を廃帝にした前例に従い、廃帝の璽綬を没収すること二度に及ぶ。一方、大将軍加侍中都督中外諸軍録尚書に就住し、高貴郷公の輔佐にも与かる。そして禅代の前には九錫文を承ける殊礼に関与する。粛敬の心篤く殊礼を固辞すること五年に及んだ。為政体験も豊富な点では魏晋革命の当事者にふさわしい人物である。曹操と同様革命の基礎作りで人生の終焉を迎える共通点をもつ。昭の在位期間は第三段階に該当する。

従って、昭から後事を託された武王司馬炎の時代は、第四段階に属する。炎は咸熙元年十月文王の世子となり、翌年昭が逝去すると相国晋王となる。昭の逝去後一年四ケ月で、元帝の禅位をうけた。炎が世子に建てられ、新昌郷侯に就爵してから僅か十四ケ月のことである。これは魏曹丕が太子になり献帝の禅位を受けたのと比べると九ケ月長い。魏は、文帝が献帝から帝位を譲られてより実に六十五年間の短命王朝となった。

魏・晋革命には、後嗣に成果を委ねた曹操・司馬昭に共通する故事がある。先に司馬懿が景初三年（二三九）太傅に遷り、「蕭何故事」に倣い賛拝不名・入朝不趨・剣履上殿の特典が与えられた。この特典には前漢建国の功労者第一に指名された蕭何に対して剣履上殿・入朝不趨の二項がある。(6) この特典は、建安十七年（二一二）正月に明記されているので、「賛拝不名」の脱落である。又恩典賜与は五年後のことであるから、(7) これは、「蕭何故事」を引合にする元始元年（一）王皇太后が王莽を太傅に任じ安漢公の「殊礼」(8) を認めた先例に基づく。

嘉平元年（二四九）懿が丞相に冊命された時には「漢霍光故事」が適用された。二年後懿の逝去時にも亦みられる。この「霍光故事」は正元元年（二五四）の廃帝時にも帝の璽綬収取に用いられた。昭はこの廃帝時だけでなく景元元年（二六〇）時にも廃帝に関与している。この故事は曹操の逝去時『魏志』武帝紀に記録がない。しかし建安元年献帝が操に節鉞・録尚書事を与え、武平侯に封じた時点で、操に漢家委任を王立から聞かされた事実に基づくと、九命錫の嘉礼に「殊礼」があって不思議ではない。逝去葬の凶礼にないのは、理解に苦しむ。ここはやはり『魏志』作者陳寿の「霍光故事」誤脱と察るべきであろう。

この様に魏・晋の革命を瞥見すると、殊礼に故事を適用することが知られる。畢竟、「漢魏革命」も「魏晋革命」も「殊礼」で飾られる儀式であると言えよう。殊礼に関わる内容は「漢魏・魏晋・晋宋・宋斉革命実現者位相」（表二）に共通事項を示す。

四　戊午革運の実現者

殊礼で彩られる「魏晋革命」は、受命者が禅位者から策命文を受理する政治儀式である。(9) その儀式は、旧王朝の滅亡を新制王朝側が確認する嘉礼の儀典でもある。『易緯』・『春秋緯』で、

天道不還、三五而反。

に示される『春秋合誠図』に基づくところの「王者改代」の理がここで働く。(10) 無道無窮の道理である「天命常なし」の格言は、上古における「武王克殷故事」の理解を深め、悪者必滅を当然とみる理に通じる。悪者紂王必滅の過程には、戊午日に殷領の橋頭堡を占有し、辛酉日に克殷軍全員の誓文確認、甲子日に牧野で決戦し紂王を誅殺したという歴史があり、過去における事象が再び現実問題として甦る。所謂『詩緯』に記す、

戊午革運、辛酉革命、甲子革政。

の予言が、革命思想として色濃く馴染んでくる。その風潮に、魏・晋の王者改代があった中で、王者になるべき曹操・司馬昭の逝去後後嗣の曹丕・司馬炎革命が成果をあげる共通性を知った。しかも三五而反の革命交代劇がこれ又二回続く。その口火を切ったのが劉裕である。

劉裕は南朝宋の建国者である。東晋哀帝の興寧元年（三六三）癸亥春三月に、江上流の北府（西府と並ぶ東晋政府を支える強力軍団）の所在地京口生まれである。隆安三年（三九九）道教徒の孫恩が浙江省周辺を席捲した時、裕は東晋の劉牢之が率いる北府軍団に従い、軍団中最も勇敢な部隊長として名をあげた。元興元年（四〇二）、西府軍を率いる桓玄が推力を掌握すると、北府軍団長牢之を甘言にのせて自殺に追い込む。そこで裕は復讎の名の下にクーデターを起こす。元興三年裕は桓玄を首都から追い出し、東晋の政権を掌握する。ここで裕は北府軍団長となり、安帝から使持節八州緒軍事、鎮軍将軍・徐州刺史の任命をうける。義熙三年（四〇七）安帝を輔佐する間に、桓玄を倒して、

　功高二開闢一、理微称レ謂、……勲冠二天人一者乎。……俾屏余一人、長弼二皇晋一

の感謝策を受ける。同四年正月、侍中・車騎将軍・開府儀同三司・揚州刺史・録尚書となる。同七年会稽の虞亮を破った後、太尉・中書監に就く。同八年西府軍団長で国内における軍指導者劉毅を抑えて、名実共に東晋支配者になる。同九年、現住地を以て戸籍に繰り入れる東晋史上で名を残す経済政策「土断法」を実施する。この法は宋王朝成立後一段と強化されて、江南地域に根を下した土着人に将来の生活を保証した事で意義深い。

同十一年授太傅、揚州牧、剣履上殿、入朝不趨、賛拝不名、加前部羽葆鼓吹、置左右長史、司馬。同十二年後晋を攻撃し、翌年秋七月長安に入城して後晋政権を滅した。『太平御覧』巻一二八、宋劉裕に引く余爰『宋書』には、

　公光収二彝器・渾儀・土圭之属一、献二于京師一、其余珍宝珠玉、悉以班二緒将士一。執二姚泓一、帰レ之。有司斬二于建康市一。

と記す。裕は後晋王室財産関係を安帝に献上し、晋室との調和を図っているが、義熙十四年（四一八）六月裕の「九錫の礼」受命半年後、安帝を殺している。

ここで「戊午革運実現者の位相類似」（表三）に示す劉裕の履歴を参考にする。

先ず義熙二年に予常郡公で爵位を得てから同七年太尉となる。武官号名で、[11] 武官の効果殿最を扱い、郊祀の職掌では亜献役を勤める。[12] 同十一年太傅を拝命すると、剣履上殿・入朝不趨・賛拝不名の特典を得る。しかし四ケ月後太傅職を辞している。翌年相国に進み「宋公」に封じられ、「九錫の礼」を受け、遠游冠・位在諸侯王上の特典加増をうける。この時点で、受終の第一段階を通過する事になる。何故ならば、安帝が策書で、

　宋国置二丞相以下一、一遵二旧儀一。欽哉。……以終二我高祖之嘉命一。

と述べているからである。この安帝指示「一遵旧儀」とは、曹操が献帝から建安十八年に受けた「九錫詔文」末句の

　魏国置二丞相以下、群卿百僚一、皆如二漢初諸王之制一。

の略称表現に当たる。この表現は、「魏晋革命」前の景元四年冬十月、魏元帝が司馬昭に与えた詔文では、

戊午革運実現者の位相類似（表三）

宋　劉　裕（武帝）

No	干支	年	月	日（干支）	西暦	任官・爵位儀礼内容
1	甲辰	元興3	10		404	領青州刺史、甲仗百人入殿。
2	乙巳	義熙1	3		405	都督荊・司・梁・益・寧・雍・梁七州、幷前十六州諸軍事
3	丙午	義熙2	10		406	唱義謀主、領軍将軍、予常郡公、食邑万戸、賜絹三万匹。
4	丁未	義熙3	2　閏		407	晋安帝授策、功高開闢、勲冠天人者乎、俾屏余一人、長弼皇晋。
5	戊申	義熙4	1		408	授侍中、車騎将軍、開府儀同三司、揚州刺史、録尚書。
6	辛亥	義熙7	2		411	改授太尉、中書監、仍受命。
7	癸丑	義熙9	9		413	依界土断、唯徐・兗・青三州居晋陵者、不在断例。加羽葆、鼓吹、班剣二十人。
8	乙卯	義熙11	4		415	授太傅揚州牧。剣履上殿、入朝不趨、賛拝不名。加前部羽葆鼓吹、置左右長史、司馬。
9			8	甲子		固辞太傅州牧。前部羽葆鼓吹、某余受命。既加殊礼。奏事不復称名。

斉　蕭　道　成（高帝）

干支	年	月	日	西暦	任官・爵位儀礼内容
丙午	泰始2			466	除驍騎将軍、封西陽県侯、邑六百戸
甲寅	元徽2	2	庚寅	474	使持節、都督征討諸軍、平南将軍加鼓吹一部。遷散騎常侍、中領軍、都督南兗・徐・兗・青・冀五州軍事。
		6	庚子		鎮軍将軍、南兗州刺史、為中領軍、領東将軍、南兗州刺史。
		6	某日		進爵為公。増邑二千戸。乙亥　尚書左僕射。
丁巳	元徽5	7	戊子　己丑	477	夜、後廃帝（劉昱）殞、時年十五。皇太后令、昱自取灰滅、可特追封蒼梧郡王。
		7	丙申		道成、下議、備法駕詣東城。迎立順帝進侍中、司空、録尚書事、封竟陵郡公邑五千戸。
戊午	昇明2	2	癸未	478	進太尉増封三千戸。都督南徐・南兗・徐・兗・青・冀・司・予・荊・雍・湘・郢・梁・益・広・越十六州諸軍事。
		3	己酉　丙子		増班剣為四十人。甲仗百人入殿。給太尉羽葆鼓吹。
		9	丙午		進位黄鉞、都督、中外諸軍事、太傅領揚州牧、剣履上殿、入朝不趨、賛拝不名、置左右長史、司馬、従事中外録、属名四人。

宋　劉裕（武帝）

No	干支	年	月	日（干支）	西暦	任官・爵位儀礼内容
10	丙辰	義熙12			416	詔、進相国総百揆、揚州牧、封十郡宋公。備九錫之礼。遠游冠、位在諸侯王上。加相国緑綟綬。策、宋国置丞相以下、一遵旧儀。
11	丁巳	義熙13	10		417	詔、進爵為王、凡十郡益宋国。
12	戊午	義熙14	12　6		418	受九錫之礼。晋安帝崩。大司馬浪邪王（恭帝）即位。
13	己未	元熙1	12　7　1		419	詔、進爵為王、十郡増宋国。劉裕、受命、遷都寿陽。下命、王冕十有二旒、建天子旌旗、出警入蹕、乗金根車、駕六馬、備五時副車、置旄頭雲罕、楽舞八佾、設鐘虡宮懸。
14	庚申	元熙2	6		420	恭帝禅位、詔帰禅于宋、一依唐虞漢魏故事。
15				甲子		策、教禅神器、授帝位于璽躬。璽書曰、受終之礼、一如唐虞漢魏故事。
16		永初1		丁卯		劉裕、設壇於南郊、即位、柴燎告天。礼畢。詔、大赦天下、改元。封晋帝為零陵王、行晋正朔、皆用晋典。

斉　蕭道成（高帝）

干支	年	月	日	西暦	任官・爵位儀礼内容
己未	昇明3	1	丙辰　丁卯　甲午	479	進前部羽葆鼓吹。給甲仗五百人。出入殿省。剣履上殿、入朝不趨、賛拝不名。
		3	甲辰　甲寅		進相国総百揆、封十郡為斉公。備九錫之礼、加璽紱遠游冠。位在諸侯王上。加相国緑綟綬。策、加公九錫。其故聴後命。
			甲寅		策、斉国丞相以下、一遵旧式。
			丁巳		詔、以斉国給銭五百万、布五千匹、絹五千匹。
		4	癸酉　丙戌		詔、進爵為王、十郡増封。命、王冕十有二旒、建天子旌旗、出警入蹕、乗金根車、駕六馬、備五時副車、置旄頭雲罕、楽舞八佾、設鐘虡宮懸。
			辛卯		順帝禅位、詔、革運斯炳、敬禅于斉、一依唐虞魏晋故事。
			壬辰		策、教禅神器、授帝位于爾躬。璽書曰、受終之礼、一唐虞故事。
	建元1		甲午		道成、即位于南郊、設壇柴燎告天、礼事。詔、大赦天下、改元。封宋帝為汝陰王、行宋正朔、一如故事。

晋国置二官司以下一、率由二旧式一。

となっているが、文意は変わらない。司馬昭が甘露三年五月、高貴郷公髦（今上）が命じた「九錫の礼」を前後九回も固辞し、一年十一ケ月の後の五年（景元元年）四月、相国就任・「晋公」の爵位受命に併せて「九錫の礼」を受けた前例に鑑み、劉裕も亦一年八ケ月後に礼をうけた。

裕は最初の授爵後、殊礼の「九錫の礼」をうける迄十二年を要し、殊礼後恭帝譲位年まで二年を要した。殊礼後受禅までを操に比べると、七年の差があり、司馬昭・炎とは同数年となる。

さて問題となる戊午革運実現者劉裕の受禅年に注意を払いたい。裕は「九錫の殊礼」を受け戊午年に安帝を殺し、その弟大司馬琅邪王を即位させた。策命の歴史上から辿ると、伝統化以前「九錫の礼」は、曹操、曹丕のペアで受禅に取り付けた年数で四年半を経過し、司馬昭・司馬炎のペアで一年九ケ月を要した。従って裕が琅邪王を即位させても、魏・晋の前例を採用すると目論んでも、受禅の機会を摑むことは不可能である。何よりも受禅条件として新皇帝から王位受爵の既成事実を作らねばならなかったからである。

そこで新皇帝は翌己未年春正月壬辰朔に元熙元年と元号を改め、某日裕に「宋公」の爵位を与えた。安帝の崩日が前年十二月戊寅と『晋書』恭帝紀に記されている。安帝の山陵は急ピッチで造成され、辛酉晦の前日庚申に休平陵に斂葬されたと同恭帝紀に明記されている。元熙元年（四一九）正月は安帝斂葬日を残すところ一日なので、裕の「宋王」進爵は晦日辛酉と想定できる。裕はこの日進爵によって、徐州の海陵・北東海の北譙北梁・予州の新蔡・兗州の北陳留・司州の陳郡・汝南・穎川・滎陽十郡を加増された。同年十二月には、

冕十有二旒、建天子旌旗、出警入蹕、乗金根車、駕六馬、備五時副車、置旄頭雲罕、楽舞八佾、設鍾虡宮縣。王太妃為太后、世子為太子、王子、王孫爵命之号。

が「一如旧儀」といった殊礼に与かっている。元熙元年はこれら宋王新爵に伴う宋国十郡加増と天子の制確認の殊礼

が、咸熙元年及び二年に司馬昭に与えられた内容をそっくり先例にされて、一括賜与の対象となっているのである。裕の宋建国には、慧厳・慧義・僧導等、宋都仏教界の重きに与かる人々の協力があった。裕は天命拝受の儀礼を行って長安遠征をして後秦征服に成功する。この後秦長安遠征には鳩摩羅什に学んだ僧慧厳が従軍した。慧厳は裕に僧導を紹介した。裕が僧導にわが子義真の保護を頼み長安を離れる。その後赫連勃勃の襲撃で僧導が義真を助けて裕から感謝される。こんな事情があって僧導は後秦滅亡直後の人心掌握に役立った。裕は、僧導を中心とした仏教界の協力を得て東晋主権者となり、建業で建国を果たした。(13) そして裕の受禅が庚甲年二月に行われた。

庚申年が辛酉年前年になることは、『易緯』に明記する「辛酉革命」「甲子革令」でない新たな要素、それは武王克殷の時点を「三日前」に設定した『詩緯』である事実を認めねばならない。「日次」を「年次」に代えれば、『易緯』になかった「武王克殷故事」の辛酉と甲子以外に拡大した解釈が、緯書設立の過程で働いているのである。

いまひとつ参考になるのは、清林春溥撰する『武王克殷日記』である。当面「克殷故事」の対象に関係する日次を、戊午・辛酉・甲子の二日前に限定して抜き出すと、

丁巳二十七日（戊午前日）

泰誓上曰、惟十有三年春、大会于孟津。

春溥注して「案大会諸侯、当㆓在戊午前一日㆒、蓋師集而後誓、誓已而後渡㆑河、其至之先後、勢須稍待、不㆔必以㆓按㆑日拘㆒」とある。ここで泰誓上とは『尚書』巻六、『周書』の泰誓三篇の第一を指す。

戊午二十八日

書序曰、一月戊午、師渡㆓孟津㆒、作㆓泰誓三篇㆒。

泰誓中曰、惟戊午、王次㆓于河朔㆒。

史記曰、十二月戊午、師畢㆑渡㆓孟津㆒。諸侯咸会曰、孳孳無㆑怠。

己未二十九日

泰誓下曰、時厥明、王乃大巡二六師一、明誓二衆士一。

庚申朔

韓詩外伝曰、武王伐レ紂、到二於邢丘一。

辛酉の前日の内容を記す『韓詩外伝』[14]は、武王伐紂とあるが、「実際に伐ったのではなく、孟津まで兵を出して、殷および諸侯の動静をみたのであって」文字通りではない。

辛酉二日

荀子曰、武王之誅レ紂也。行レ之日以レ兵。

『荀子』の記述は、辛酉日に実際紂王を誅した意味ではない。

壬戌三日

荀子曰、朝食二於戚一、暮宿二於百泉一。

癸亥四日

書大伝大誓曰、武王伐レ紂、至二于商郊牧野一。

『尚書大伝』に記す癸亥日に、武王が実際に紂王を誅した意味ではない。

甲子五日

史記曰、二月甲子昧爽、武王朝至二於商郊牧野一、乃誓。……紂走反、入登二於鹿台之上一、蒙レ衣其珠玉、自燔二於火一而死。

以上の如く、武王が紂王を死罪につかせる故事は、戊午前日丁巳日から甲子日に及ぶ八日になる。その間、『荀子』・『韓詩外伝』・『尚書大伝』等、実際に紂王を誅してないにも拘らず、記述上殺した表現を採る。これらは紂王誅殺の目的を果たす過程を記した内容を示す。謂わば武王の紂王誅殺過程記述である。その武王克殷過程記述は功名を司馬遷によって『史記』巻四、周本紀の中で、「武王克殷故事」として採用されているのである。その一例を示そう。

武王即位九年……武王渡レ河、中流白魚、躍二入王舟中一、武王俯取。

の記述が文王の木主を奉じて、克殷軍を起こした後に見える。その記述は緯書の『洛書霊準聴』見られる所に一致する[15]。

この様に眺めてくると、『史記』に「緯書」が混入し、混入文が事実の中に埋没して「武王克殷故事」を構成する一面が実はみられた。然り気なく活用される「緯書」は、また王者改代の予言にも通じる結果、『詩緯』にみられる如き、戊午革運の予言とも関係をもつことになる。

劉裕の受禅が庚申年であることはまぎれもない事実であり、辛酉年に入らない革命思想であることも亦言い得よう。斉の蕭道成について、劉裕の履歴がほかの曹操・曹丕、司馬昭・司馬炎と違って、ほぼ同じである。泰始二年（四六六）西陽県侯就爵後は「戊午革運実現者の位相類似」（表三）で示した通りである。元徽二年「斉公」となり、公の位で昇明三年「加九錫殊礼」をうける。就爵から殊礼まで十三年を要した。操・炎と劉裕と異なるのは、道成が宋順帝から「革運斯炳」の禅位詔殊礼を受けた己未歳四月癸酉から僅かに十九日であること、及び殊礼九錫賜与策命が出された同年三月甲寅後三十八日に「受終の礼」璽書が出される異例さが目立つ。道成には世間で「当為天子」の流言があったという。「宋斉革命」以前の流言は民望の一端を示すもので、「緯書」にも入り得る。噂が緯書成立の実像なのかも知れない。

表四は、爵位・官職・殊礼・故事・旧儀に付加儀礼をまとめた。

漢魏・晋革命実現者位相（表四）

	爵位	官職	儀礼	殊礼	故事・旧儀	付加儀礼	曹操 曹丕	司馬昭 司馬炎	劉裕	蕭道成
1	封武平侯	大将軍		三万戸	呉漢故事		○			
	封新城郷侯	太尉		四県邑万戸				○		
	封予章郡侯	頒軍将軍		食邑万戸					○	
	封西陽県侯	驍騎将軍		邑六百戸						○
2	武平侯	丞相		羽葆鼓吹	蕭何故事	入朝不趨	●			
	高都侯	丞相		増邑一万戸	蕭何故事			●		
	預常郡公	太傅							○	
	竟陵郡公	太傅		甲仗入殿百人						○
3	武平侯	丞相		剣履上殿・入朝不趨・賛拝不名・羽葆鼓吹・置左右長史	蕭何故事		○			
	高都侯	丞相						○		
	預常郡公	太傅							○	
	竟陵郡公	太傅								○
4	公位	丞相		緑紱綬 遠遊冠 位在諸侯王上			●			
		相国				位在燕王上		●		
		相国							○	
		相国								○

5	封魏公	丞相	九錫之礼	凡十郡	蕭何故事	加九錫	○			
	封晋公	相国	九錫之礼			加九錫		○		
	封宋公	相国	九錫之礼	十郡		加九錫			○	
	封斉公	相国	九錫之礼	十郡		加九錫				○
6	封魏王	丞相					○			
	封晋王	相国		増十郡				○		
	封宋王	相国		増十郡	一遵旧儀				○	
	封斉王	相国		増十郡	一遵旧式					○
7	魏文帝		受終之礼				●			
	晋武帝		受終之礼		漢魏故事			●		
	宋武帝		受終之礼		唐虞漢魏故事				○	
	斉高帝		受終之礼		唐虞漢魏故事					○

「戊午革運の実現者」では、主要官職の都督・太尉・太傅・相国等の任官、及び県公・郡公・国公・王位の就爵履歴には、表三で共通する点が多い。劉裕は九錫の礼後安帝を殺し、新皇帝（泰帝）の殊礼を受けず、魏曹操曹丕の継受方式を採用した。一方、道成は司馬昱廃帝後新帝順帝輔政で、一年八ケ月後ゆっくりと「殊礼」を確保した。劉裕が泰帝から王爵位を得て恩典獲得後一年六ケ月を雍して泰帝の禅位を受けたのと比べると、道成が「殊礼」後一ケ月で王位を得た癸酉日から、璽書発行日の壬辰月十九日禅位というのは全く異例である。

辛酉革命に先立つ戊午・己未・庚申年は「武王克殷故事」の範疇に入らない。まして庚申年を含まない戊午・己未年は、戊午革運思想の中心に近い。『南斉書』巻一、高帝紀上に順帝が下詔に「革運斯炳」と述べるのは、当時における革運概念を率直に示していて興味深い。有間皇子はこの革運思想に影響をうけた。

記述上「はじめに」で、「有間皇子が何故斉明四年に謀反に走ったか」を採りあげ、その理由を「武王克殷故事」に基づく「戊午革運」に影響された緯書に問題点を絞った。

「一　武王克殷故事」の分析で、三善清行の手法が辛酉改元よりも戊午改元を重視する点に落ち着き、緯書の風潮が高まる晋宋・宋斉革命の五世紀に注目した。

「二　緯書の盛行」の記述では、元号改元の必然性を「武王克殷故事」引用の革命思想として、秦始皇帝の革命を範とした新王莽の符命革命が、「皆受レ命、然後得二封禅一」と関わったこと、予言を介して光武帝、魏武帝の革命思想が新しい問題となる共通性を指摘した。

「三　晋宋革命の前夜」では、九命加爵の曹操が後嗣曹丕の受揖役を演じ、同様に九命加爵の司馬昭が後嗣司馬炎の受揖役となった。両者ともに建国の基礎作りに貢献した。漢魏革命も魏晋革命にも、蕭何故事・霍光故事の恩典賜与を背景とする「殊礼」である。

むすび

有間皇子の革命観を検討するに当たり、次の聡明さが考えられる。有間皇子は『宋書』・『南斉書』を入手できる立場から『史記』に加え『易緯』・『詩緯』に通暁し、「武王克殷」の問題点を把握する歴史に明るかった。会得した知識で、孝徳崩御後の世情不安をなくし、救済する決心を十八歳の時におこす。皇子の謀反に加担したのは、革運思想に賛同した塩屋連鯯魚・舎人新田部米麻呂である。両名ともに死刑処分を受けるも守君大石・坂合部連薬は死罪を免れた。その差異は、白浜裁判で審理中に、『詩緯』信奉の有無に関与の証拠を見出されたからではなかったか、と思う。有間の謀反決意には、老成人の言動がつきまとう。未成人の皇子に人徳の欠ける面を率直に述べ、皇子の謀反計画を諫め軽挙妄動を飭《いまし》めた人物は一体誰か。それは「塩屋連鯯魚」ではないか、と事件共犯者から浮かんでくる。

註

（1）『魏志』巻十四、蔣済伝注所引臣松之案蔣済の立郊議称『曹騰碑文』に、「曹氏族出自邾」の句を残す。

（2）同『曹騰碑文』に、「魏武作二家伝一、自云二曹叔振鐸之後一」とある。又続けて「故陳思王作二武帝誄一曰、於穆武皇、冑稷胤周」の曹植作品を引く。

（3）同志巻一、武帝紀建安元年九月条注所引『張璠漢紀』に、「立又謂二宗正劉艾一曰、前太白守二天関一、与二熒惑一会、金火交レ会、革命之象也。漢祚終矣、晋、魏必有レ興者。立後二数言于帝一曰、天命有二去就一、五行不二常盛一、代レ火者土也、承レ漢者魏也。能安二天下一者、曹姓也。准委二任曹氏一而已。公聞レ之、使レ人語レ立曰、知二公忠于朝廷一、然天道深遠、幸勿二多言一」とある。

（4）『芸文類聚』巻五三、錫命の項所引『魏武帝譲九錫表』曰、「臣功小徳薄、忝寵己過、進爵益土、非臣所宜、九錫大礼、臣所不称、惶悸征営、心如炎灼、帰情写実、冀蒙聴省。不悟陛下。復詔喪誘、喩以伊周、未見哀許。臣聞事君之道、犯而勿欺、量能処位、計功受爵、苟所不堪、有損無従、加臣待罪上相、民所具瞻、而自過謬、其謂臣何」とある。

（5）『三国志』巻一、魏書に「評曰、漢末、天下大乱、雄豪並起、而袁紹虎眎四州、彊盛莫敵、太祖運籌演謀、鞭撻宇内、擥申、商之法術、該韓、白之奇策、官方授材、各因其器、矯情任算、不念旧悪、終能総御皇機、克成洪業者、惟其明略最優也。抑可謂非常之人、超世之傑矣」とある。

（6）『漢書』巻三十九、蕭何伝に、「陛下雖数亡山東、蕭何常全関中待二陛下一、此万世功也。……蕭何第一。上曰レ善、於レ是乃令二何第一一、賜二履上殿、入朝不レ趨」とある。

（7）曹操の場合、建安十三年丞相就任後四年六ケ月の時になる。

（8）『漢書』巻九十九、王莽伝に、「元始三年、大司徒司直陳崇が九錫命を要請した案文中、蕭何の封戸倍増を挙げ、「又蒙殊礼、奏事不名、入殿不趨」を述べている。

(9)『漢書』、王莽伝中、孺子嬰策命文に「詩不レ云乎、候服二于周一、天命靡レ常」と言い、『魏志』巻二、文帝紀延康元年(二二〇)条、後漢『献帝冊書不為皇帝文』に、「君其祇順二大礼一、饗二茲万国一、以粛承二天命一」と見え、又『晋書』巻三、世祖武帝紀に、「天又輯二大命于漢一、火徳既衰」とあり。策命文はその後も『宋書』巻二、武帝紀に、『恭帝冊劉裕授位文』から、後周の『旧五代史』記述の『周書』「恭帝禅位趙匡胤文」を引く文まで九点が続く。

(10)東晋恭帝の「冊劉裕授位文」に、「爰自二書契一降逮二三五一、莫レ不二以上一、聖君二四海一、止レ戈定二大業一。然則帝王者、宰物之通貴、君道者、天下之至公」と見え、『後漢書』巻六十下、郎顗伝に、「臣聞、天道不レ遠、三五復反」と見え、注に「春秋合誠図曰、至道不レ遠、三五而反、宋均注曰く、三、三正也。五、五行也。三正五行、王者改代之際会也。能二於此際一、自レ新如レ初、則通レ無レ窮也」とある。

(11)『芸文類聚』巻四六、所引百官表注。

(12)同巻、所引『続漢書』に「太尉公一人、掌四方兵事功勲、歳尽則奏其殿最、而行賞罰。凡郊祀之事、掌亜献」とある。

(13)塚本善隆「南朝「元嘉治世」の仏教」『東洋史研究』第二二巻第四号・昭和三十八年刊。

(14)世界古典文学全集2『詩経国風　書経』泰誓上注(3)至二九頁。筑摩書房・昭和五十六年刊。

(15)安居香山・中村璋八編『重修緯書集成』巻六(河図・洛書)に、「武王伐紂、度二孟津一。中流白魚躍、入二王舟一。王俯取レ魚、長三尺、目下有二赤文成字一、言二紂可レ伐一」一七四頁、とある。

第三章　倭国律令時代

第一節　律令時代における行刑の実体

はじめに

古代日本史に関する研究が盛んになり、就中、戦後の考古学の著しい進歩によって古代史の分野が解明されつつある。従来の史料の利用にウエイトをおいた研究からさらに科学的な分析が行われ、日本民族発展の過程が専門家だけでなく広く一般に理解されてきたことは喜ばしい。日本史といっても政治・経済・美術・法制等の専門的分野からの研究部門があり、又、時代別に社会現象を特徴とした区分の研究があって、一概に叙述することはかなり難しい。ここで採りあげた小稿は、律令時代における政治事件を背景に法制史的見地から行刑の実体を探ろうとするものである。今日流布する法制史概説書は、その多くが行刑の実体に深く触れず制度史的な研究を述べているものが多い。法制史研究の中にあって、法がどのように運用され行刑面に反映されたかを知ることは重要なことである。無味乾燥な制度史の研究に潤いをつけ、社会規範の法存在の裏の一面を考えるのがこの小稿の目的である。研究に先立って断わっておきたいことは、行刑の対象が主に死刑になっていることで、死刑以外については拷訊の実体が死刑に至る過程の中で重複する部分で説明をしたい。

一　行刑に関する基礎概念

律令時代は歴史区分によると、『大宝律令』を用いた公卿政権が武家政権に代る凡そ五世紀の間をいう。しかし、厳密には法典化した律令も大宝以前には単行法として実施されたのであるから、律令時代はその上限を遡るし又、その下限も武家政権成立以後、政権の推移と共に明治維新まで律令が武家法と併存したのであるから更に下る。その事例は前者に『名例律』の謀反罪を適用した大化改新直後の蘇我石川麻呂事件があり、後者には徳川家康が公家統制として発布した『公家諸法度』第十二条によって明白である。即ち、同法度十二条には、

罪之軽重、可被相守名例律事

とあって、公家社会の犯罪は『大宝律』を修正した『養老律』によって処理されたことが分かる。だから徳川幕府が実質上崩壊する大政奉還の日まで『公家諸法度』が形式的にも生きているので、律令の一半の律は明治維新前夜まで法的効力をもつものと理解される。所謂、広義の律令時代は大化改新から明治維新までと言えよう。けれども、武家政権成立以後の律令は普遍性をもたない点で変則であり、鎌倉幕府成立までを律令時代とするのが穏当である。従って律令時代は大化改新から鎌倉幕府成立までと了解したい。小稿で採りあげる律令時代の範囲もこれに准じるのであるが、実体上律令の運用面から眺めた場合、検非違使の成立により律の崩れる十世紀頃までに絞って話を進めてゆく。

次に法律用語の行刑については、一般的には『広辞苑』「ぎょうけい」に自由刑を執行すること、広義には刑の執行と同じ意味と理解される。律令時代における行刑も用語の上では同義の決罰と共に用いられ、『名例律』に規定する五刑（笞杖徒流死）の執行に当たることをいう。即ち、絞斬の死刑執行・徒囚の使役・笞杖囚を撻つことを指す。(1)

一体に、大化改新以後わが国で施行された法には『唐律令』を模範とし、概ねわが国の民族性に合うように修訂され、従来の慣習法に代る成文法典となる。そして利用された当初の『大宝律令』は、唐の高宗の永徽二年（六五一）

に成立した『永徽律令』であったと言われ、(2)律より早く成立した『近江令』は唐の太宗の貞観十一年（六三七）正月庚子日領布の『貞観令』を参考にしているらしい。ところが小稿で問題とする行刑の手続法は、『貞観令』を模範とせずに隋の『開皇十五年令』を採用している。今少しこれについて述べよう。

『獄令』第五条に次の規定がある。

凡決大辟罪、左京者、行決之司三覆奏。決前一日一覆奏、決日再覆奏。在外者、符下日三覆奏、初日一覆奏、後日再覆奏。若犯悪逆以上、唯一覆奏。

当時、死刑は判決終了後行刑日まで、三覆奏の手続をふまねばならなかった。ところが『近江令』が模範とした『貞観令』では死刑に対する行刑手続法は五覆奏となっている。今日『近江令』における死刑に対する行刑手続法は他法と共に残らない。しかし、一般にわが国の量刑は唐の量刑に比べて軽いから、死刑に対してもその精神は変らなかったであろう。とすれば『近江令』では死刑の行刑手続法は『大宝令』と異なる五覆奏であったと疑われる。この観点によれば『近江令』を踏襲した『飛鳥浄御原律令』も同じく五覆奏となる。従来、『浄御原律令』と『大宝律令』とは内容に大差がないと言われるから、死刑の行刑手続法だけが五覆奏から三覆奏に重くなったとは思われない。

もしこのような手続法の改正があったとすれば余程重要な改正根拠をもつ事件が持統朝から文武朝に亘る間になければならないであろう。しかし、そのような事件は正史から探り得ないのである。ここに至って『近江令』の五覆奏は『獄令』に規定されていなかったと推断され、『大宝律令』の三覆奏が『飛鳥浄御原律令』を経、『近江令』の規定を踏襲するものであったと言えよう。死刑に対してのみ例外の態度を律令編纂者が採ったと推断出来ない以上、『近江令』に存在したと思われる三覆奏は『貞観令』を模範としないと言える。『貞観令』で注意すべきは、従来の行刑手続が改正になっていることである。即ち、唐は建国当初隋の律令を参考にし、行刑手続法についてもその例外ではなかった。『旧唐書』巻五十刑法志には唐初における行刑制度を、下制。凡決死刑、雖令即殺、仍三覆奏。

と記している。ところがこの行刑手続が形式的になったため、この覆奏手続を更に強化して儒教本来の柔軟な仁徳の精神にかえしたのが『貞観令』の新しい五覆奏手続法なのである。この新しい立法趣旨について、同書刑法志に、

比来決囚、雖三覆奏、須臾之間、三奏便訖。都未得思、三奏何益、自今已後、宜二日中五覆奏、下諸州三覆奏、（中略）其五覆奏、以決前一日、二日覆奏決日又三覆奏。

と、新立法と共に述べている。[3]この改正令は徳宗の建中三年（七八二）に旧令に復す迄唐における行刑の基本となった。わが国では後述する様に『貞観令』の改正令を採用しなかったが、参考にしていたことは窺われる。即ち、『明文抄』二の中に『唐暦』を引いて、

貞観五年八月戊申、詔決死刑、雖令即決、仍三覆奏。在京諸司五覆奏。其日進蔬食、内教及太常不挙楽。

とある。この『唐暦』からも知られる如く、『貞観令』の中『行刑手続法』[4]の改正事項は、既に六年前に臨時の改正令として発布されていたのである。しかし、この『貞観令』はわが国に定着する前に、朝鮮において制度化をみる。即ち、白雉五年（六五四）に高句麗では、

且陛下毎決一重囚、必令三覆五奏、進膳止音楽者。[5]

とある点から知られる。ところが朝鮮を経由した筈のわが国では、『貞観令』の『五覆奏手続法』は踏襲されず、三覆奏なのである。制度上にみられる大辟罪の行刑は、唐の規定に比べるとわが国で厳しかったと言わざるを得ない。

三覆奏の行刑手続制度に関して『貞観令』を模範としなかったわが国は、隋の開皇十五年（五九五）の制度を採用したのである。勿論、貞観五年迄の唐の制度も行刑手続については、わが国と同じく隋の制度を採用したのであるから、実体上わが国が唐の制度を採用したことは言うまでもない。私がここで隋の制度を採用したというのは、あくまでも行刑手続に関する立法趣旨をふまえての表現である。

隋が律令制度を魏・晋に求めたことは『隋書』巻二十五刑法志に述べられている。しかし、行刑手続制度に三覆奏があったかは明らかでない。『隋書』を読んで感じることは、死罪について三奏の制度に落着くまで『行刑手続法』の改正が行われ、唐太宗五年におけると同じ立法趣旨の『行刑手続法改正令』に近づいていることである。記録上、開皇十二年八月に全国における死罪者については、すべて中央の大理寺の管轄下に入り、刑部省より奏裁を経るように制度改正が行われた(6)。所謂大辟罪に対する審理、判決を公平にするのが目的で、従来の諸州委任の不統一な裁判を是正するのを目的としたのであろう。この様な死罪に関する法改正を経て、三年後に行刑手続の三奏制度となった(7)。私はここにわが国が模範とした行刑制度の立法趣旨があると認める。先に隋の行刑制度を模範としたという表現は、上述の点にある。『隋書』煬帝紀大業三年（六〇七）に律令の頒布を記している。この時の令に「三奏」の原則規定がうけつがれたことは言うまでもない。唐が最初に採用した令は隋の『大業令』であり、その中の一条『獄官令』大辟罪条文がわが国の『獄令』に定着をみる。この様に行刑手続法の令と対応する律に、一般的規範を示す『名例律』があり、その冒頭に五罪の量刑が明記されている。わが国が範とした唐の五刑は隋以前の魏晋南北朝時代になって洗練化をみたので(8)、古くからの五刑とはその内容を異にするものであった。その五刑について少し触れておこう。

中国では古くから儒教経典の刑罰体系をもち、五刑を中心としていたと言われる(9)。即ち、『周礼』秋官司刑や『漢書』刑法志や『尚書』呂刑にみえる「墨・劓・宮・刖・大辟」がそれである(10)。「墨」は「黥」とも同義で、『魏志倭人伝』に倭国の風俗として男子が皆「黥面文身」したとみえるものであり、『周礼』黥の墨罪の注に「墨、黥也、先刻其面、以墨窒之」とある。今日われわれが俗に言うイレズミを指す。わが国の上代で「墨」を刑罰の対象にした例に、『履中紀』に阿曇連浜子が死罪に代えて「墨」刑にあったとみえる。次に「劓」であるが、これは『集韻』に「劓、割也」とみえるように、鼻をそぐ刑罰である。第三の「宮」は一般に「陰刑」とも「腐刑」とも言われ、男子に対して去勢を行い女子には宮中に幽閉するものと理解されている。中国では「宮」刑出身者と自「宮」出身者とが宦官となって政治に大きな影響を及ぼしたことは有名である。(11) 本来の「宮」刑はやはり男女ともに肉刑を加えるものと解され、『尚書大伝』の注に女子に対して「椓其陰」とあるのが正鵠を射ているようだ。(12)「椓」は『尚書』呂刑に「劓刵椓黥」とみえ『説文通訓定声』に「椓、殷借為斀」とあり、『説文』に「椓、撃也」と原義を明記している。即ち、陰部をそぐのであり、男子のそれと異ならない。「宮」は死刑につぐ重いものであった。次に「刖」とあるのは「剕」と同義で、足をきる刑罰である。程樹徳の著した『九朝律考』には漢以後隋に及び九代の律を収録しているが、それによれば『漢律考二』の規定では死刑に三種の「梟首」・「要斬」・「棄市」刑がある。

しかも、『初学記』巻二十の刑罰第九に引く『白虎通』に、五刑を「刖」に代わる「髕」があったことを記している。死刑から墨刑に及び決罰には、『初学記』は『国語』を『漢書』刑法志は『尚書』を引くように、大刑には甲兵を用い薄刑には鞭朴を用いた。そして行刑の大なる場合には原野にて行い、小なる場合には衆人注視の市で行うものであった。尤も、中国における行刑史上最も残酷な法として、殷の紂王が寵妃の妲己に媚びて発案した「炮烙之法」がある。『史記』殷本紀の集解に『列女伝』を引くところによれば、その刑とは銅柱の下に炭火を置き、熱した銅柱上を罪人に歩かせ、罪人が熱さに堪えられず炭火中に落ちるという見るにしのびない残酷な行刑なのである。中国における行刑には以上にみられる如く、隋以前で様々な肉刑があった。蓋しわが国が範とした唐の行刑は、随分と洗練化されたものといえよう。五刑の彼我に関する説明はこの辺できりあげ、次に律の鉄則である「疑罪従軽」について述べよう。疑罪とは『断獄律』の逸文を収載する『政事要略』巻八十二、糺弾雑事、寛弘二年三月廿七日政に、

疑罪各依レ所犯以レ贖論。疑、謂、虚実之証等、是非之理均。或渉二疑似一、旁無二証見一、或旁有二聞証一、事非二擬似一之類。

とある。又『唐断獄律下』ではこれに続いて、

即疑獄法官執見不同者。得為二異議一。不レ得レ過レ三。(13)

と載せる。この疑罪については滝川政次郎博士の「日唐律における疑罪の観念」に詳しい(14)。今日における刑法の観念から言えば、犯罪というものは、社会規範である法律に反する行為、即ち適法でない違法行為を指す。しかもその犯罪は有責の行為でなければならないといわれる(15)。この精神は律も異なるところがない。それは『断獄律』逸文の「不為永格条」の人主権断や、『名例律』逸文の「断罪無正条条」の法官擅断の特例を除けば一般の成人に対しては、『断獄律』逸文の、

　凡断罪。皆須具引律令格式正文。

十三文字に表わされる罪刑法定主義で示される。責任能力のない九十歳以下七十歳以上の者は、律令格式の法に違反

王朝	時代	出典語句	出典
漢	孝文帝	罪疑者子民、是以刑罰大省	漢書刑法志
	高皇七年	獄疑—謹具為奏	〃
	景帝五年	諸獄疑〜輒讞之	〃巻五・九月詔
		詔、獄疑者讞有令者已報	漢書刑法志
		罪疑従軽　加審慎之心	于定国伝
		平疑法、奏讞疑事必奏	芸文類聚巻五四
後漢		延尉掌郡国讞疑罪皆処	後漢書百官志
		治書侍御史掌天下諸讞疑事	〃
		議於槐棘之下〜有疑議	九朝律考巻二
		延尉当理疑獄（北堂書鈔該官部）	漢官解詁一巻

王朝	時代	出典語句	出典
晋	恵帝	罪有従軽蓋疑失善	九朝律考巻三
	安帝	獄貴情断、疑則従軽	〃
宋	孝武大明三年	詔疑讞平決攸帰	九月己巳条
		讞疑事、則以法律、当其是非	宋書百官志下
北	太平真君六年	詔、諸疑獄　皆付中書	魏書刑罰志
	延興四年	詔、獄有大疑乃平疑焉	〃
南斉		左僕射の項　八議疑讞通関案	南斉書百官志
北斉	大寧元年	詔、疑従重罰疑従軽	隋書刑法志
		法吏疑獄〜省府以之決疑	九朝律考巻六
唐		天下疑獄　讞代理寺	新唐書刑法志

しなければ通常犯罪者とはならなかった。そこで疑罪となる場合を考えると、七十以上九十以下の者が違法行為をした場合、事実を知る人間の証人による直接証拠と伝聞による間接証拠が、今日でいう犯罪の構成要件を充足するという証明が得られない時に生ずる。この場合、有罪と無罪の間には疑罪を含む三罪併存の犯罪区分が律令時代にあった。(16)(17)この疑罪の起源は中国では古いと言われる。因みに疑罪従軽の思想を漢以後に求めると前頁表の如くである。

翻ってわが国の場合を眺めると、『家伝下』に藤原武智麻呂は在職中「不失其実、決疑平獄」であったという。この家伝の内容は実体と照応したものとは言えないが、(18)法官としてあるべき生活行動の一端を示すものと理解できる。平安朝に入って斉衡二年（八五五）九月廿三日の『太政官符』中に「疑罪従軽」の語句がみえるし、更に時代が下った鎌倉時代に成立の『明文抄』二・帝道部下にも、「疑罪従軽、国之茂範云々（貞観格）」とみえる。所謂、疑罪の法思想は連綿と生きていたことを右の資料から断定してよかろう。

一九五四年頃陸運汚職で名を馳せた関谷代議士の党離脱があった。汚職の度毎に感じることは、国会開会中における国会議員の逮捕が許諾請求を認められない間は不可能であることである。即ち『国会法』三十三条に、

各議院の議員は、院外における現行犯罪の場合を除いては、会期中その院の許諾がなければ逮捕されない。

という不逮捕特権が議員には付与され、また身分上の特権が刑法の規範に執行猶予として公認されている。特定の人格に与えられる刑罰の特典は、律令時代にも皇族と有官位者及びその家族に認められていた。例えば、五位以上の官人と皇親は死罪を犯した場合、常に恩赦の欠格事項として悪逆以上の八虐罪に該当しない場合、家において自尽することが許される。(19)或いは六議の者は流罪以下の罪を犯した場合、(20)『名例律』議条によって罪一等を減ぜられる。又、六議の家族や官位勲位所持者並びにその家族も亦、流罪以下の罪を犯した場合、先述例と同じく罪一等を減ぜられる。この様に『名例律』には特典を認める規定が載せられていた。大体以上の点が律を知るための基礎的知識となる。次に節を改めて個々の実例を挙げながら眺めてゆきたい。

二　行刑としての笞・杖・徒・流

律令制度の中で最も軽い刑罰は笞罪であるが、『名例律』にはこれを五等級に分ける。即ち、笞十から五十でそれぞれ贖罪として銅一斤から五斤に換算されている。この様な累進量刑は杖の五等級にも杖六十から百まで六斤〜十斤の規定に認められる。行刑に用いられる笞については法律で規定され、日常我々が考えている「ムチ」とは少し性質が違う。行刑に用いる笞はその太さによって「杖」ともなるもので、『獄令』六十三杖笞条に定める。

凡杖皆削去節目。長三尺五寸。訊囚、及常行杖大頭径四分。小頭三分。笞杖大頭三分、小頭二分。伽長四尺以下、三尺以上。桔長一尺八寸以下、一尺二寸以上。

わが国の『獄令』は唐の制度をうけついでいるから、唐の規定にみる笞・杖も内容に大差がない。しかし、わが国では行刑に当たる時の効果を重視したものであろうか、少し唐の規定を改めている。比較の為に唐の規定を次に示して参考にしよう。『唐六典』巻六、刑部郎中員外郎条の注に、

杖皆削去節目。長三尺五寸。訊囚杖。大頭径三分二釐。小頭二分二釐。常行杖。大頭二分七釐。中頭一分七釐。笞杖。大頭二分。小頭一分半。

とある。両者の差を眺めると、唐では拷訊用の杖と行刑用の杖とが区別されているのに、わが国では両者を区別しない拷訊行刑用と決笞用の杖の規定は唐のそれに比べて太い。観念的にはわが国の行刑並びに拷訊は量刑の面で唐よりも重いことになる。しかし、実体上被決罰者に与えられる肉体の苦痛は一にかかって行刑官の腕に左右されるから、規定の文字だけからの判断は実情にそわないものであろう。(21) この杖の規定は『漢書』刑法志巻二十三に引く『漢律』改定に、丞相と御史大夫両人の要請文として、

笞者箠長五尺。基本大一寸。其竹也。末薄半寸。皆平其節。

とあり、『九朝律考』巻三晋律下鞭杖令に引く『晋令』に、

杖皆用荊。長六尺。制杖。大頭囲一寸。尾三分半。

とあるように、古代においてはその長さ・太さの点で異なっていた。しかも、『九朝律考』巻一に引く『唐律疏議』に、「漢の時代の笞は竹を用いたが今では楚を用いる」とあるように笞杖の材料にも変化が認められる。『疏議』に言う楚とは、『説文』に「楚、叢木一名荊也」とあり、又、『礼記』巻十八学記に「夏楚二物、収其威也、鄭注、楚、荊也。夏、稲也」とあって、「にんじんぼく」(22)のことを指す。決笞或いは決杖には行刑官に当たる囚獄司の物部が与るが、その際に「たゝく」箇所が定められていて獄囚に対し無暴な取扱いは出来なかった。前掲『獄令』六十三条に、

其決杖笞者、臀受。拷訊者、背臀分受。須数等。

との文句が続いている。唐のそれは少し違い、

其決笞。腿臀分受。杖者。背腿分受。（中略）殿庭決杖者。皆背受。

と定められていて、わが国の規定にない「腿」をも「たゝく」箇所に指定している。そして、唐では行刑の場所が特に殿庭の皇帝親臨の所のおいては、すべて「背」に限定する。この規定は漢以前の行刑思想に通じるようである。というのは、『漢律』に「当笞者笞臀」と言う点から如淳が注に「然則先時笞背也」と解釈している言葉に適うからである。

行刑の場所は律の本来備わる威嚇思想を反映して、人の集まる公開実況の場所である。『続日本紀』天平十三年（七四一）三月庚寅条に、東西の両市で決杖をうけた者が五十人あったことや、『類聚国史』巻八十七、刑法に、天長八年（八三一）十二月庚辰日に、殺人従犯者の当麻旅子女が西市で決杖六十をうけたことを載せている。この二例から行刑には男女を問わず、律令時代には市で行刑官が執行にあたっていたことが理解されよう。しかも、唐では殿庭で行刑を行う規定がみられるが、行刑の本来の姿は帝皇の面前であったと思われる。『初学記』巻二十、獄に『韓詩

外伝』を引いて、朝廷を獄と言うと記すことや、同記巻十二、大理卿に廷尉の注として応劭の言葉を引き、

古之聴訟。必質於朝廷。与衆共之。故曰廷尉。

とみえる中に、裁判審理が朝廷であったことが分かる。古代における政の一つには行刑も含まれるものであり、行刑の最も理解し易い例の誅殺は帝皇の手によるとよらないにかかわらず、帝皇の面前で行われるのが原初形態である。この考えから行刑の全般に亘る精神も皇帝の面前で行刑があるものと解さねばならないと思う。支配体制が大きく発展し、それに伴なう業務が分化するに及び本来一人で取扱った仕事はそれぞれ専門職の人に委ねられてゆく。行刑も支配体制の小さい頃には支配者の面前で犯罪の審理・決罰が行われたが、支配体制が膨大化すると支配者たる帝皇は犯罪の審理決罰権を専門職の法官に委ねてゆく。帝皇親臨の行刑は庭から朝廷に発展し、更には庶民が集う場の市に変化してゆく。行刑の素朴な形が公開にあることから考えれば、行刑の場が庭から市へ発展する段階で、朝廷は業務の多様化に伴なう実情から行刑の一部を執行する場となり、その多くを手離さねばならなかった。だから、特別の場合の事件には、日常化した行刑のあり方を本来の形に戻し、帝皇の親裁形式に戻るのである。例えば、帝皇の生命に関わる謀反叛逆事件には親裁形式が採られた。斉明四年（六五八）の有間皇子事件や、大同二年（八〇七）の伊予親王事件などはその好例である。行刑本来の姿が朝廷で行われたことを推測する材料として、『続日本紀』は次のように記録している。

太政官処分、承前有恩赦罪之日例、率罪人等、集於朝廷。自今以後、不得更然、赦令已降、令所司放之。(23)

これによれば、従来恩赦令が出る度毎にこの恩沢に与かる罪人はすべて朝廷に集められたが、今後は恩赦があった場合所司、即ち関係刑部省によって赦免を行うという。ここで罪人が朝廷に集められるのは、天皇から直接に赦免の言葉を聞くためであろう。赦免が国家行事の重要な一つとなっているが為、天皇による直接の言辞が必要になったのであろう。これは膨大化する官人体制に随伴して犯罪者の直接増加が顕著となる諸事情を考慮しての通告となったもの

と考えられる。奈良朝初期に司法行政の対応が早くも太政官処分に示されていることから、大宝以後における行刑は当局にとって頭痛の種であり、従前の刑事政策に支障を来たす方向を辿る姿を反映するものであろう。

決杖と決笞は本来大差がなく、単に「たゝく」回数の差に過ぎないのである。だから、刑確定後の決杖や決笞と刑確定前の拷杖も内容的に異ならない。『獄令』では「たゝく」箇所を限定しただけが両者の差なのである。実情は決罰よりも拷杖の方がひどかったのではないかと思う。これは多分に拷訊者の心理がそうさせる要素を含んでいる。即ち、刑確定後の行刑は単に機械的な事務の一つに化し易い。しかし、刑確定前の拷杖は被疑者の自白如何によって、量刑が死刑から笞刑までの領域を含むことになる。徒罪以上となれば犯罪者も容易に口を割ろうとはしないであろう。この量刑の点により、拷訊者は被疑者から有力な自白をとる為に力を入れたであろうと想像される。特に謀反罪の場合、拷杖は残酷なものであったことが数少ない資料から窺知できる。奈良時代では、橘奈良麻呂の乱に関係した道祖王・黄文王・賀茂角足・小野東人・多治比犢養・大伴古麻呂の六人は、みな訊問の際にひどい拷杖をうけている最中に死んでいる(24)。この折には他の与党人でも獄中に死んだ者が多いから、彼等は拷杖下では死なないが、その苦痛に堪えられず自殺する気力もなく体力の消耗から息を引取ったものであろう。杖でたたかれて殺されるのを「格殺」とも「杖殺」とも言う。『類聚国史』巻八十七断罪、延暦十二年（七九三）八月丁卯条には、内舎人山辺春日と春宮坊帯刀舎人紀国の両名が、共謀して帯刀舎人佐伯成人を殺して逃亡し、事の次第を知った桓武天皇の厳命で両名が逃亡先の伊予国で格殺されたとある。これは刑確定前の拷杖下の死でなく、天皇の命による誅殺である。又、『三代実録』元慶七年（八八三）十一月十日癸酉条には、散位従五位下源益が殿上にあって猝然に格殺されたとある。このような格殺は中国でも法律として規定された他に、皇后の恣意によっても行われた。前者の例には「夷三族之令」がある。この令は漢の興った当初に定められた次の様な規定である。

当三族者。皆先黥劓。斬左右止、笞殺之。梟其首。菹其骨肉於市。其誹謗詈詛者。又先断舌(25)。

これによると、笞で殺される前に顔にはイレズミを施され、鼻をそがれ、両足を切断されるという。この段階までには気の弱い者は失神しているのであろうから、笞殺の実益はなくなっている。寧ろ法の存在目的は公衆に異様な首をみせて罪の恐ろしさを徹底させるところにある。この様な残酷な法でないが、皇后が帝皇のもつ人主権断権を乱用した例がある。それは、『新唐書』巻八十一、懿徳太子重潤伝に「后怒杖殺之」とみえる事例である。

一体に、前述した黄文王などが拷杖下で死ぬ状態を示す資料は滅多にない。唯一例として『日本後紀』大同四年（八〇九）閏二月甲辰条の阿部鷹野卒伝が挙げられる。同紀には、

侍従中臣王、連伊予親王之事、経拷不服。時嬖臣激帝、令加大杖、王背崩爛而死。

とみえる。伊予親王事件は藤原式家の仲成が平城上皇の寵を得ていた妹の薬子を利用して、伊予親王の叔父に当たる南家の雄友を失脚させる為の運動と解される。もっとも、当時の皇位継承が傾向として輩行する点から、この事件は皇位の不安定も手伝っていたであろうし、又、雄友の従兄弟である乙叡が平城上皇に酒の場で不敬の言葉を吐いたことも原因であろう。事件に連座した中臣王こそ実に事件の犠牲者であるのだが、事件の分析よりも法制史的見地から、この時の拷杖が律令施行下の実情をよく示している。彼は、事実無根を立証できず、剰え自白を強要されて拷杖に苦しめられた。ここに「嬖臣」とあるのは一体誰であろうか。天皇の近習者でしかも事件後の除目で異常な昇進をした者がそれらしく思われる。近習者という点からこの時の侍従と春宮職の者を眺めると、前者に藤原内麿・藤原緒嗣・巨勢野足がおり、後者には、藤原冬嗣・藤原園人がいる。そして事件落着後における失脚者の職についた者には、乙叡失脚後の中納言職を襲った藤原葛野麿がおり、秋篠安人失脚後の左大弁についた藤原緒嗣がおり、叙位者には多入鹿・巨勢野足・紀広浜・吉備泉がいる。[26] ここで近習でしかも事件後の好調な昇進者を求めると、藤原緒嗣と巨勢野足の二名に限定される。緒嗣は承和十年（八四三）七十歳で薨じる迄官人として常に廉直の人として過した。緒嗣が道理を逸して感情に溺れる人とは思われない。さすれば、残る巨勢野足が嬖臣ということになる。

「大杖」は、『獄令』給席薦条により囚人への給付を禁じている。「杵棒之類」を解説する『令義解』・内閣文庫所蔵旧紅葉文庫本の書入に、「棒、大杖也」という釈説を残す。『獄令』に定める杖よりも大きいものを指すのか或いは決笞に用いる杖に比べて太い通常の拷訊用の杖を指すのか明らかでない。ここで、中臣王が拷杖によって背が崩爛したということに私は注意したい(27)。拷訊には必ず「背臀」を等しく叩くことを法で定めている。ところが実情は背だけであったことが中臣王の例で知られる。ここで『唐六典』にみえた殿庭における決杖のことが思い起こされる。わが国の場合も天皇の親決は令の規定の例外にみられるのである。中臣王の死は悶絶死であったと推断される。『法曹至要抄』に載せる『断獄律』拷囚条の逸文によると、拷訊に際して杖数が二百回を越えてはならぬという。中臣王や黄文

年月日	犯罪内容	量刑
和銅2・1・壬午	私鋳銀銭	杖200
天平13・1・甲辰	広嗣の乱与党	杖不明
天平13・3・庚寅	東西両市　不明	杖50
天平宝字6・10乙亥	勅　双六	杖100
天平宝字2・2壬戌	飲酒	杖80
宝亀3・7・辛丑	偽祥瑞献上	杖80
宝亀11・10・丙辰	情懐姦作・阿蔵使役	杖100
延暦2・6・乙卯	勅　私立道場	杖80
延暦3・10・丁酉	遊食博戯	杖100
延暦18・6・丁丑	強姦法尼	杖100

年月日	犯罪内容	量刑
大同4・7・甲子	犯神事	杖不明
弘仁3・5・庚申	制　禰宜祝等、不勤修理	杖100
弘仁4・6・壬午	僕隷不看護	杖100
弘仁11・3・乙巳	樗戯	陰陽師笞40・生杖80
天長8・12・庚辰	殺人従犯	杖60
承和13	僧侶の俗形訴訟	笞40?
貞観7・6・己未	撰弃悪銭	笞不明
貞観8・10・15	法官の決断不理	笞30~杖60(贖銅)
仁和1・10・19	年貢鵜違期	杖70~90(贖銅)

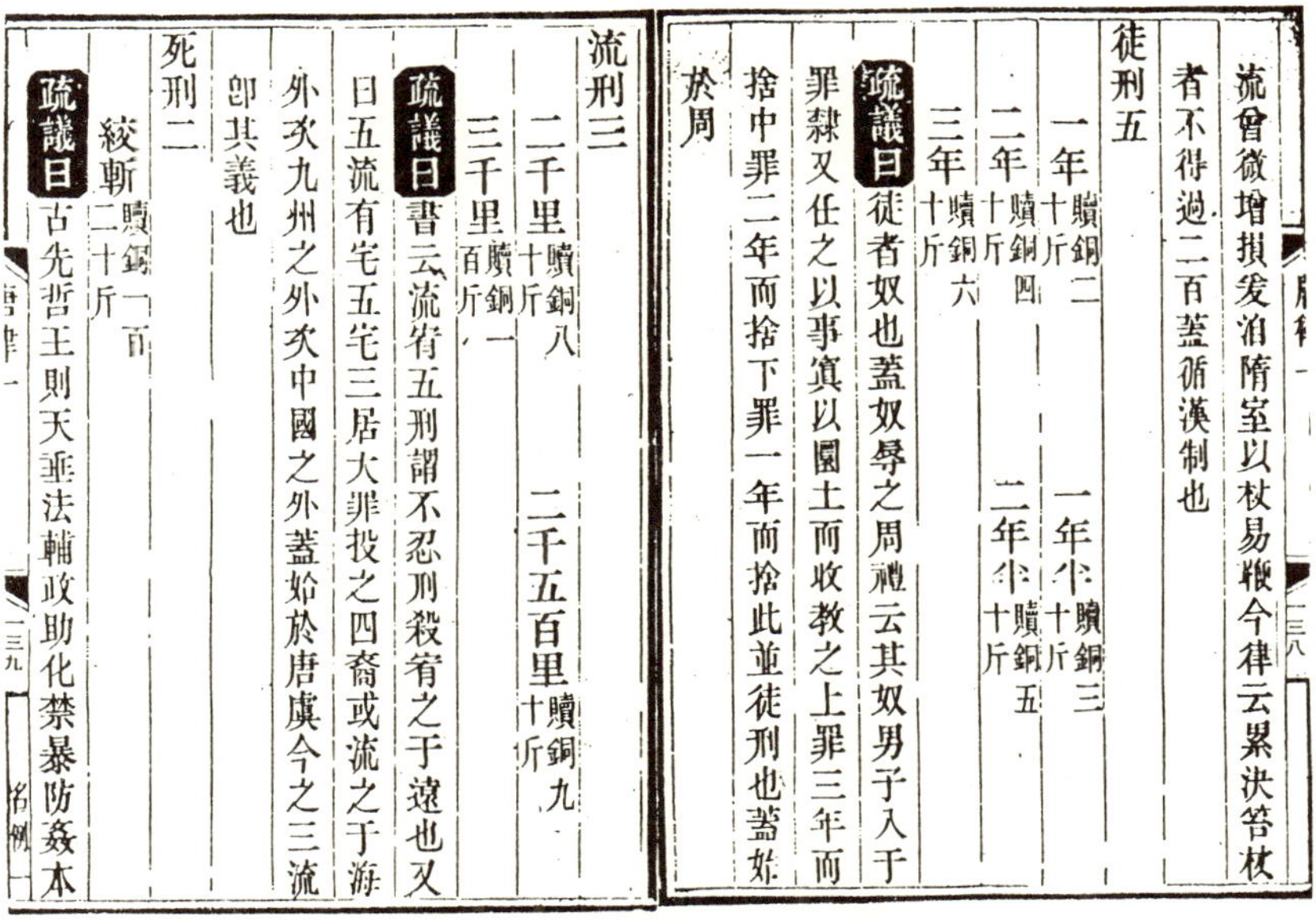

流曾微增損爰洎隋室以杖易鞭今律云累決笞杖
者不得過二百蓋循漢制也
徒刑五
一年 贖銅二十斤　一年半 贖銅三十斤
二年 贖銅四十斤　二年半 贖銅五十斤
三年 贖銅六十斤
疏議曰徒者奴也蓋奴辱之周禮云其奴男子入于
罪隸又任之以事寘以圜土而收教之上罪三年而
捨中罪二年而捨下罪一年而捨此並徒刑也蓋始
於周

流刑三
二千里 贖銅八十斤　二千五百里 贖銅九十斤
三千里 贖銅一百斤
疏議曰書云流宥五刑謂不忍刑殺宥之于遠也又
曰五流有宅五宅三居大罪投之四裔或流之于海
外次九州之外次中國之外蓋始於唐虞今之三流
即其義也
死刑二
絞斬 贖銅一百二十斤
疏議曰古先哲王則天垂法輔政助化禁暴防姦本

図三　光緒庚寅刊『唐律疏議』第一巻名例律
『唐律疏議』東海書店・1968年刊

王達が拷杖下で死んだ時も律の規定が守られたか知る由もないが、天皇親決の場合にはこの規定も反古となったのではあるまいか。参考の為に決杖笞の例を右表に示す。

徒刑も笞・杖刑と同じく五等級に分けられている。今日でいう懲役刑であって、一年から始まり半年毎に一等を加え三年が最高刑期である。徒囚は労役に就く場合、盤伽をつけ[28]二人の防援者が配せられる[29]。徒囚は労役期間中を私粮で生活するのだが、食糧の供給が常ならざる場合や貧困の為供給不可能な場合には、他家に嫁いだ女子から五十日間の食料を受け、以後は国の支給によって賄なわれる[30]。徒囚は国衙の獄舎で毎日を過ごさねばならない。獄舎では紙筆と兵仗（酒・金刃・銭）杵棒の類は持ち込まれなかったが、すべて薦蓆を支給され、徒囚が病気になった場合には医薬品を支給され[31]、重症の際には枷杻を取外され、看病の為に家族一人だけが入舎することも許された[32]。

現在において在監者に逃走や暴行或いは自殺の虞

れがある時には、監外では戒具を使用する。[33]又、受刑者の健康には十分注意がなされている。しかし、重病者は病院移送の規定で治療をうけるが、家族の看病を認める令の如き規定はさすがにない。受刑者が家族と会えるのは「接見」を許可された場合に限られている。[34]行刑の規定にみられる時代の差を考えると昔日の感ひとしおである。[35]

徒囚の仕事は『獄令』に就役地の「官役」と記すが、『延喜式』巻二十九刑部省の囚獄司に道路や橋の造作や京内にあっては宮城の四面の掃除・雨後における宮内の穢汚や厠溝などの溝掃を行う事を定めている。女囚には縫作りや米つき仕事が当てられた。永年の刑期を無事に終えた徒囚は、在役期間中の生活行動書が刑部省に送られ、彼等の本貫地へ逓送されて放免になる。しかし、刑期中途で死亡した徒囚で親戚なき場合には、閑地に仮埋葬されてそこに姓名を記した牓が立てられた。[36]『延喜式』には徒囚死亡に際して国司が、徒囚の姓名・年齢・死亡場所・就役年月日を詳細に刑部省へ報告しなければならぬことを義務づけている。そして『令義解』巻九『喪葬令』墓皆立碑条には、

凡墓皆立碑。記具官姓名之墓。

とあるから、墓には碑を立て官人でない場合には姓名だけを記す凶礼の精神が獄囚にも適用されるのであろう。『続日本紀』養老五年（七二一）十月には太上天皇詔で、墓地に常葉の樹を殖え、刻字の碑を立てよ、とみえる。ここにいう碑とは『令義解』に「謂碑者、刻石銘文也」と解釈されているけれども、この詔が尊重されてその後石を刻む碑がどの程度一般化したか疑問である。零細者が多かった時代には、木を植えるのがせい一杯であったと思われる。徒刑の実体について正史では明らかでない。しかし、『日本紀略』天延二年（九七四）十一月十八日条には、詔で徒罪以下「例に依」って免じているから、十世紀後半には徒罪原免が恒例となっていたことが窺われる。数少ない徒罪関係は左表の如くである。

年月日	内容	出典
天武7・9	瑞稲五茎献上で徒罪以下悉赦之	日本書紀
延暦18・6・丙申	見禁・在役見徒すべて赦除	日本後紀
延暦22・11・壬辰	詔　徒罪以下　咸赦除	類聚国史
弘仁13・11・丁巳	詔　〃　従免除	〃
承和8・11・丙辰	詔　〃　免除	続日本後紀
貞観12・11・壬辰	詔　〃　〃	三代実録

年月日	内容	出典
元慶3・11・庚辰	詔　〃　従寛免	三代実録
仁和1・12・15	私彫二官印　絞刑→徒刑	〃
長和1・11・25	詔　徒罪以下原免・依　朔旦冬至	日本紀略
正暦4・11・15	詔　〃	〃
天延2・11・18	詔　〃　依例也	〃

五刑の第四番目「流」は笞・杖・徒の五等階と異なり、近・中・遠の三等階に分かれている。我国の「流」は二千里・二千五百里・三千里と規定する『唐律』と違って、中国における量刑と規定が少し違っている。

中国では流・徒の両者が北魏以前に分かれていなかった。『北魏律』に労役刑の分化がみられ、『北周律』によって徒・流ともに五等級に分化をみたという[37]。そして『北周律』を主に参考とした『隋律』は、流の五等刑を三等刑に改めている。『九朝律考』巻八、『隋開皇律』の刑名によれば、三等級の流は一千里・一千五百里・二千里と唐の規定より流配地の距離がそれぞれ一千里短い。内容の点では、隋の居作期間が唐のそれに比べて長いので、何れが受役者に喜ばれたか明言できないが、人情的見地に基けば本貫地に近い所の居作労働を定める『隋律』の規定の方が受役者に喜ばれたと思われる。　一方わが国の流配地は『獄令義解』に、

謂。其定二遠近一者。従レ京計之。

とあるので、距離換算の基点が京である。中国において受刑者の本貫地を基点とするのとは異なる。流刑に処せられた者は大化改新以後にかなりあったらしく、先にみた笞・杖・徒刑処分をうける者よりも正史に多く記録されている。

『続日本紀』神亀元年（七二四）三月庚申条に、定めた三流の国々によると遠流が六国（伊豆・安房・常陸・佐渡・隠岐・土佐）で、中流は二国（諏方・伊予）で、近流は二国（越前・安芸）である。

この規定は平安時代の延長五年（九二七）に撰進された『延喜式』にもその儘踏襲されているから、神亀元年に制度化された流刑地に対する認識は、その後の法官にとって改正の意思がなかったことを示す。しかし、神亀以後延長に及ぶ二百年間の流刑地には、この原則規定とくい違っている。遠流では下野、壱岐・能登・越後・上総・下総・日向・薩摩等があり、近流では淡路がある。これらの国々は神亀制度より数において遥かに多いから、神亀以後の法官は規定に拘泥せず、寧ろ変化に富んだ流刑地を指定して実体的効果を狙っていたと解される。又、神亀の制度以前の流刑記録でも、遠流の例に上野・血鹿嶋等があり、中流に飛騨・甲斐等が出てくる。近流に因幡があるので、神亀の規定は従来の判例を基にしたのでなく、実体にややそわない形式的なものもあったと思われる。(38)

さて、流罪処分をうけた者はどの様な生活を送ったのであろうか。『獄令』の規定を参照して考えてみたい。流囚は刑確定後直ちに配所に逓送されたのではない。彼等は四季に分けて一括して配処に送られる。『獄令』十三条に、

凡流移人。太制官量配。符至。季別一遣。若符在季末至者。聴与後季人同遣具録応随家口。及発遣日月。便下配処。

とみえ『令義解』に、太政官が刑部省及び関係国司に「配流状」を下符して彼等を配処へ送達するという。しかも、その流囚送達時期は年四回に定められて季別に一度に実施されるものであった。だから、三・六・九・十二月の各季末に太政官から配流状が出されると、当該流囚は次季の配所送達日まで配所へ送られることはなかった。流囚は配所へ送られる時には妻妾を必ず同伴させねばならず、(39)妻子が遠くて送達日に同行不能となれば、妻子の到達する迄流囚は随近の所で公役に就くのが原則である。(40)この規定から推すと、季別一回の流囚送達日に妻子が同行できない時には、次季の送達日まで流囚は留置されることになる。(41)一家揃って流囚が護送される途中では、護送責任者の専使（部領

使）が管轄地域の兵士と共に防援の任に当たり、食糧の心配から或いは伝馬の調達までもした。というのは、流囚の護送には日程が限られ、必要以上に停留することが許されないからである。だから、部領使が流囚を日限内に配所へ護送できない場合、配所の国司は実状を推断して太政官へ報告する義務があった(42)。即ち、流囚の護送には厳格な規制が設けられていたことがこれによって窺える。配所にあっても流囚と生活を共にする妻子は、自由に配所を出て本貫地に戻ったり他所へ赴くことはできない。行方不明になった場合、配所の国司は太政官へ使状報告の解を出すから、官では直ちに全国へ指名手配書を下符して行方不明者の捜索が行われたのである。

太政官が採った緊急手配に次の事例がある。『三代実録』、貞観十五年（八七三）六月甲寅条に、武蔵国に配置した新羅人三名が姿を隠したとある。この時に太政官は「京畿七道諸国」に対し、三名の捜捕令を出している。又、同実録、元慶三年（八七九）四月辛酉条にも武蔵国に配置した新羅人五名の逃亡を記録している(42)。この折にも七道諸国に逃亡人捜索の『太政官符』が出されている。流囚や流囚の家族逃亡にもこの様な措置が採られたものと思う。流囚の配所における生活は、労役に従事する場合徒囚と同じくすべて鈦もしくは盤枷をつけねばならなかったし、二名の防援者が附添うことも変りがない。流囚も人の子であり、両親の死には哀しみを抱くし、身持ちの婦囚が月満てば子を生む。令ではこの様な際にそれぞれ規定を設けて、囚人に対する配慮を図っている。在役中に父母の喪に遭えば休みを五十日許されるし、配所に赴く場合であれば十日の逗留を認められる(43)。又婦囚が護送される途中で出産する時には二十日の休みが与えられた。この折には同行の他囚も待機させられ、休みの恩恵に与かるのである。又、在禁中に臨月となった婦囚は拘置を解かれ、出産後三十日まで労役を免かれる。律令時代における法の恩恵はかくの如く儒教理念に基づく人情を反映している。これら司法政策の概説には滝川政次郎博士の『日本法制史研究』が参考になる。

ここで奈良・平安時代に流罪となった官人の歌を一首ずつ挙げて、流囚の心境を偲ぶこととしよう。『万葉集』巻三に穂積朝臣老の歌一首が載っている。

吾命之　真幸有者　亦毛将見　滋賀乃大津尓　縁流白浪（二八八）

老は養老六年（七二二）正月、乗輿を指斥する罪によって斬刑を宣告され、皇太子のとりなしで死一等を免かれ、遠流の処分となって佐渡に送られた。指斥乗輿罪の早い例は、『日本書紀』天武六年四月壬寅条に、村田史名倉が伊豆島に流された事例がある。指斥乗輿については『職制律』第二十九条に、

凡指㆓斥乗輿㆒、情理切害者斬。言㆓議政事乖失㆒。而渉㆓乗輿㆒者上請。非㆓切害㆒者、徒二年。

とある。律の注に、「謂。言議乗輿。厚情及理。倶有切害者」と説明するように、心情と道理が共に乗輿に関して「そこなう」ものであれば、斬刑になるのである。老はこの『職制律』に抵触したのであった。歌意には配流途次の悲しみが窺われるが、実際には『万葉集』巻十三・三二四一に残る「天地を歎き乞ひ禱み云々」の句の方が、配所に赴く心境でなかったかと思う(44)。何れにせよ恩赦を期待し得ない護送された直後の老の気持は、二度と志賀の白浪をみる機会がない淋しさの極限であったと考えられる。次に承和五年（八三八）十二月、詔使対捍罪で絞刑の宣告から罪一等を減じられて、隠岐へ遠流処分となった参議小野篁がいる。篁は処分を受ける半年前、遣唐副使に任命されていた。ところが、篁は遣唐船舶の順位命名で不満を抱き、故意に病気と称して副使の任を忌避し、その上、西道謡を詠んでこの役を諷したのである。その歌詞は嵯峨太上皇に触れる意味があったため、上皇の逆鱗を買って篁は流罪処分となった(45)。篁に対する罪条は、

内含綸旨、出使外境、而称病故、不遂国命。

とみえることで、前掲の『職制律』の条文に続く、

対捍詔使、而無人臣之礼者絞。

の事項に該当する。この際に篁は当時内蔵助であった藤原良相の尽力によって絞刑から遠流処分になったという(46)。とにかく篁は死一等を減じられて隠岐の配所へ赴いた。その時に篁が詠んだ歌が、

わたの原　八十島かけて　漕ぎ出でぬと　人には告げよ　海士の釣船（『古今集』四〇七）

である。この歌には老の詠んだ様な悲愴感が出てないが、篁の心中には寂寥の感ひとしおであったと思われる。

三　死刑と行刑制度

五刑の最後が死刑である。これには絞と斬の二種があって斬の方が重いことになっている。正史を通じて恩赦記事の中で共通する言葉として「犯二八虐、故殺、私鋳銭、強盗二盗一、不レ在二赦限一」という文句がある。時代によってはこの他に「欠負官物之類」・「謀殺」・「官人枉法受財」・「監臨主守自盗」等の句が入る場合もある。これらの挿入句はその時代の犯罪現象が顕著であることを示す。然し、「不在赦限」の言葉が「常赦」の中に含まれないことは、刑罰規定の中で犯八虐以下が人道上許し難い性質の犯罪であることを反映している。『名例律』に載る八虐とは一、謀反。二、謀大逆。三、謀叛。四、悪逆。五、不道。六、大不敬。七、不孝。八、不義をいう。特に「謀反」については、正史に記録しているので、これを分析することで死刑の全般的な理解に代えたい。律では謀反を次の様に説明する。

謂。謀レ危二国家一。〈謂。臣下将レ図二逆節一。而有二無レ君之心一。不三敢指二斥尊号一。故託云二国家一〉

『唐律』では「国家」を「社稷」としているから、わが国の律編纂者は「社稷」の二字を「国家」に代えたことが分かる。文字を改めることで内容が変った様にもうけとれるが、『唐律疏議』の文がわが国の律注にその儘用いられているので、内容に大きな変化をもたせたとは考えられない。さすれば国家を危うくさせるとは、天皇を害し或いは害そうという犯意を抱くことを指す。天皇＝国家の思想は、個人の集合体である国家の支配者が人主たる天皇であることに基づく。個人的法益を侵害することが犯罪であるから、個人の紐合体である人主を侵害することは犯罪の最高で、一人（いちじん）の概念も人主から生まれたものである。この様な支配者の全人格が国家と見做す思想は、ルイ十四世の「朕は国家なり」の言葉によく顕現されているように、絶対主義思想の華やかな時代に高揚された。

律令思想が浸透して古代の慣習法が律令と交代をみる大化改新直後、律令時代最初の謀反事件が起こった。蘇我倉山田石川麻呂の謀反である。事件は石川麻呂が皇太子をしこったという同族の蘇我日向による中大兄皇子進言に始まる。時は大化五年（六四九）で改新後四年を過ぎていた。改新時の人心の動揺も漸く鎮まり、改新政治が軌道に乗っている時に突然生じた事件は、やはり氏族間の勢力争いが原因であったと思われる。石川麻呂は天皇の使者に事実を釈明する折、天皇に直接陳べたい旨を伝えている。『日本書紀』には再度使者が石川麻呂宅へ遣わされ、三度目には武力行使に入ったことを記している。直接奏言の途をとざされた石川麻呂が一旦は誅殺の難を逃れたが、利あらずを覚って自経（自分で首をくくる）して果てた。ところが大臣の資財整理に当たった使者が、皇太子宛の書と贈物を発見して委細を中大兄に言上したことから、事情は急変する。石川麻呂の赤誠心と皇太子の悔恨の様を記す謀反事件の真相を追うと、行刑の観点から、自経した石川麻呂に加えた物部二田造塩の行動が注意を惹く。物部二田造塩は石川麻呂の頭を斬るとき、

抜二大刀一刺二挙其宍一、叱咤啼叫、而始斬之。

という。ここに云う物部二田造塩は行刑の任に当たる令制下の「物部」の吏で、在京の囚人が労役に就く際の防援者にもなった人物であろう。律令時代の物部が獄史として活躍する背景には、古代において武器を執り常に第一線に馳せ参ずる武人の血筋を引くからであった。舒明即位前紀に、来目物部伊区比なる者が蘇我蝦夷の命で、境部摩理勢を絞ったとある。又、斉明四年（六五八）十一月条に有間皇子の逮捕に物部朴井連鮪なる者が活躍している。伊区比と鮪は共に物部の姓をもつ、武人であり、その職掌から行刑の仕事に関係した下級役人である。又、欽明二十三年六月に、馬飼首歌依を廷尉が鞫問すること厳しく、歌依は無実無根を訴えて拷問死したことが記されている。『欽明紀』の廷尉は日本の令制にない秦の官職・朝廷で罸《トラ》（尉）えた奸人の聴訟に与かる兵獄官であるが、その実体は刑獄を専ら掌る刑部省被管の囚獄司で決罰を行う令制下の「物部」に当たるものである。『日本書紀通釈』に、

この廷尉。即囚獄の官にて。（中略）右の囚獄をは。上古には如何なる人か掌りしと云ふに。これは物部連か。あつかり掌りしものにて。其部下なる物部を率ゐて。罪人をは主当したるなり。云々

とみえる。この様に物部が行刑に携わることは、律令時代以前からの職掌をうけつぐもので、物部二田造塩の例から、古代の行刑の姿がくみとれよう。物部は殺人行為後その死体の肉を刀の先に突き刺し、大きな声でわめく行為をしたが、これは戦いの後の勝利を祝ぐ古い時代の素朴なおどりであったものと思われる。『唐断獄律』に、

諸断罪。応絞而斬。応斬而絞。徒一年。自尽亦如之。失者減二等。即絞訖別加害者。杖一百。

とある該当条文はわが国にもあったと思われるが今は残らない。しかし、この条文がわが律に採用されていれば、二田塩の行為は杖一百の処分に該当する。二田塩の行為は、律令制度過渡期の行刑の姿を示す好例と言えよう。

次に、戊午の変で絞刑処分にあった有間皇子の例が参考になる。謀反事件における逮捕から行刑までの過程が、大津皇子や長屋王の場合と同じである。(48)三例とも謀反という罪名が同じで、しかも皇族が処刑されていることが共通の第一点である。共通の第二点は、謀反発覚と同時に逮捕され、窮問・判決が行われた翌日に大辟罪の執行があったことである。大津皇子と長屋王には『獄令』の規定が生かされて

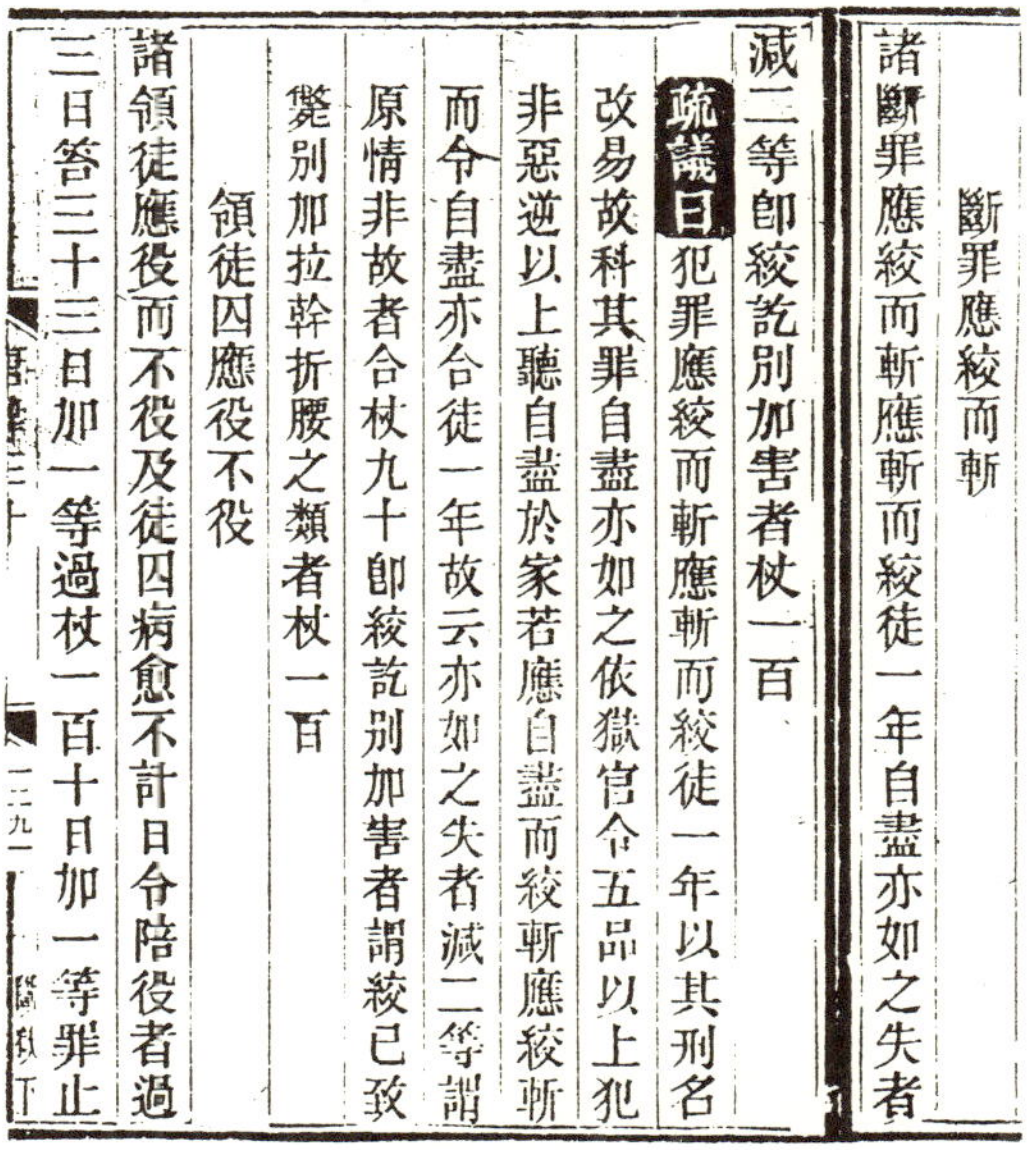

斷罪應絞而斬

諸斷罪應絞而斬應斬而絞徒一年自盡亦如之失者減二等卽絞訖別加害者杖一百

疏議曰犯罪應絞而斬應斬而絞徒一年以其刑名改易故科其罪自盡亦如之依獄官令五品以上犯非惡逆以上聽自盡於家若應自盡而絞斬應絞斬而令自盡亦合徒一年故云亦如之失者減二等謂原情非故者合杖九十卽絞訖別加害者謂絞已致斃別加拉幹折腰之類者杖一百

領徒囚應役不役

諸領徒應役而不役及徒囚病愈不計日令陪役者過三日笞三十三日加一等過杖一百十日加一等罪止

図四　『唐律疏議』第三十巻断獄律
『唐律疏議』東海書店・1968年刊

自尽を許されている。有間皇子には自尽は許されないが、大辟罪の執行時間が『獄令』の規定にある「未刻」直後と推断されるところから、やはり律令の行刑思想の事例として認められる。

謀反の事例として壬申の乱があり、中臣連金の行刑は律令時代過渡期の姿を物語るものとして無視できないものである。壬申の乱については先学の論考があるが、乱の結末については意外に簡単である。そして論考の多くが乱の責任者に言及する際、被処刑者中に大納言紀臣大人の名がみえないことに注意をひくが、中臣連金に対する極刑については、説明がみられない。金が乱後に極刑をうけたのにはそれなりの要因があったのである。有間皇子の行刑と考え合わせて、金について述べる理由は律令時代過渡期の行刑を知ることの重要性にある。壬申の乱では近江軍の最高指揮者であった大友皇子が、武運拙なく七月壬子日に山前で自決してその幕を閉じた。その翌癸丑日、近江朝の左右大臣以下重臣等が一斉に捕えられ、大友皇子の頭と共に不被宮へ護送されたらしい。翌八月甲申日にいたり天武天皇軍の実質上の指揮者高市皇子から、中臣連金を初めとする重罪人以下の処分が行われる。『日本書紀』には重罪の八人中、金だけに説明があって他の七名にはない。これは処刑者中の筆談を掲げ、右大臣の金が近江朝廷側の責任を問われた裁判結果の斬刑記事のみを残したものと理解できよう。正史の記録には「仍」を用い、前文の裁判記録を省き、

仍斬二右大臣中臣連金於浅井田根一。

とある。金は不破宮で判決をうけたのであるから、宮の近所で処刑されるのが常識である。ところが、七里余りも宮から離れた浅井郡の田根に、(49)金は移された。その理由はどこにあるのであろうか。ここで想い起こされることは、金に採られた行刑手続が、二十五年前の有間皇子の時に採られていることである。有間皇子は湯崎（白浜）で死刑の申し渡しをうけ、その日の午後に判決場所から推定七里余の場所で処刑された。有間は皇族の故を以て斬刑より軽い絞刑処分をうけている。即ち、この時点で古来の刑法思想が、新しい唐の律思想に代る行刑の姿を認めねばならない。(50)有間皇子には窮問・伏弁・判決・行刑の諸手続が、大津皇子や長屋王の謀反事件で採られたのと同一なのである。金

の場合を考えると、有間皇子がうけた絞刑処分の当時より、唐の律思想がよく浸透していたと考えねばならない。だから、行刑手続を示す『唐獄官令』の規定上、行刑日に一回の覆奏で金は処分されたことは疑えない。壬申の乱後、中臣連金に対して採られた行刑は、『隋令』の精神を引く規定に基づくものである。[51] だが、戦時下の軍法であるから、現実に三覆奏の手続は省略されて、金は判決日に斬刑となった。『日本書紀』には金に関する詳しい記録がない。ここで、金に対する行刑場所と時刻に注意したい。処刑地が判決場所から戌の方向に当たり、不破宮から田根迄に要した時間は、朝の出発としても午後になる。『唐獄官令』の規定では未刻以後を行刑時間とするから、金も未刻以後に処刑されたものと推断される。

有間皇子と中臣連金の二例から、律令採用後のわが国における死刑執行は、判決場所より遠く離れた他処で行われるのが、『大宝律令』制定以前における行刑の実体と推断される。護送方向が戌であることも、律令施行当初における死刑執行と関連があるらしい。金の行刑に保守的な因習がある様に考えられることから、有間皇子の場合にはその因習が更に強いものであったと考えてよいだろう。

次に行刑の実体を変えてゆくものに、嵯峨天皇の在位中に創設された検非違使の活躍と弘仁十三年（八二二）二月七日格の施行がある。周知の如く検非違使は、嵯峨朝に入って高まってきた京都内外の治安悪化を収拾する為に創設された令外官である。当初は京都内外における巡察及び盗賊・無頼漢の追捕をその主職掌としたが、創設後間もない承和年間には京内の水害に際して恤救作業をも職掌範囲としてきた。行刑制度より眺めて検非違使の創設される背景には、弾正台の無能が認められる。弾正台は和名を「タタスツカサ」と云い、検非違使の職掌である京都内外の巡察と非違の糾弾をその本務とする。京の治安を一手に握る弾正台も嵯峨朝に入ると、増加する犯罪者に抗しきれなかった為に弘仁四年に少疏一員と巡察弾正二員が増強された。しかし、この増員も何ら効果はなかったものとみえ、検非違使にその本務を委ねるようになった。文化史上、嵯峨天皇が果たされた業績は測り知れないが、それにもまして行刑史上に残された業績はそれ以上に評価されるべきものである。検非違使の行動には宣旨で支援した。例えば弘仁九年の宣旨で検非違使は、犯盗の者を労役に就かせ、年限を顧慮せずに使役して犯盗者の生命を失わせたという。[52] 又、弘仁十一年十一月に検非違使は宣旨をうけて、贖銅者の未納処理に一役買っており、同十二月には次の宣旨をうけている。

検非違使所掌之事、与弾正同。臨時宣旨。亦糺弾之。

この宣旨で検非違使は、法的に弾正台の職務である「糺弾」権を実質的にうけつぐことになった。もはやこの段階で弾正台は検非違使にその本務を奪われていたと言えよう。この様に検非違使は宣旨を背景にして弾正台の職務を浸蝕してくる。これは宣旨が、勅断の形式を採った新制度であり、それだけに嵯峨天皇が治安対策に注がれた意図を示すものである。従って承和六年（八三九）の勅で、[53] 従来の弾正台の職掌を検非違使に委任していることは、表向き仁明天皇の勅であるが嵯峨太上皇の指示に基づいたものと思われる。後に検非違使がその権を擅にするのも、実は宣旨を錦の御旗にする思想を踏襲したからである。検非違使の創設更にそれ自体の強化は、律令法の運用面で時宜に即した姿とみる。審理主義に基づく行刑も律令法の運用で効果が薄れる時代の姿を反映し、世情に応える即決主義の剛直性に対し断獄に柔軟性を加味した施策が死刑停止であったと思う。

律令時代の行刑に関する特色としての死刑停止は、制度として格に載っていないので、『断獄律』に載る「人主権断」権執行と言わねばならない。利光三津夫氏は嵯峨朝における死刑停止の理由につき、その主要因が唐玄宗皇帝による死刑停廃行為の模放にあると述べられ、[54] 更に死刑停止永続の要因が死穢の忌避と仏教の因果応報説及び怨霊恐怖思想であると言われる。[55] 死刑停止を制度面だけから見れば、唐の死刑停廃制度に倣うものと言える。がしかし、この制度的死刑停止が弘仁年間に行われたとする通説を恒例化の論拠におくことに、些か疑をもつ。それは問題となった格の文意だけでは根拠薄弱と解されるからである。そこで格文を示して考えたい。

応定罪人配役年限事
右大臣宣。奉　勅。夫配徒之輩既有年限。至於役使豈期終身。静而言之事渉深刻。但両京之内犯盗者衆。若不折衷何将懲粛。自今以後。宜犯徒一年者加半年。犯二年三年者各加一年。杖罪以下亦徒一年。若犯三流者各役六年。其犯死罪別勅免死十五年為限。若役畢之後不悔前過。亦有犯盗。或為人凶悪為衆人所明知。或量其意況難恤之色。並是終身配役不可放免。但女人者減男之半。（下略）

この文は『検非違使解』に始まり、『弘仁九年宣旨』に続くものである。死刑については「別勅」[56]により、十五年の換刑となっていることが分かる。従来、死刑停止の関係文句だけが注意されているが、ここで問題となるのは死罪も杖罪以下の労役と並ぶことである。これは後文の「終身配役」の内容に通じるもので、格文に流れる文意は杖・徒罪の量刑を律の規定を超えて加え、流・死罪を労役に換刑し、国家及び個人の法益を侵害する者には終身役にすることに尽きる。これらの犯罪者が労役に必要とされる理由としては、公民の税祖貢納が関係していたのではあるまいか。先に平城天皇が観察使を置いて緊縮経済政策で国庫の充実に力を注がれたが、その後の嵯峨天皇時代は前朝に反動的な放漫政策で国庫が空虚になった時代である。豪奢生活を好む嵯峨天皇の性格がそのまま経済政策に反映したのである。弘仁年間は奢麗の気風が漲ぎり、王公貴人は好んで鮮衣を身につけた時代で、[57]唐風模倣の諸式礼容が重んじられて貴族社会では消費生活謳歌の時代であった。このため国庫は疲弊し、京畿の百姓に調銭の増加となり、[58]鋳銭への依頼度を強くする方向を律令政府は採っている。[59]その為弘仁九年頃から政府は窮乏化対策を押し進め、五位已上の封禄の支給額を停減して、[60]国庫の減少対策に努めている。しかし、右大臣藤原緒嗣の奏文から窺えることは、この時代の特色が

人疲差役、税損供給、夫君無争臣、安存天下、民憂未息、天災難滅、非一人天下。

という様に疲幣しきった様想を呈していることである。弘仁末期には事態の収拾は政府の力で無理な為、恥を承知で政府は実録富豪者の財に頼って困窮者の救済をする情[61]無い状態であった。これらの事実から弘仁十三年の死刑停止の

格は、政府の窮乏化対策の一貫として採られた臨時の処分で、国庫の充実が果たされた暁には死刑が復活される意味の趣旨と理解する。現実には国庫の充実が望めず、時代を下る毎に更に悪化の経路をたどったので、この死刑停止の臨時処分が生かされたのである。私は死刑停止の傾向は嵯峨天皇の退位で帝位に退かれた淳和天皇時代に形成されたと思う。その理由は検非違使の創設と強化による司法制度改革と、『弘仁十三年格』による量刑加重の思想、及び帝王として出す恩赦の大権行使が規模の小さいことにある。[62] 尤も、『日本後紀』が散逸している状況下での推測は困難であるが、しかし、逸文として残る恩赦記事が流罪を省く徒罪以下であることは、死刑停止に対する慈恩に公平さを欠く。

歴朝に見られる帝王の恩赦は、嵯峨天皇を例外として大赦が行われている。淳和天皇もその例外でない。淳和朝には新嘗宴会の停廃を始め、天長元年（八二四）八月廿日格の六条に見られる現実主義政策等の実施、大同年中に廃した勘解由使の復置・巡察使の任命等、嵯峨朝に比べてみるべき面がある。巨視的に眺めて前朝の方向より柔軟性を帯びてきている。これは制度の改革と無関係ではなかろう。僅かに天長五年に萩原王を射殺した大中臣春継の伊豆配流、翌六年に妾の飛鳥戸造福刀自売を殺した藤原全継の遠流処分の二例が、淳和朝の大赦記録として残されている。後者には死罪一等減免処分を記しているが、この時点では先の『弘仁十三年格』の有効期間中であるから、大赦記事中に『弘仁十三年格』に何か触れてほしいところである。全く先の格で無視されていることは、『弘仁十三年格』と後の恩赦とは別個に考えられていると推定されてくる。前者は先述した如く、財政再建の一翼を担って犯罪者を労役に就かしめる臨時処分であり、後者は通常の恩赦なのである。死刑停止の風潮は、この恩赦による死罪一等減免処分の恒例化にその因をなすものであると思う。従って死刑停止の時期を弘仁とする『大日本刑法志』・『保元物語』・『東鑑』・『霊異記』等の文句は、何れも弘仁年間より遥かに時代の下って成立したものであるから、信憑性に乏しいものと考えるべきであろう。『東鑑』所収の院宣中に死刑停止の記載がある。これは公文書でありその信憑性を認めるべきであろうが、何分にも弘仁より四百年後の記録であり、院宣の内容にみられる死刑停止記事が事実を伝えるものであるとは推定できない。

これを要するに、『弘仁十三年格』は経済政策を考慮した臨時の『犯罪者就役令』であり、律令体制維持を目的としたわが国独自の法令である。律令政府はこの後司法政策上刑部省判事の定員を減員し、行刑政策に変化を起こさせ、一方、経済政策上私田の増加を阻止できず国庫を破滅に追いやってゆく、即ち、中世への傾斜を深めてゆく。時代の推移と共に、政権は貴族の手から次第に武士の手に委ねられる。と同時に犯罪者に対する行刑も武士の性格を臭わせてゆく。律令時代の行刑はその推移過程で、弘仁の時点が前述した様に注目されるべき一転機だと思われる。

むすび

以上縷述したことを簡単にすると、死刑に関して形式的な覆奏となっている唐に比べ、わが国の行刑手続は厳しい。わが国が母法とした行刑は、大陸の文化制度と日本古来の行刑とが融合して洗練化された。それは、大化改新後の蘇我石川麻呂事件でみた様に、物部二田造塩が行う古い行刑の名残に窺われた。又、壬申の乱後にみられる中臣連金に対する死刑から、その頃までの過渡期の行刑には判決場所から或る距離の地点が処刑場所とされる慣習があった。律令時代には、疑罪が無罪と有罪の中間にあって、かなり適用されたらしい。『明文抄』二に「疑罪軽国之茂範」と記されると記述される事から窺われる。そして、律令には特定人格者に対して、行刑の内容を軽くする精神があったことを『獄令』によって知り得た。刑罰の種類として、五刑の由来とその実例を正史を中心に眺めると、行刑が政の一つとして当初には朝廷で行われたが、支配機構が専門化することによって行刑の場にも変化が認められる。実体上、行刑に用いられた杖による決笞と決杖が量の差であり、刑確定後の決杖よりも寧ろ考杖が生命を落とさせるものであった。しかも、刑確定以前の拷訊に使用される杖は、行刑の領域で大きなウエイトをもつものであった。即ち、拷杖の実体として挙げた中臣王の死がその好例である。しかもこの場合天皇の親決が令の規定を超えるものであったことにも言及した。死刑についての流配地が法令通りでないことも注意に値しよう。行刑制度の変化する中で、検非違使の創設と発展が影響を及ぼしていることは疑えない。形式を捨て実益を尊ぶ風潮が平安朝に入って培われたものか、或いは唐における死刑に代る肉刑の進歩が犯罪者就役の令背後にあったのかも知れない。

何かにつけて唐の制度を範にしたのは弘仁以前であって、その後の政治的な諸施策は日本国内の動勢に対処する独自のものと考えられる。従って行刑制度を考える場合、嵯峨朝の検非違使創設及び『犯罪者就役令』公布は、律令時代の転機を知る目安として今後一考を要するものであろう。

註

（1）利光三津夫「解部考」『律令制とその周辺』慶應義塾大学法学研究会叢書17・昭和四十二年刊・所収二五〇頁。
（2）滝川政次郎「本邦律令の沿革」『律令の研究』刀江書院・昭和四十一年復刻版・所収一四二頁。
（3）仁井田陞『唐令拾遺』獄官令六参考一所引「宋刑統断獄律巻三十」東京大学出版会・昭和六十四年覆刻版。
（4）『旧唐書』巻三　初令天下決死刑、必三覆奏、在京諸司五覆奏。
（5）『三国史記』高句麗本紀第十　宝蔵王八年四月。
（6）『隋書』刑法志開皇十二年、詔、諸州死罪、不得便決、悉移大理、案覆事尽然後上省、奏裁。
（7）同志　開皇十五年、制、死罪者、三奏而後決。
（8）仁井田陞『中国法制史研究　刑法』東京大学出版会・一九五九年刊・一〇四・五頁。
（9）仁井田陞　註（8）前掲書五七頁。
（10）『尚書』「刖」を「剕」につくる。
（11）三田村泰助『宦官』中公新書7・中央公論社・昭和三十八年刊。
（12）仁井田陞　註（8）前掲書六四頁。
（13）国学基本叢書、五雲五主編『唐律疏議』台湾商務印書館・中華民国四十五年四月刊。

(14)「律令格式の研究」『法制史論叢』第一冊・角川書店・昭和四十二年刊所収。
(15)団藤重光『刑法』弘文堂・昭和三十年改訂版第一刷。三四頁。
(16)『名例律』七十以上条。
(17)滝川政次郎　註(2)前掲書一七〇頁。
(18)『武智麻呂伝』は文飾のために漢籍語句、就中、『芸文類聚』・『初学記』引用の事例が多い。例えば伝に「公導之以徳、斉之以礼」とある句は、その出典を『漢書』刑法志に求められるもので、有名句である為『史記』酷吏列伝・『晋書』刑法志・『梁書』徐勉列伝・『魏書』刑罰志・『隋書』刑法志にも引用されている。しかし、伝作者は上記の漢籍を引用したとみるより、『芸文類聚』巻三八礼部に「論語曰」としてこの句を引用したものを出典としたか、或いは『北堂書鈔』巻二十七論政に引用しているものを出典としたか何れかであろう。又、伝作者は漢籍を引用する際に、「論議持平、合和朝廷」(『漢書』巻六十・杜延年伝・中華書局・一九六二年刊)を「至有朝議、持平合和、朝廷上下安静」に、「其決獄平法――加審慎之心(『初学記』巻十二、大理卿、事対　所引『漢書』于定国伝)」を「決疑平獄、必加審慎」に、「無言不讎、無徳不報(『毛詩』大雅・『礼記』・表記所引詩・『謝宣城集』所収酬徳賦・『後漢書』顕宗孝明紀所引詩・『芸文類聚』巻三三報恩)」を「徳無不報言無不酬」にそれぞれ改めている。最後の事例では、伝作者は「徳行感神敢無被害者」と叙述するが、『日本書紀』顕宗二年八月己未朔条の「老賢曰、言無不酬、徳無不報。――陛下饗国、徳行広聞於天下」の語句を引用したのかもしれない。何れにせよ伝作者は修辞の為引用文句を四六騈儷体に整える作業を行っている。武智麻呂を顕彰する為に漢籍を引用し更に字句を伝作者が改めている為、事実にかけ離れた記述と解される。又、『家伝下』の内容についても検討を加えると、「国中省事、百姓多閑」や「国家殷賑、倉庫盈溢、天下太平」が『続日本紀』の該当年代天平二年九月庚辰条の詔と照合すると、京及び諸国に盗賊が横行し所在官司に逮捕方を厳命している記録と合わない。又、『家伝下』では武智麻呂が大学頭となって後、よく学官に入り儒生を集めて『詩経』・『尚書』の吟詠をしたり、『礼記』・『易経』をひもといたという。武智麻呂が幼時より好学であったことは記されていない。植垣節也氏も言われる如く(「武智麻呂と家伝」『歴史教育』一五巻四号・日本書院・昭和四十二年)、病弱で『懐風藻』にも名を残さないことを勘考すれば漢籍に明るい人物とは理解しがたい。即ち、『家伝下』は事実にかけはなれた叙述部分が多い。

(19)『獄令』決大辟条に「聴自尽於家」とあり、神亀五年三月二十八日の太政官謹奏によって「私家」と改められた。
(20)議親（皇親・皇帝五等以上の親・太皇太后及び皇太后四等以上の親・皇后三等以上の親）、議故（永年に亘り皇帝を侍見した者）、議賢（大徳行にある者）、議能（軍事・政事に大才芸のある者）、議功（大功勲のある者）、議貴（三位以上の者）を指す。
(21)滝川政次郎著『日本行刑史』（青蛙房・昭和三十六年刊）二八頁に、行刑史に賂をするしないで肉体的苦痛の受け方が全く違った実例を挙げている。
(22)『広辞苑』「人参木」の項に、「クマツヅラ科の落葉灌木。中国原産。高さ約三メートル。葉は掌状複葉。八月頃、淡紫色の唇形花を開き、花後、球形の核果を結ぶ。果実の液を祛痰薬とする」とみえる。
(23)大宝元年十一月乙酉条。
(24)『続日本紀』天平宝字元年七月庚戌条。
(25)『漢書』巻二十三、刑法志。
(26)野足は事件後も順調に出世し、平城上皇の変には嵯峨天皇が新設した蔵人所の頭として冬嗣と共に任命されて、危げのない官歴の持主である。弘仁七年六十八歳にして中納言の極官で薨じたが、薨伝に「為人好鷹犬云々」とみえ、何かしら彼の性格を暗示しているようである。
(27)『三代実録』天安元年七月辛亥条に載る「制」の中で、賊が獄中で死亡したことを明らかにしている。これも恐らく拷杖下で死んだものと思われる。
(28)『獄令』流徒罪条（十九条）。
(29)同令徒流囚条（二十条）。
(30)同令至配所条（五十六条）。
(31)同令給席薦条（五十三条）。
(32)同令有疾病条（五十四条）。
(33)『監獄法』十一条。同法施行規則四十八条に、「一、鎮静衣。二、防声具。三、手錠。四、聯鎮。五、捕縄」の戒具五種が定められている。

(34)『監獄法』四十五条第二項に、特に必要と認めた場合には例外的接見が許されるとある。

(35)英国で獄房に妻帯者の同居を認めた話が紙上を賑わしたが、行刑法の新しい方向を示すものになろう。

(36)『獄令』囚死条（九条）。

(37)仁井田陞『中国法制史研究　刑法』（十九条）東京大学出版会・一九五九年刊・一〇六頁。

(38)『倭名類聚鈔』巻九の肥前国松浦郡に値嘉郷を載せる。『大日本地名辞書』の値嘉郷の項に、「今の五島列島是なり」とみえる。

(39)『獄令』流人科断条（十一条）。

(40)同令流移人条（十三条）。

(41)同令在路条（十六条）。

(42)同令至配所条（十五条）。

(43)同令婦人産条（二十一条）。

(44)「ま幸くあらば」の句は、巻二―一四一に載る有間皇子の歌から引かれたものであるが、従来、この歌を斉明四年の作として扱かった。しかし、『書紀』の検討から「死地に赴く」の連想は真意を伝えるものでなく、私見ではこの歌を斉明三年の作と推断した（「斉明四年紀十一月庚寅条の藤白坂について」『熊野路考古』三号・南紀考古同好会・昭和三十八年刊）。

(45)『続日本後紀』承和五年十二月己亥条「勅曰、小野篁、……不レ遂二国命一、准二拠律条一、可レ処二絞刑一、宜下降二死一等一、処中之遠流上、仍配二流隠岐国一」。

(46)『今昔物語』巻二十、小野篁、依情助西三条大臣語。

(47)『獄令』徒流条に「囚在役者、囚一人、両人防援。在京者、取物部及衛士充」とみえる。

(48)拙稿「斉明四年紀十一月庚寅条の藤白坂について」註（44）前掲。

(49)滋賀県長浜市の北二里余の所、即ち、長浜市八島町（旧浅井町八島）に通称「亀塚」がある。これは『日本地理志料』に「金塚」と載せる墳墓であり、今日、塚には「右大臣中臣連金公墳」の石碑が建てられてある。拙稿「中臣連金の死と行刑法」『歴史と地理』第一五九号・山川出版社・昭和四十三年刊。

(50) 石尾芳久氏は、死刑について、絞、斬の二等を区別すること及び、枷の如き刑具を用いたのが改新後に認められる点から、改新後に唐律の継受が積極的に開始されたことを強調されている（「律令の編纂」『増補日本古代法の研究』法律文化社・一九六〇年刊所収八六頁）。そして、謀反の概念に関して、「謀反於皇太子」が固有刑法の伝統をとどめる点に着目され、有間皇子の絞刑処分はこの固有法の思想が強く残る事例であると言われる。従って、この概念を敷衍されて、『大宝律』編纂施行以後の、「謀反於天皇」としての概念と異なる事例を注目された（同論文）。又、石尾芳久氏は、有間皇子が自尽を認められず、絞刑に処せられた点を『唐獄官令』をうけつぐ日本獄令の決大辟条によって、唐の行刑思想方針を認められた（「日本律令制の形成と中国法」『前近代アジアの法と社会』仁井田陞博士追悼論文集第一巻・勁草書房・一九六七年刊所収）。これを以てすれば、石尾芳久氏の言われることは、天平宝字元年の橘奈良麻呂の変までも『獄令』の規定に反する固有法の自経が長く行われたと要約できる。しかも、『大宝律』編纂迄は「謀反於皇太子」なる概念によって、固有刑法の伝統が極めて強かった。では何故有間皇子に唐の律思想を適用して固有刑法思想の自経を許されなかったかが明らかでない。或いは有間皇子に対する絞刑が、「韓人」と呼ばれる外国趣味カブレの中大兄皇子の恣意に基づくものと考えられることも出来よう。しかし、この考えも唐の律思想継受という状況を強める結果となるが、固有刑法思想が奈良朝に迄続く根拠には少しもならない。私は行刑のあり方として、諸手続の問題と中臣連金・有間皇子両者に対して行われた判決場所をかなり離れた場所での行刑にこの時代の謀反に対する刑法思想が示されているものと思う。即ち、前者に唐の律思想が継受されているのであり、後者に固有の刑法思想（石尾芳久氏は流刑＝島に放棄する＝を「神の制裁として理解する見方。」（『増補日本古代法の研究』前掲一七一頁）とする）が認められるのである。

(51) 『隋令』には開皇二年七月制定の『開皇令』と、大業三年四月制定の『大業令』がある。ここに云う『隋令』は前者を指す。厳密には開皇十五年に制定された行刑手続の三奏法である。

(52) 『類聚三代格』弘仁十三年二月七日格所引弘仁九年宣旨。

(53) 『続日本後紀』承和六年六月己卯条「勅、……自今以後、縁レ糺二違犯一、有下可二追捕一者上、台使相通、遣二検非違長等一、随レ時追捕、立為二永例一」。

(54) 「嵯峨朝における死刑停止について」『律の研究』明治書院・昭和三十六年刊所収。

(55) 「平安時代における死刑停止」『律令制とその周辺』慶應義塾大学法学研究会叢書・昭和四十二年刊所収。

(56) 利光三津夫氏は前掲書で死罪に関し、「必ず別勅宥免があるべきであるという文意はみえない」と言われる。死罪に対してのみ別勅の言葉があるのは、相当の理由があって挿入されたものである。さもなければ、「別勅」の二字を省略して何ら差支えがない。
(57) 『続日本後紀』承和元年二月甲午条、明日香親王薨伝。
(58) 『日本後紀』弘仁六年六月甲辰条。
(59) 同紀　弘仁九年三月庚寅・同八月戊午条。
(60) 同紀　弘仁十一年十一月七日詔。同十三年七月丙申条。
(61) 『類聚三代格』弘仁十年二月二十日騰勅符・承和七年二月十一日太政官符。
(62) 『日本紀略』弘仁十三年十一月丁巳条。

第二節　中臣連金の死と行刑法

はじめに

大化改新以後、律令国家建設に努力を傾けた天智天皇は、その事業半ばの六七一年、後事を大友皇子に託して崩御される。そして翌年に至り、天皇の弟大海人皇子と大友皇子との間に皇位継承をめぐる対立が生じ、遂に内乱に発展した。即ち、畿内を中心とする両者の争いが世に有名な壬申の乱である。この乱の結末は律令法典の成立過程にあって、わが国がどの様にして唐の行刑制度を受容していったかを考察する上で看過し得ない内容を含んでいる。

ところで我々の目にふれる研究書は、戦乱終了後における近江朝廷側の責任者に対する説明が意外に簡単である。右大臣中臣連金以下の処分は、当時における律令運用の実体を実は示している。古代日本史の理解に際し、律令制度の受容・展開の具体的説明がここで話者に要求されてくる。何れの分野においてもそうであるが、問題展開過程で話者は聴者を立場の主役にさせ、学問内容を盛りあげる為に心を摧く。聴者が問題点を適確に摑み常に問題意識を持つ為には、理解に役立つ視点の提供とその説明が必要とされる。叙上の点から中臣連金の処刑を通して、『飛鳥浄御原律令』施行以前の行刑について述べたい。

一　斬刑処分となる背景

壬申の乱において近江朝廷軍の最高指揮に当たった大友皇子は、武運拙なく七月壬子日に山前で自決された(1)。その翌癸丑日、近江朝の左右両大臣以下重臣等が一斉に捕えられ、一ケ月に亘る戦の勝敗が決定づけられた。捕えられた彼等は大友皇子の頭と共に不破宮へ護送されたのであろう。翌八月甲申日に天武天皇軍の実質的指揮者高市皇子から、中臣連金を初めとする重罪人以下の処分が行われている。『書紀』に重罪人八人中、只一人中臣連金の名を挙げて、他の七名については何ら説明がない。これを考えると、御史大夫以上の高級官人以外の軍指揮官が、極刑の七人に該当したのであろう。そして金が右大臣の要職にあった為、その責任を問われたことは容易に理解できる。しかし、左大臣蘇我臣赤兄や大納言巨勢臣比等が極刑を免れているのには、何か理由がなければならない。赤兄が自分の娘を天武天皇に納れていたことも、この際考慮に入れねばならないが、記録上金が近江朝の五重臣中只一人斬刑を負わされたのには、積極的な理由があるように思われる。だからこそ、金は不破宮での審問場所より七里も離れた場所へ護送され、処刑されたのではないかと思考する。金が極刑に処せられる根拠はどこにあるのであろうか。ここで金の経歴を少し眺めてみる必要がある。

金は天智九年（六七〇）三月に、神祇職として祝詞を宣ったと『書紀』に記されている。これは近江朝廷側の資料とみて大過ないから、金は鎌足の死後、天皇の親任を得ていたと言わねばならない。金は『中臣氏系図』によると、可多能祜大連の孫で糠手子大連の一男である。係図からみると、金と鎌足とは従兄弟になっているが、その儘うけと

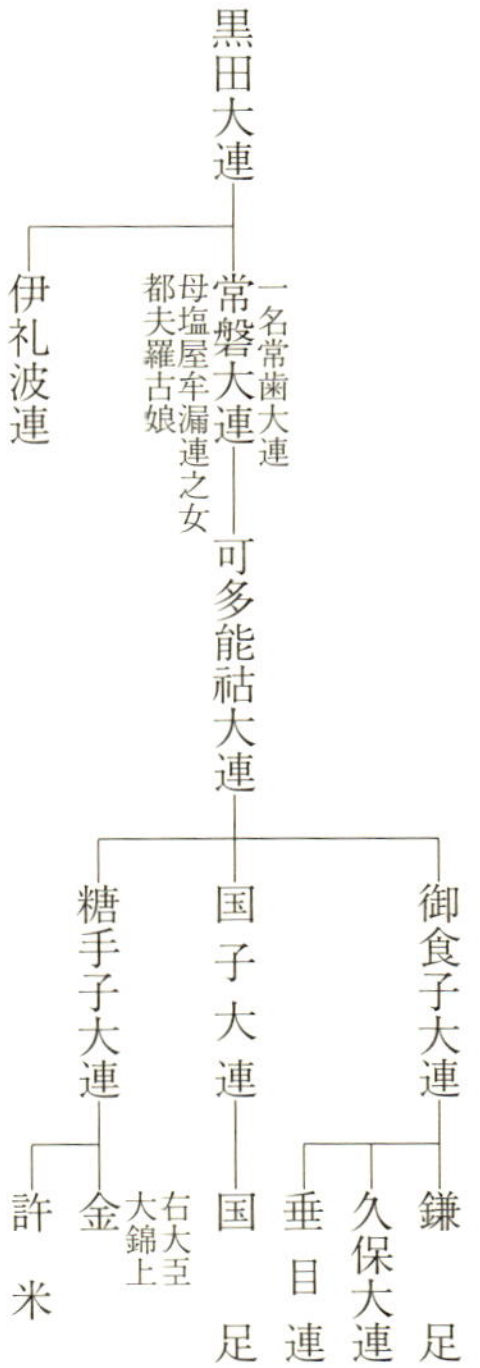

れぬフシがある。

鎌足の出自についていは、鎌足が鹿島の中臣氏系で畿内の中臣氏でなく、[2]鎌足の父を御食子、母を大伴夫人とし、大和高市郡の出生とするのが『大織冠伝』である。この記事は、彼を顕彰するために造作されたものとする説[3]がある。このように鎌足の出自の曖昧なことは、中央の神祇世襲者でない事実を我々に教えている。従って、金は鎌足によって抑えられていた神祇の要職を、鎌足の死後に回復したものと考えられる。

『大織冠伝』の記載には、鎌足が当時の大海人皇子の力量を買って、随分気短な天智天皇の御機嫌をとり、大海人皇子の身をかばっていたことがみえる。伝をその儘信用することは危険だが、鎌足の政治家としての裏面に、雅量の広いところがあったことを物語っている。政治家としての鎌足を考えると、金は鎌足在世中には政治的才腕があり乍ら、表面に出る機会を失っていたと思われる。この点から推しはかると、鎌足と大海人皇子とには微妙な人間関係があるのに対し、金は大海人皇子と心通ずる相手ではなかったと想像されてくる。そこに金と大海人皇子との対立が生じる遠因があったのではなかろうか。

金は鎌足の亡き後、天智天皇の十年（六七一）正月に右大臣に任ぜられ、廟議の枢要な発言者として脚光を浴び、左大臣蘇我赤兄に次ぐ実力者となった。金が同年十一月、大友皇子を囲む泣血誓盟に加わったり、大海人皇子が出家されて吉野へ赴く時も、皇子を莵道（宇治）まで見送っている。近江朝の重臣と統一行動をとる点を考え合わせると、その地位は不動のものであったと言えよう。後述する様に、金は乱中における重要作戦会議に重大な発言をした人物と見られる。天武即位前紀十月壬子条にみえる「或曰、虎著」翼放之[4]」と云った或人ではなかろうか。この様な具体性を示す言葉は、大海人皇子の性格をよく知る高級官人でなければ言えるものではない。廟堂に座を占めた人でなければ、他の同僚に注意を促す時宜を得たこの様な言葉は、容易には出ないであろう。更に言えば、この言葉は来るべき乱の発生を予言しているとも考えられる。私は金こそが乱突入までに、兵力の徴集・主要道路の封鎖をさせ、吉野の大海人皇子を孤立化させようとした立役者ではなかったかと思う。かく考えると、近江朝廷内で金は重要な位置を占め、しかも天智天皇の信任をも得ていたものとみて大過あるまい。金が乱後の処刑者中特に名を残しているのは、故なきことではないのである。

金は壬申の乱最中の六月に、天武天皇軍の臨戦体制が整わないことを知って、

遅く謀らば後れなむ、如かず、急に驍騎を聚めて、跡に乗りて、逐はむには、

と作戦会議の中で発言した「一臣」ではないかと思う。更に、金は大海人皇子が高市皇子に述懐した悲観的な言葉

其の近江朝には左右大臣及び智謀群臣、共に謀を定む。今、朕れ与に事を計る者無し、唯だ幼少孺子有るのみ、奈何せむ。

とある近江朝重臣中の、智謀の最たる者ではなかったか。田村円澄氏も言われる如く(5)、蘇我赤兄が死を免れたのは娘を大海人皇子に奉っていたからであろうが、私はそれよりも、金は実力的に赤兄を越えていたとみるのである。ともあれ、『書紀』六月丙戌条に金と目される人物の言葉が記載されていることは、『書紀』編者が近江朝の資料を用いているのであり、その資料は八月甲申条における判決に使用された資料の一部と考えられる。この様な事情があったがため、左大臣をさし置いて金のみが五重臣中、最高の斬刑処分となったのであろう。又、その理由の一半は先に推測した如く、大海人皇子との対立感情が、乱発生以前に介在したためかも知れない。

二　大宝律令施行前の行刑

次に、金の処刑された場所がこの際一考を要する。判決場所となった不破宮の近所で処刑してよいものを、わざわざ七里余りも離れた浅井郡の田根(6)に金を移す理由はどこにあるのであろうか。乱を考察する立場におけばこの処刑は理解しがたい。ここで考え合わされることは、金に採られた死刑執行手続が、既に二十五年前の有間皇子の時に採ら

れていることと連なる。(7) 即ち、有間皇子は事件発覚後謀反罪に問われ、湯崎（白浜）で死刑の申し渡しをうけ、処刑日の午後に判決場所から七里余り離れた場所で処刑された。(8) この場合、皇族の故を以て皇子は斬刑より軽い絞刑処分をうけている。私はこの時点で、古来の刑法思想が、新しい唐の律思想に代る処刑法であった事実を認めたい。有間皇子に対する窮問・伏弁・判決・断罪の諸手続は、大津皇子や長屋王の謀反事件に際し採られた手続と同一性を認める。

金の場合、有間皇子がうけた絞刑処分の当時より、唐の律思想がよく浸透していたと考えねばならない。だから、行刑手続を示す『唐獄官令』の規定上、行刑日に一回の覆奏で金は処分されたことは疑えない。当時通常の死刑は判決終了後行刑日まで、三覆奏の手続をふまねばならなかった。一体、日本における最初の令は『近江令』であるが、この『近江令』は唐の『貞観令』を参考にしたものである。(9) 母法となった『貞観令』は太宗の貞観十一年（六三七）正月庚子日、即ち、壬申の乱を遡る三十五年前に頒布された。(10) この『貞観令』で注意すべきは、従来の行刑手続が改正になっていることである。即ち、唐は建国当初『隋律令』を参考にし、又行刑についても例外ではなかった。『旧唐書』巻五十刑法志には唐初における行刑制度を「制、凡決二死刑一、雖レ令二即殺一、仍三覆奏」と記している。ところがこの行刑手続が形式的なものとなったため、従来の覆奏手続を更に強化して、法本来の柔軟な精神にかえしたのが『貞観令』の、新しい五覆奏手続である。新立法の趣旨は、『同書刑法志』に、

比来決囚、雖二三覆奏一、須臾之間、三奏便訖。都未レ得レ思二三奏一、何益、自今已後、宜二二日中五覆奏一、下二諸州三覆奏一。（中略）其五覆奏、以二決前一日一、二日《ママ》覆奏、決日又三覆奏。

と改正法と共に述べられている。この改正令は徳宗の建中三年（七八二）に旧令に復する(11)まで唐における行刑の基本となった。わが国では後述する様に改正『貞観令』を援用しなかったが、参考にしていたことは窺われる。即ち、『明文抄』一の中に『唐暦』をひいて、

貞観五年八月(七)戊申、詔決二死刑一、雖レ令二即決一、仍三覆奏。在京諸司五覆奏。其日進二蔬食一、内教及太常不レ挙レ楽

とある。この『唐暦』からも知られる如く、『貞観令』の内行刑手続の改正事項は、既に六年前に臨時の改正令として発布されていた(12)。しかも、この『貞観令』は日本に定着する前の白雉五年（六五四）に高句麗でも制度化をみている。

「且陛下毎レ決二重囚一、必令二三覆五奏一、進レ膳止二音楽一者」(13)

一方我が国においては、『貞観令』の五覆奏手続は踏襲されず、三覆奏である。制度上、法文からみられる大辟罪の行刑は唐に比べ日本で厳しい。ところで、三覆奏の行刑手続制度に関して唐の『貞観令』を模範としなかった我が国は、実は隋の開皇十五年（五九五）の制度を採用している。勿論貞観五年（六三一）迄の唐の制度も行刑手続に就いては、我が国と同じく隋の制度を採用したのであるから、実体上我が国が唐の制度を採用したことは言うまでもない。隋が律令制度を魏・晋に求めたことは『隋書』巻二十五刑法志に明記されている。しかし、行刑手続制度に三覆奏があったかは明らかでない。『隋書』を読んで感じることは、死罪について三覆奏の制度に落着くまで行刑手続の改正が行われ、唐太宗五年における同じ立法趣旨の『行刑手続改正令』に近づいていることである。

記録より、開皇十二年八月に全国における死罪者については、すべて中央の大理寺の管轄下に入り、刑部省より奏裁を経るように制度の改正が行われた(14)。所謂、大辟罪に対する審理・判決を公平にするのが目的で、従来の諸州委任の不統一な裁判を是正するが為であったろう。この様な死罪に関する法改正を経て、三年後に『行刑手続法』は三奏制度となる(15)。私はここにわが国における行刑制度の模範とした立法趣旨があると認めたい。

『隋書』巻二十五刑法志煬帝紀大業三年（六〇七）に、新律の頒布を記している。この時の律に「三奏」の原則規定がうけつがれたことは言うまでもない。唐が当初に採用した令は隋の『大業令』であり、その内の一条『獄官令』大辟罪条文が我が国の『獄令』に定着したのである。壬申の乱後中臣連金に対して行われた断罪は、上述した『隋令』の精神を引く規定を採用された。だが、戦時下の軍法であるから、現実に三覆奏の手続は省略されて、金は処分

決定日に斬刑となった。『書紀』には金が捕えられてから判決執行日迄の一ケ月、何の記録もない。私はこの間天武天皇が事件窮明に相当な日数を要されたと思う。しかし、今日断片的な記録を残す『書紀』が、判決日に判決場所より七里も離れた場所で金に刑執行があった事実を明らかにしている。金に対する天武天皇朝廷の事件処理は、他に捕虜となった赤兄以下の諸官人に対する取調べと併行したのであるから、判決日迄の所要日数は金にのみ要した絶対日数ではない。判決日に金以下の処分決定があった様に、事件審理は一括審理であったろう。そして、甲申条の判決日迄に天皇がうけられた死刑者に対する奏は、只一回と理解される。戦乱終結後における戦争犯罪人に対する処理は、勝利者側の一方的判断が大きく作用していたであろう。しかし、結論的には、事件審理は慎重に、決罰は短時日に運ばれることは、昔も今も変りはない。金は死刑判決をうけた後、処刑地に向って護送されたのである。そして、判決場所から戌に当たる上述の田根において、判決日の午後日没近くに、『唐獄官令』の規定を準用されて処刑されたのであろう。(16)

むすび

判決場所から遠く離れた場所で、判決当日の午後謀反者に対する処刑があったことは、既に有間皇子にもみられ、今ここに再び中臣連金にも行われたことを考察してきた。この二例から律令採用後の我が国における死刑執行は、判決場所より遠く離れた他処で行われるのが、『大宝律令』制定以前における行刑の実体であったろうと推測される。護送方向が戌であることも、律令施行当初における死刑執行と関連があるらしい。この点については、律令施行の過渡期における行刑問題として検討を要する。尤も、金に対する処刑官の動作口振りには、物部二田造塩が曾て蘇我倉山田麻呂に行った様に、(17)被処刑者の宍を大刀の先に刺し挙げて、叱咤《たけ》び号《おら》び叫ぶ習慣がまだあったかも知れない。

そして金の行刑に直接関与したのは、古代より「モノノフ」として軍事に行刑に動員され、令制下では刑部省被管の囚獄司の役所内で直接行刑に立会う物部であったろう。当時の改新政府は『唐律令』の制度を採り入れてはいるが、規定通りの行事を必ずしも実行に移していなかったであろう。新しい中国の律令制度と旧来からの我が国の慣習制度とが、ある時には重複し、ある時には背反して日本独自の行刑法が形成されてくる。その過渡期の状態が、有間皇子や中臣連金に対する裁判及び断罪に残されている。行刑に限らず、旧来の伝統化した諸行事は、律令施行後も根強く残されたであろう。所謂、因習というものは時代が下るにつれて、新時代の波に抵抗しきれず消滅の過程を辿るものである。私は中臣連金の行刑に保守的な因習のあることを考え合わせ、更に有間皇子の場合にはその因習がやや強いものであったと推定している。

註

（1）滝川政次郎博士は『壬申紀山前考』（『律令諸制及び令外官の研究』法制史論叢第四冊・角川書店・昭和四十二年刊所収）で、大友皇子の終焉地を南滋賀廃寺址のある台地と推定されている。

（2）丸山二郎「中臣氏と鹿島香取の神」『日本古代史研究』大八洲出版・昭和二十三年刊所収。

（3）田村円澄『藤原鎌足』塙書房・昭和四十一年刊。

（4）『逸周書』巻三、寤儆弟に、「無レ為ニ虎傅一翼、将レ飛ニ入レ邑択レ人而食一。」注曰、為虎傅翼喩助凶暴とみえ、漢籍に明るい高級官人の言葉にふさわしい。

（5）同氏　前掲書。

（6）『日本地理志料』によれば、長浜市の北二里許の場所に「金塚」（中臣連金の墓）があるとみえる。現在この金塚はJR虎姫駅から東約三・五粁の地点長浜市八島町（旧浅井町八島）の村外れにあり、土地の人々から「亀塚」（県指定では、亀塚古墳と称す）と呼ばれている。亀塚のイワレは『浅井郡史』に載っているという。塚には「右大臣中臣連金墓」の石碑が建っているが、この八島は中世における田根荘の中で不破に最も近い位置にある。

（7）拙稿「斉明四年紀十一月庚寅条の藤白坂について」『熊野路考古』三号・南紀考古同好会・昭和三十八年刊。

（8）『書紀』には有間皇子と同日同一場所で、塩屋連鯯魚・舎人新田部連米麻呂の両名が斬刑に処せられたことを記している。壬申乱後も死刑執行は同一事件の犯罪人を同一場所で行ったと思われるから、中臣連金及び他の七名も田根で処分されたのであろう。

（9）滝川政次郎「本邦律令の沿革」『律令の研究』刀江書院・昭和四十一年復刻版所収。

（10）『旧唐書』巻三。

（11）仁井田陞『唐令拾遺』（東京大学出版会・一九六四年覆刻）獄官令六参考一所引『宋刑統断獄律巻三十』。

（12）『旧唐書』巻三「初令㆔天下決㆓死刑㆒、必三覆奏、在京諸司五覆奏」。

（13）『三国史記』高句麗本紀第十　宝蔵王八年四月条。

（14）『隋書』刑法志に次の様に記す。「開皇十二年、詔、諸州死罪、不㆑得㆓便決㆒、悉移㆓大理㆒、案㆓覆事㆒尽、然後上㆑省、奏裁」。

（15）同志に次の様に記す。「開皇十五年、制、死罪者三奏而後決」。

（16）断罪条には大辟罪執行の時刻を「未後行㆑刑」と規定されている。

（17）孝徳天皇紀大化五年三月庚午条。

第四章　戊午革命各論

第一節　塩屋連鯯魚寸考

有間皇子の事件に関する研究は今日迄多くの視野から考察されてゐるが、原因について、一般には大きく別けて二つの解釈が行はれてゐる様である。即ち事件の首謀者を蘇我赤兄と解し、有間皇子が彼の挑発に乗つたとする説[1]と、赤兄を介して皇太子中大兄皇子が策謀したとする説[2]である。そしてこれらの説は、何れにしても専ら中大兄皇子・有間皇子・蘇我赤兄の三人に事件解明の焦点を合はす。畢竟、この事件は、〈単に皇子の個人的な動きだけで突発したのではなく、背後に反政府の機運が存在したことは明白であ〉[3]り、皇太子中大兄皇子にとつて皇位継承問題に終止符をうつ一転機であつた[4]ことは認めてよいであらう。

『日本書紀』にはこの事件に連座した人々の中に四名の名前を載せてゐるが、有間皇子と同様に処刑されたのは塩屋連鯯魚と舎人新田部連米麻呂の二名である。前者は改新当初に積極的な協力を孝徳天皇（有間皇子の父）より賞賛された忠実な地方出身の一官人である[5]。彼がこの事件に連累する点に注意して、ここにも改新派の分裂の一斑を求めようとする説もある[6]。

ところで、この事件の重要性は、異伝に録されてゐる謀反行為が今迄の正史に見られぬ程の具体的な行動計画を示

してゐる点である。即ち、有間皇子は

先燔二宮室一、以二五百人一一日両夜、邀二牟婁津一疾以二船師一断二淡路国一……

と述べられたといふが、五百人もの水軍動員には、これを実行に移す為に海人族の協賛を得なければ不可能であらうと思はれる。ところがこの海人族との関係について従来の研究は殆どふれるところがないので、以下簡単に一つの推測を述べてみようと思ふ。

結論を先に云へば、私の推定は処刑に処せられた塩屋連鯯魚こそが、水軍動員計画に深く関係してゐたのではないかといふことである。

塩屋連の本貫は何処とも判明しないが、恐らく塩屋に関係ある地名であらうとの考へは『日本書紀通釈』も指摘する所である(7)。『倭名抄』に載る塩屋地名は、下野国に塩屋郡があり、又、伊勢国の奄芸郡内に塩屋とある二例に過ぎない。然し乍ら、『倭名抄』に記載されない塩屋地名も地方に散見されるのである(8)。塩屋は上代における製塩所であり、多くの人が製塩作業に従事したことは、山辺宿禰赤人の詠んだ歌(9)によつても知ることができる。これら塩屋で作られた塩は調庸(10)として、朝廷に差出す物であり、又角鹿の塩は御食に供する物(11)であつた。塩屋が各地に存在するのは上代の製塩所の遺名であり、今日残つてゐる志賀・須磨の地名は『万葉集』に現れる地名である(12)。応神三十一年紀に船材を焼いて作つた塩は畿内の製塩によるものであらう。製塩量の相当なことは(13)、製塩規模を推測するに難くない。塩屋連は海人族のこれらの職業に携はる人々を統轄する人であつたらう。

尤も、塩屋連鯯魚は大化二年三月紀に東国の国司として見え、『姓氏家系大辞典』には鯯魚を「東国の人なり」と断定してゐるが、改新後における国司の任命は中央より派遣される官人であり、鯯魚もその例に洩れないから、必ずしも東国の人とは思はれない。そして伊勢国の塩屋神社(14)が海神を祀ることから考へれば、海部の族長塩屋連がこの地方の水軍の豪族であつたことが推測せられ[15]、海人族の分布は伊勢にも伸長してゐたことが知られる故、この塩屋連鯯魚の本貫も或いは伊勢国ではないかと考へられなくもない[16]。然し、『書紀』の異伝に録する有間皇子の言葉「疾く船師を以て淡路国を断ち、牢に囲れる如くならしめば、其の事成り易からむ」といふ記載によれば、伊勢国からの水軍の行動では遅きに失するであらう。

そこで浮び上がる水軍根拠地は、牟婁行宮と淡路国を断つ加太との略中間に存する塩屋の地である。此地名の古くから存した事は、『道成寺縁起』に「塩屋と云所」と言ひ、徳大寺左大臣実能の詠んだ地であり[17]、『中右記』[18]・『後鳥羽院熊野御幸記』[19]に載る地であり、また『紀伊続風土記』[20]に言ふ様に、此地は上代には製塩に携はつた海人族の存在する所であつたにちがひない。又、『霊異記』・『今昔物語』にも、塩屋の地と限定はしないが、海部郡・在田郡・日高郡における海人族の活動を物語る説話を伝へてゐる。

一方、『姓氏録』河内皇別に、

塩屋連　武内宿禰男。葛城曾都彦命之後也。日本紀合

とあり、塩屋連は武内宿禰の後裔葛城曾都彦命の後に分枝した氏族であつて、古来よりの名門の出である。そして武内宿禰が紀伊と深く結ばれてゐることは『日本書紀』・『古事記』その他の所伝によつて周知の通りである。よつて私見では、紀伊国日高郡の塩屋地名を牟婁行宮攻撃及び淡路国を断つ水軍に関連すると推定するのである。

之を要するに、私は、

(1)　有間皇子の事件に連座して、塩屋連鯯魚が特に斬刑に処せられてゐるのは、謀反に深く関係するらしいこと。

(2)　有間皇子の謀反計画に具体的な水軍の利用が考へられてゐるが、之は予め紀伊の水軍と連繋がとれてゐたらしい事実を推測せしめること。

(3)　紀伊水軍と昔より関係の深いものは武内宿禰及びその後裔であるが、塩屋連こそは、その後裔に当たつてゐる

こと。

(4) そして紀伊国日高郡に塩屋の地名があり、ここが鯯魚の一拠点となつたのではあるまいかと思はれること。

等を推測してみたのである。大方の御批正を乞ふ。

註

（1）坂口保『挽歌の本質』文学圏社・昭和三十年刊・六〇頁。上田正昭「律令天皇制の形成」『日本古代国家成立史の研究』青木書店・昭和三十四年刊所収、二五一頁。北山茂夫『大化の改新』岩波新書・一九六一年刊・一六一頁。佐藤小吉『奈良朝史』国史講座刊行会・昭和十一年刊・一七頁。白浜町役場発行『白浜温泉史』昭和三十六年刊・二八頁。

（2）川崎庸之『天武天皇』岩波新書・昭和三十三年十一刷・四六―四七頁。飯田武郷『日本書紀通釈五巻』大鎧閣・昭和二年刊・三二四二頁。田辺幸雄『初期万葉の世界』塙書房・昭和三十二年刊・二八二頁。直木孝次郎『持統天皇』吉川弘文館・昭和三十五年刊・七二頁。『海南郷土史』四〇頁。『日高郡誌』一四三頁。『万葉集一』岩波日本古典文学大系・八六頁。

（3）新野直吉「斉明・近江朝の諸勢力（上）」『芸林』一一巻五号・昭和三十五年十月刊・二六頁。

（4）石尾芳久『増補日本古代法の研究』法律文化社・一九六〇年増補版・三〇四頁。

（5）孝徳紀大化二年三月。

（6）上田正昭氏　註（1）前掲書二五一頁。

（7）『日本書紀通釈』大鎧閣・昭和二年五版・三二三一頁。「鯯魚、通証に「倭名抄、鰶又倭鯯。和名古乃之呂」」。

（8）播磨国　赤穂郡及び加古郡。紀伊国　日高郡及び名草郡。讃岐国　香川郡及び大川郡。豊後国　東国東郡。安芸国　佐伯郡。淡路国　三原郡。

以上は私見に入つた数例に過ぎない。

（9）『万葉集』巻六（九三八）山部宿禰赤人作謌一首。

（10）『主計式』　諸国調

凡諸国輸調。……塩三斗。

同式　諸国庸

凡諸国輸庸。……塩一斗五升。

(11) 武烈即位前紀

……由レ是角鹿之塩為二天皇所食一、余海之塩為二天皇所レ忌

(12)『万葉集』巻三（四一三）同六（九四七）同七（一二四六）同十一（二六二二）。

(13) 応神天皇紀三十一年八月。

(14)『神宮大綱』に「豊受大神宮末社志宝屋《シホヤ》神社祭塩土老翁……海路主護ノ神霊ナルニヨリ当地（度会郡大港町）ハ即チ海浜ニテ水路ノ要津ナルヲ以テ、祝祭セルナラン……」とあり。一八六頁。

(15)『姓氏家系大辞典』塩屋の条二八四〇頁に「伊勢の塩谷氏第一項の後か。『三国地誌』に『員弁郡　野尻堡　按ずるに塩屋兵部居守』と見ゆ」とあり。

(16) 上田正昭「律令天皇制の形成」（『日本古代国家成立史の研究』所収青木書店・昭和三十四年刊）。

(17)『新古今集』「立のぼる塩屋のけぶり浦風になびくを神の心ともかな」。

(18)『中右記』天仁二年十月廿日の条

日高川水大出妨行路云々、仍頻入東細路、小山上往道廿町許、至塩屋王子社奉幣、於上野坂上祓次昼食。

(19)『御幸記』建仁元年十月十一日の条

超レ山参二塩屋王子一。此辺又勝地。有レ祓

(20)『紀伊続風土記』日高郡岩内荘　北塩屋浦「……熊野往還なり、旧は南塩屋浦と一村ならむ。塩屋は古は塩を焼きし所なり、後世日高川海口変遷して其事絶えたりと見ゆ

塩屋王子祠記

塩屋村在二日高川之海口一昔時煮レ塩為レ業焉、因名二今村一分二南北一」。

附記　この本節は去る六月四日（昭和三十六年）の神道史学会に於いて発表した「戊午の変雑考―有間皇子の死に就いて

―」の一部分を補稿したものである。猶、本稿作成に当たり、巽三郎・山本賢・尾崎又吉の諸氏の御協力を戴いた。ここに篤く感謝を捧げる。

第二節　古代における皇族の謀反

——海人族の協賛——

はじめに

日本古代において、奈良朝までに史上に登場する謀反事件は、武埴安命を初めとして『日本書紀』・『古事記』・『続日本紀』に散見する所である。『類聚国史』が挙げてゐるこれら事件の首謀者の名は、大半を皇族達に占められてゐる。この事実は、古代政治史を考察する上に、注目されねばならぬ点である。就中、律令体制を知る為には、大化改新後の事件を重視する必要があると思ふ。本節で取上げる事件も、改新後間もない斉明帝四年に有間皇子他二名のそれぞれが、絞・斬の大辟罪に処せられた謀反事件を中心に考察を加へて、成文法として後に見られる『飛鳥浄御原律令』の施行前の状態を眺めて、律令制国家体制の側面にスポットを合はしてゐる。事件は今を去ること千三百四年前、孝徳天皇の息子有間皇子が皇位を奪はんとして、未遂に終り、事件発生後五日目に、海南市藤白〈『書紀』には藤白坂とあり〉に存する藤白神社の横の小径で、絞首の刑に処せられ十九歳で此世を去つた（通説）。

一　赤兄邸訪問

彼の死を考察するに際し二、三の疑問点があり、この疑問点を順次解消して論を進めてゆこうと思う。何事に拠らず社会事象には因果関係が成立する。この謀反事件も例外ではない。その諸要因を醸成せしめたのは天皇の失政にある。この事実は蘇我赤兄臣が有間皇子と語つた言葉で示される。即ち、

大いに倉庫を起てて民の財を積み聚む　舟に石を載せて運び積みて丘と為す　長く渠水を穿りて公の糧を損費す事

である。これは皇太子中大兄皇子が目標とする唐制度の模倣――律令国家体制の確立――に急ぐ過程において必然的不可避現象であり、為政者が人民に与へる収奪の過酷性を物語つてゐる。留守官蘇我赤兄が、一日有間皇子に天皇の三失政を語つた結果、皇子の謀反の意志を自白させた事を以て、中大兄の策謀と解する人もあるが、私はその様に解さない。皇子が「吾が年、始めて兵を用ふべき時なり」と欣然として答へたのは、日常胸に抱いた事を容易に発言しない人にして出る言葉あり、又、親しい間柄である相手に対して出た言葉である。皇子が謀反を企む人間であれば、迂闊にもかかる失言を発する筈がない。況んや前年の牟婁湯治行には狂人の真似をする程綿密な計画を為す皇子である。謀反は他の犯罪と異なり死を賭しての重要事件である。発覚した暁にはその影響する所首謀者のみばかりか、不幸を見る人は数知れないのである。或人は云う、皇子は十九歳の若者であり思慮分別に乏しく、付和雷同する年齢ではないかと。然し私はそうは思はない。十九歳の年齢を危惧されるならば、あの大化改新の立役者中大兄皇子は、当時二十歳〈年齢考証に異説あり、今「天智天皇年齢考(1)」に拠る〉の青年であり又、『万葉集』巻五の歌、

国遠き道の長路《ナガテ》をおぼぼしく今日や過ぎなむ言問《コトドヒ》もなく（八八四）
朝露の消易《ケヤス》きわが身他国に過ぎかてぬかも親の目を欲《ホ》り（八八五）

と詠んだ作者大伴君熊凝は、年十八歳にして相撲使といふ大役を為してゐる。事は十九歳の年齢を、今日我々の世代と同一視するのは困難である。人格形成は一定の年に達すれば、環境に順応してゆくものであり、有間皇子の場合も『書紀』記載の同一資料から推して発狂すると見せた人と、皇太子親問に際し「天と赤兄と知る吾れ全う知らず」と無実を叫んだ人と同じ人間とは解せられない。何れかの性格が真実を示すものだが、十九歳の年齢は人生経験に乏しいとは云へ、初期万葉(2)歌を残す程の才人であり漢詩に通暁してゐるであらうし、中国渡来の書にも目を通してゐる事であらう、思慮浅き人には決して考えられない。

有間皇子は何故赤兄邸を訪れたか、ここに事件解明の一端を示すものがある。

これの真相は日頃親しい間柄であつたればこそ訪問したのであり、又、その故にこそ、胸中を包まず蘇我赤兄に打明け、「わが年始めて兵を用ふべき時なり」といふ発言もしたのである。ここに有間皇子の積極的謀反の意志が露呈してゐるのである。そして蜂起を「倶に盟」つたのである。この事件は今迄の謀反と異なり、計画が非常に具体的に海人族の協力で行動を起こすことを述べてゐる点が特色である。簡単に紀伊における海人族の動向を眺めて見やう。

二　海人族の動向

古代における海人族は大別して常世族・隼人族に分かれ、前者はワタツミの神を奉ずる阿曇氏、ツツノヲの命を奉ずる氏族であり、後者は大山祇神を奉ずる氏族である。出雲族は大和を中心に本拠を有し、勢力範囲は熊野・近江・伊勢に及んだもの(3)であつたらしく、大己貴神系種族と思はれる椎根津彦が、大阪湾一体に勢力を扶植した有力な海部の首長であつた事(4)や、伊勢国に海神塩土老翁の存在は、天神系でない海人族の勢力が大きいことを物語るものである。(5)大己貴神系氏族が神武天皇の御東征と相応じて畿外への転出を図り、(6)出雲と紀伊に、就中、紀伊に大己貴神が行つたことは、天神系の勢力の及ばなかつたことを明らかにしてゐる。(7)『書紀』に載る水軍の大量動員は熊襲の征討とそれに続く三韓のそれである。この両者に功のあつたのが武内宿禰であり、ワタツミの神を奉ずる水軍が紀州沿岸を支配してゐて、(8)神武東征の際に協力した彼等(9)は、崇神朝より大和朝廷の注目する所となるに及んで、懐柔策を施され、(10)神功朝に熊襲の叛に際して朝廷は、武内宿禰をして彼等を完全に掌握下に置いたのである。(11)ワタツミの神を祀る阿曇氏は三韓征伐の際、「海人」又は「梶取」としての戦功を挙げて、(12)後応神朝には畿内に勢力を伸したが、(13)又、海人族として大阪湾を制してゐた様であり、水軍だけでなく内陸に於ける軍事力も無視出来ぬものであつた。阿曇氏は『姓氏録』・『類聚国史』(14)等に載る如く、海神を奉ずる豪族であり、応神朝には海人部の宰領となり、(15)履中朝には住吉仲皇子の謀反に加担する(16)水軍では、大和朝廷にとつて無視出来ない勢力であつた、一方ツツノヲの命を奉ずる氏族も阿曇氏と時を同じくして難波の海を制し、住吉に先住せる津守族を輩下に治める等[17]、畿内に海人族の進出が新羅征伐後目立つてゐる。海人族の統率者として阿曇族は、宗像三女神を奉じ又、出雲族系に属する宗像族を率ゐてゐた。

出雲族が紀伊と関係の深いことは、素戔嗚尊の子三人が神代に紀伊に来てゐる事や、大穴牟遅神が木国に移つた事を、記に載せてゐる事実から窺知され得る。

塩土老翁と住吉のツツノヲの神を同一神と解しても[18]解さなくても[19]海神であるから、奉ずる氏族は海人族であり、仁徳朝には天神系の勢力下にあつたが、紀伊に勢力を張つた熊野水軍族（出雲族）とは関係がある様である。熊野族の影響が大きい事は丹生族が日高郡への進出を図つたが、不可能であつた為那賀郡に引き返した事からも首肯され得る[20]。

紀伊における海人族の勢力は、後世吉野朝においても源平時代においても、為政者の注目する点であつた。この海人族が彼等特有の封鎖的傾向の強い事実は内陸族と異なる古墳にも言ふことが出来る。即ち、在田より日高の両郡を経て牟婁郡に分布する古墳[21]からの出土品が、
イ、石室の大きな割合に副葬品が少ない。
ロ、馬具の副葬品がない。
ハ、簡粗貧弱な副葬品が多い。
ニ、大古墳を伴つても内陸のそれは、代々使用して共同墓的であるのに反して、海部族はさうではない。
ホ、出土した須恵器は装飾が施してない。
等の特徴を有し、これらは一般に彼等が排他的な生活、他部落から孤立した生活の傾向が強いことを示してゐる[22]。推察するに、彼等は一朝有事の際に、出動する性質を持つた特殊部族であらう。

三　塩屋連鯯魚の動向

さてこの事件には、絞首刑に処せられた有間皇子の他に、斬刑処分に舎人である新田部連米麻呂、及び塩屋連鯯魚《コノシロ》の両名があり、流刑処分には、坂合部連薬と守君大石の二名が『書紀』に載つてゐる。塩屋連鯯魚に就いては、『日本上古史研究』第五巻第一一号に「塩屋連魚寸考」と題して小稿を寄せてゐるのでそれを参照して戴きたい（本書一五七頁）。鯯魚[23]は孝徳紀二年三月に、改新直後の東国国司として職務完遂の功を、帝から賛辞を蒙つた寵臣[24]であつた。たとへ彼が単一使命を帯びた地方巡遣官吏[25]であつたとしても、孝徳帝と鯯魚は良好な関係にあつたことは否定出来ない。そして更に私的に孝徳帝の息子有間皇子に対しても、この関係が受けつがれたのである。具体的な資料を私達は持合はせないが、彼が事件連累者の一人として、斬刑に処せられた事実は、私の推測が誤まつていないことを例証するものである。塩屋連の連は本来伴部を率ゐる主長に冠せられたカバネであるが、連姓として史上に有名なのに、大伴・物部の両氏[26]があり、大連に補せられ、臣姓より出た大臣と共に天下の大政に与つた大氏の種類に属する。[27]「連姓の氏は五百七十九もあり、出自の明白なものは二百三十八氏であり、その内二百三が天孫天神の裔で、塩屋連は葛木氏の支流なる故か、或は此の系〈武内宿禰男、葛城襲津彦命之後裔〉には玉田宿禰の如き、円大使主の如き罪があつて誅せられた人がある為、其れ等の後裔、或は連座した者の後で、連姓となつたものである」[28]らしい、塩屋連の本貫は明確でないが、恐らく塩屋の地名に関係するものと思はれる。この推定は夙に『日本書紀通釈』も指摘する。即ち、

　塩屋連鯯魚……塩屋地名か。

といふ。塩屋といふ地名は各地に残つてゐるが、『倭名抄』[29]に載るそれは、下野国と伊勢国の二例に過ぎない。謀反事件は鯯魚と深い関係があり、水軍の行動する場所が、紀伊と河内の沿岸であると記載する『書紀』を考へると、これらの地方に近き塩屋の地が、最も妥当な水軍根拠地と見ねばならぬ。そしてこの条件に無理のない地が、紀州で有

名な道成寺に近い塩屋の地である。何故ならば、淡路国と本土とを断つ為の行動及び牟婁行宮（白浜にあつた）を攻撃するにはそれが、別の何処の塩屋の地よりも早く、起こせる位置に在るからである。昭和三十六年、特別史跡「平城宮跡」の第五次発掘調査により、第一次内裏の北の竪坑の中から発見された木簡の一つに、

　紀伊国日高郡財郷戸主矢田部益占調塩（表）三斗、天平字宝五年十月（裏）

と記されたのがある。

この木簡の発見された場所が、宮内省の大膳職および大炊寮所属の建物[30]、又、内膳司の贄殿の遺構と推定する[31]両説があつて、問題を提供してゐるが、何れにせよ、この木簡[32]は、諸国から貢納した調庸の雑物に附けられた荒札であり、紀伊国日高郡財部郷では、調絁庸布の代替物[33]として、塩を貢納したことを示してゐる。海部の族長塩屋連は、上代に製塩に携はつた部民を統轄したの[34]であつて、天平宝字の当時、矢田部益占が塩屋の地と指呼の間の財部郷[35]を推すと、彼等を統制する伴造は塩屋連ではあるまいか。

塩屋連が、武内宿禰の後裔である葛城曾都彦命の後の分枝名族[36]であり、『香椎社家系図[37]』に紀男麿宿禰の武将を載せ、『霊異記』には紀万侶[38]は紀伊日高郡で活躍してゐた事実から推しても、武内族即ち葛城族の勢力分野は、日高郡にも伸張してゐたことが窺はれやう。葛城氏が紀州において、勢力扶植に冥益をあげたのは、武内宿禰の功績もあるけれども、襲津彦の女磐之姫が、仁徳帝の皇后に就いて[39]、その極に達したのであり、後に襲津彦の後裔が、三蔵を検校するに至つてゐる[40]ことは、彼の後裔の勢力状態を知る目安とならう。鯽魚が、襲津彦の後裔に誤りなければ、水軍動員の推定は蓋然性を有するものと思はれる。有間皇子事件では、藤白坂で鯽魚と同様に、死刑を執行されたもう一人の人物〈舎人新田部連米麻呂〉がゐる。有間皇子に仕へ、且謀議に参画した坂合部連薬・守君大石の両名が流刑に処せられ、舎人でない鯽魚が斬刑に処せられたことも疑問である。舎人に関しては、古く仁徳朝[41]からその名が見え、令制になつてからは兵衛として天皇・皇子近侍の兵であり、職掌は本居宣長が、『古事記伝』二十八之巻に引いた

『漢書』注に、

舎人親ニ近左右一之通称也、後為レ官

とある如く、王等に仕ふる個人的親衛隊員であつた。石尾芳久氏は、舎人を固有法軍制の中で、皇子（皇太子）との間に人格的忠誠関係の存在する所に求められてゐる。(42) 舎人は天皇・皇子（皇太子）の側近護衛者として、一旦緩急の時には身命を賭す個人的な私兵に過ぎない。(43) 新田部連米麻呂は、謀反に参画した舎人であり、上述の如き皇子と忠誠関係にある特殊事情が、大辟罪に該当したのである。この事情は彼が有間皇子の護送される時に従つて、捉はれの身でないのに藤白坂で斬刑にあつた事実からも例証されやう。湯崎において、皇太子の親問が有間皇子に為された点より推考し、米麻呂・鯯魚の両名にも個々に事件の真相窺問があつたものと思はれる。その方法が如何に巧妙に為されたかは拷訊の実体から推定できる。大石・薬の両名の判決であつた流刑は、単に形式的な法律審ではなくて、犯意の糺明に努力を為された事実審であつたらう。そしてその審理の慎重な結果が、大石・薬達の流刑となり、鯯魚・米麻呂の斬刑に確定したものであらう。ではこの確定せる刑の重要と目される理由は如何なる点か。

当時の刑罰思想は、中国から影響を受けた律思想とは、未だ深く同化してゐない、古代慣習法の強い時代である。(44)謀反なる行為に対する絶対専制者の処置は、武埴安命以後死罪と定まつてゐて、而も即日刑で一貫されてゐる。

斉明紀に至り、訊問と釈明の型〈正式裁判制度〉(45)が見られ、律令の思想が古代慣習法の中にも同化しつつあつた点が見受けられる。(46) 後に律として制度化された成文法の中にも、謀反罪は絞斬二刑が明記され、帝をなきものにする意思を有する証拠の有無如何が謀反罪の骨子である。(47) その客観的な判断は当該者の言動に左右される。有間皇子は前者たる「言」(48)にその任意性を認め、鯯魚は「動」にあつたのであらう。鯯魚が後者の「動」に任意性を認める所以は、船師五百云々に一役を買つたと思はれるからである。牟婁行宮を早急に攻撃する水軍、及び淡路・本土間を閉塞する水軍は、紀伊に根拠地を持つ水軍に求めなければならない。所謂紀伊水軍なる者は、遠くは神武東征時に協力をした水軍であり、その後熊襲・朝鮮遠征に神功皇后に従軍した水軍であり、その動員に力を尽したのは武内宿禰であったことは周知の事実である。鯯魚が動員したと思はれる紀伊水軍は、『書紀』の異伝に録する所では、「五百人を以て、一日両夜、牟妻津を邀へて、疾く船師を以て淡路国を断ち」とあつて、牟妻津包囲作戦と淡路国遮断作戦とに解され、前者に五百人を充て後者は不明である。後者に動員する水軍を推定出来る資料として、星川皇子の例がある。即ち清寧即位前紀に星川皇子が謀反行動を起こした時、皇子を援助する為に吉備上道臣が、船師四十艘を率ゐた前例があり、又、天智帝十年十一月には、唐から来朝した船四十七隻に二千人の搭乗の例もある。

この時の船は唐の国有船かも知れないが、当時の日本の船もそれに劣らなかつたことは、欽明帝十五年の百済援軍に発達した船は四十隻であり、搭乗人数は一千人と馬百疋であつた。船は彼此共に、一隻につき四十人強である。『書紀』の記載者が隻と艘の相違を意識して書いたのか判別できないが、もし相違がなければ、吉備上道臣が率ゐた人員は百六十人強であり、この推定に大過なければ、斉明四年十一月の牟妻包囲に要する船は、十艘一隻以上である。この謀反には星川皇子の時の例により、四十艘の半分を要すると見積つても二十艘であり、淡路国遮断作戦には、上記の推定より十艘以内と思はれる。この両作戦に要する人員は、『書紀』の記載の二倍となる。石尾氏も「わが国古代において直に起し得る謀反の兵力が数百名位であつた」[49]とも言はれてをり、鯯魚が企画したと思はれる兵力は、千人弱であつたらう。『擅《セン》興律』には、「凡擅発兵。二十人以上。杖一百。五十人徒一年。五十人加㆓一等㆒。千人絞」とあり、五十人以上の場合、『唐律』では、「百人徒一年半、百人加一等、千人絞」とあつて日本律は厳格である。謀反を顧慮するこの規定の示す様に、如何に為政者が気を使つたかが知れやう。

謀反に関する定義は、『名例律』八虐の筆頭に明記され、『唐律疏議』は謀反を注して、

左伝云。天反時為災。人反徳為乱。然王者居宸極之至尊。奉上天之宝命。同二儀之覆載。作兆庶之父母。為子為臣。惟忠惟孝。乃敢包蔵凶慝。将起逆心。規反天常悖逆人理。故曰謀反。

と述べる。又、『賊盗律』における謀反の条では、

……而有二狡豎凶徒一。謀危二社稷一。始興二狂計一。其事未レ行。将而必誅。即同二真反一。名例称レ謀者。二人以上。若事已彰明。雖二一人一同二二人之法一。

と記され謀反の未遂も誅すべきことが示されている。死刑が科せられてゐることは、

即雖二謀反一。詞理不レ能レ動レ衆。威力不レ足レ率レ人者。亦皆斬。謂。結謀真実。而不レ能レ為レ害者。

と『賊盗律』謀反条の後段に見え、『唐律疏議』には、

即雖謀反者　謂雖構乱常之詞　不足動衆人之意　雖騁凶威　若力不能駆率得人　雖有反謀　無能為害者亦皆斬

と記して謀反罪の未遂も極刑を規定してゐる。

この精神は日本の律も踏襲するものであるが、古代慣習法の残る斉明朝にあつて、軽減されるとは考へられない。この考へに大過なければ、流刑に処せられた守君大石・坂合部連薬の両名は、極刑に該当する犯罪構成要件を充足するに至らない行為があつたと解される。この点が鯯魚の行為と本質的に異なるものとなる。守君大石及び坂合部連薬両名の行為は『書紀』に依ると、

或本云、有間皇子与二蘇我臣赤兄、塩屋連小代、守君大石、坂合部連楽一、取二短籍一卜二謀反之事一、

といつた謀反を卜つた行為である。これを按ずるに、謀反とトふ行為は明らかに、謀反罪に該当する構成要件を、充足する実行行為が存在したかに解される。然し鯯魚と異なる刑を受けた二人は、この謀反をトふ行為が故意でなく、其の場における緊迫した空気に対して取つた自救行為であつたとも解される。両名が現在の事実に関して認識してゐても、将来発生する事実〈書紀異伝の有間皇子の言辞〉に関しては、予見したが中座出来なかつたのであらう。この推定は、今日の法解釈に当つて考察する違法性阻却原由の精神を以て、表象内容と発生事実の異なる構成要件に該当する時の発生事実なるものが、故意（責任）は問はれないと言ふ思想を背景にしたものである。この思想を上代に及

ぼす事は穏当を欠くが、解釈方法論として提起したのである。両名が自救行為を行つたとする推定は、異伝に録される所の、

　或本云、有間皇子曰、先燔二宮室一、以二五百人一、一日両夜、邀二牟婁津一、疾以二船師一断二淡路国一、使レ如二牢圄一、其事易レ成、

と見える有間皇子発言の行動計画に確実性を立証しない疑心があつたからである。この疑心は同書に引く、

　或人諫曰、不可也、所レ計既然而无レ徳矣、方今皇子年始十九、未レ及レ成レ人、可下至レ成レ人而中其徳上、

と言ふ文意から察せられる如く、皇子は若年[50]であり徳の無かつたことが、当時において周知の事実であつたから、この推定は必ずしも穏当を欠くものではない。更に臆測すれば、両名は有間皇子の捕縛と同日に牟婁行宮に護送され、同時に出された飛駅の発遣人が、蘇我臣赤兄であることに注目すれば、彼は謀反の卜ふ行為に参加した当人であり、当時の状況は詳細に、書面で両名の言行を洩れなく天皇に報告されてゐる筈である。両名が流刑に処せられた結果から察しても、この飛駅使のもたらした書面には両名が、死刑を免れる内容の記載があつたとしても不思議ではない。有間皇子・舎人新田部連米麻呂・塩屋連鯯魚の三名が死刑に発展せしめた裏面には、死刑と断定する資料が専ら留守司からの飛駅状の文面だけであり、それ故に又、この事件が赤兄個人の策動と解されることにもなる。赤兄個人の策動とは別に、斉明帝三年に有間皇子がとつた狂人的行動は、感受性の強い皇太子中大兄皇子にとつては、無視され得ぬ状況を当時はらんでゐたのである。

　湯崎における皇太子の訊問は『書紀』では、有間皇子一人だけを記載するにとどまつてゐるが、真相は護送された全員に行はれたに違ひない。さうでなければ、流刑の二名が犯状が明確にならないからである。この事件が赤兄と皇太子に依るデッチ上げであれば、死刑を免れた薬・大石両名に対する判決理由が曖昧となり、事件の不可解さを増し

ても少しも解明されはしない。ここで事件が当時如何なる環境の下に醸成され、昇華されんとしたかを洞察する必要がある。それは赤兄の出自と置かれてゐる立場、有間皇子の心境、中大兄皇子の性格であり、この三者の何れを欠いても事件の核心に触れるものではない。中大兄皇子と中臣鎌子との関係はケマリの一件以来[51]、一心同体であったことは、蘇我蝦夷・馬子父子の誅滅後、皇極帝の退位に伴ふ皇太子の登極を、鎌子の忠告で中大兄皇子が断念した事例や[52]、鎌子の死に対して天智天皇の悲傷の様子[53]は、家伝作成者の修飾語辞を考慮してもこの事実をよく物語るものである。有間皇子を含む鯯魚・米麻呂の三名が、死刑になつた背後には、鎌子の皇太子に対する助言があつたのかも知れない。中大兄皇子の性格は今日迄いろいろと解釈されてゐるが、彼の行動は、皇統の危機に瀕した時にあつて、社稷の安寧に神経を使ふのが常であり、その時に取つた行き過ぎは、不可避の事情に依るものであつて[54]、皇統護持に尽力したと考へねば、中大兄皇子の諸行動に首尾一貫性が曖昧となる。中大兄皇子に対する行動の誤解は、積極的な実践行動者が持つ〈年齢的にかく考へられる〉単純な性格の持主でさへあつた[55]。畢竟戊午の変における有間皇子の行動は、理性的でなく感情的であり[56]、一方中大兄皇子は、皇統の危機に直面して対処した、不可避的自救行動であると言へやう。

鯯魚が水軍動員に参与したと想定しても、塩屋に勢力を扶植する海人族と、何時交渉を持つたかが不明である。水軍動員を自信に満ちて有間皇子が発言したのは、第三者を介入させずに直接自身で海人族の賛意を得たやうである。これを臆測すれば、斉明帝三年九月に有間皇子が自由に牟婁温泉に紀行した際に、謀反行動の自信を確めたのかも分からない。この推定は『書紀』の明文がないので断定出来ないが、俗伝に有間皇子が斉明帝三年に、在田郡内の藤並神社で、水主神に奉幣したと言ひ残る事実〈『有田郡誌』は後世附会の説とする〉がある。有間皇子が水主神に、それも斉明帝三年に誓願するのは何分、上記の俗伝はこの事件の真相を暗示してゐるのかも知れない[57]。

此地は上代に於いてユカリ深く、『倭名抄』[58]に吉備郷の古名を載せる中央で知られた地であり、『紀伊続風土記』には、「吉備の地は藤並田殿両荘となり」と述べる地であつて、熊野神信仰に関係する熊野路に近く、又、『万葉集』に詠まれた[59]白上の磯に擬定され要津迄は、一里余の距離内に位置する地勢上の条件に富んでゐる。古来、吉備郷なるこの地が、都と関係浅からぬものがあると考へられる。況んや斉明帝三年に有間皇子が水主神に奉幣すると言ふ伝承は、『書紀』に載せる三年九月における有間皇子の牟婁温泉行と、四年十一月に起こす謀反行動の言辞とに符号させるもののやうであり、狂人の顔を装つて病気治療の名目でもつて、牟婁に下向した有間皇子の行動事実を暗示補強する〈もし社伝が偽書とすれば、社伝作成者の意図も上記の点にあつたのかも分からない〉。

三年九月に鯯魚が同行したと思はれる事実は不明であるが、これ迄に縷述したことから勘考すれば、藤並神社における奉幣行事に、彼も参加してゐるものと思はれる。

鯯魚は有間皇子と同じ藤白坂で殺されたのであるが、『書紀』の記載の不手際が災して、処刑地の同名異地へ、皇子と別に護送したのであらうとする推定[60]説も生まれる。私見を以てすれば、日程の面で納得されず、この推定は無理である。藤白坂に就いては通説として、「藤白神社の前に於ける、古道と新道との会合点より西南の方十八町にして旧海部郡仁義荘橋本村に通ずる熊野街道の坂路[61]」を充ててゐるが、私見では、日高郡印南町切目村と南部町の間に在る岩代浜附近に想定することは、先に少し触れておいた[62]。猶、藤白坂に関しては、「斉明四年紀十一月庚寅条の藤白坂について」と題して第五章第三節で示す。

九日湯崎に於ける皇太子の有間皇子一行に対する親問は、固有法の裁判体制から『唐律』を参酌するものであり[63]、天皇がタツチしなかつたにしても不思議ではない。そして皇子に対する処刑方法が絞刑であることは、律に依るに皇親と雖も八虐を犯した場合には、その特典を剝奪される[64]のが本来の趣旨であるから、斬刑が至当[65]でこの点からも固有法の残痕が見られる。又、死囚者は市にて処刑されるのが『獄令』の規定であり[66]、鯯魚等が処刑された場所は、凡そ市とは全く関係の無い、人里離れた辺鄙な所が選ばれてゐるのは、律令の精神に拘束されない、古代法の側面を示してゐるのであつて、丹比小沢連国襲による暗殺と解するは[67]、皇子と鯯魚とは別行動となり、理会困難を来すのではあるまいか。

むすび

これ迄の縷述は、今日迄有間皇子の事件に関して、明確性を欠くと思はれるのに鑑みて、『書紀』の記載を多角的な見地から考察する為、塩屋連鯯魚に焦点を当てて事件の核心に触れやうと試みたのである。論旨多岐に亘つたが、要約すればおよそ次の如くである。

(1) 有間皇子の変における事件の発端は、従来考へてゐた皇太子中大兄皇子の策謀、及び蘇我臣赤兄の挑発行為で惹起したものではなく、あくまでも有間皇子独自の謀反行動であると考へられ、事件の成果は実に水軍動員計画にかかること。

(2) 事件に参画するものと考へられる水軍は、上古より武威を誇つた紀伊国の海人族であり、就中、その精鋭は在田郡より日高郡に及ぶ海人族であり、武内宿禰の後裔塩屋連がこの海人族と関係をもつてゐたと推定されること。

(3) 舎人でない塩屋連鯯魚が斬刑に処せられたのは、有間皇子の自発的謀反行動に関与〈推測を強くすれば、鯯魚がこの事件の主導的位置にあつたのではないかと思ふ〉し、紀伊国に於ける海人族の動員に尽力した為であると推定されること。

(4) 改新後、古代慣習法に代て唐制度の律思想が見られること。

註

(1) 田辺幸雄「天智天皇の年齢をめぐつて」『日本文学』五巻一号・一九五六年刊。

(2) 『万葉集』巻二　挽歌　有間皇子、自傷結二松枝一歌二首

　　磐代の浜松が枝を引き結び真幸くあらばまた還り見む（一四一）
　家にあれば笥《ケ》に盛る飯《イヒ》を草枕旅にしあれば椎の葉に盛《モ》る（一四二）

（3）田中卓「古代出雲攷㊤」『芸林』第五巻第一号・芸林会・昭和二十九年刊、四五頁。

（4）田中卓「神代史における神話と史実との関聯㈡」『芸林』第一一巻第二号・芸林会創立十周年記念日本書紀特輯・昭和三十五年刊、四八頁。

（5）神武即位前紀甲寅条。

（6）田中卓「神代史における神話と史実との関聯㈣」『芸林』第一一巻第五号・芸林会創立十周年記念日本書紀特輯・昭和三十五年刊、四四頁。

（7）記に「其御祖命、違二遺於木国之大屋毘古神之御所」とあり。田中卓　註（6）前掲論文、四七頁。

（8）羽原又吉『日本古代漁業経済史』改造社・昭和二十六年二刷、二六四頁。

（9）児玉洋一『熊野三山経済史』有斐閣・昭和二十九年再版、二九頁。

（10）白柳秀湖『定版民族日本歴史（王朝編）』千倉書房・昭和十三年刊、一八九頁。

（11）白柳秀湖　前掲書　二〇五頁。

（12）西田長男「安曇磯良」『神道史研究』第五巻第六号・昭和十三年刊、一五〇頁。

（13）田中卓「神代史における神話と史実との関聯㈢」『芸林』第一一巻第三号・芸林会創立十周年記念　日本書紀特輯・昭和三十五年刊、五二頁。

（14）『姓氏録』摂津神別
　　阿曇犬養連　海神大和多罪神三世孫穂己都久命之後也。
　右　京神別
　　安曇宿禰　海神綿積豊玉彦神子穂高見命之後也。
　『類聚国史』神祇一　神代上
　　底津少童命。中津少童命。表津少童命。
　是阿曇連等所祭神矣。

(15) 応神三年十一月紀「処々海人、訕哤之不レ従レ命、則遣二阿曇連祖大浜宿禰一、平二其訕哤一、因為二海人之宰一」と明示する。

(16) 履中即位前紀、「近則遣二一人一、問曰曷人、且何処往矣。対曰、淡路野嶋之海人也、阿曇連浜子（一云、阿曇連黒友）為二仲皇子一令レ追二太子一」とあり。

(17) 津守連が祀る祖神大海神社が住江の摂社になつてゐる。

(18) 三島敦雄『天孫人種六千年史の研究』スメル学会・昭和二年刊・一五四～一五六頁。

(19) 森田康之助「塩土老翁について」『神道史研究』第五巻第六号・昭和三十三年刊。

(20) 丹生広良『丹生神社の研究』和歌山文化協会・昭和三十六年刊・三七頁。

(21) 海部族古墳の分布状況

(イ)　日高郡御坊市名田

(ロ)　同郡印南町切目崎

(ハ)　同郡南部岩代

右の資料は和歌山県文化財委員巽三郎氏の提供に依る。

(22) 羽原又吉　前掲書　三〇六頁。

(23) 『姓氏家系大辞典』塩屋条

一、塩屋連　武内宿禰の裔、葛城氏の族にして、伊勢国奄芸郡塩屋郷の豪族なるべし。孝徳紀大化二年条に「塩屋（水戸本には、此の下に連字ありと。宜しく斉明紀によりて、連字を補ふべし）鯯魚」なる者見ゆ。東国の人なり。其の後、斉明紀四年条に、罪ありて斬らる。「或る本に塩屋連小代」とも見ゆと明示する。

私見では、鯯魚は東国の人とは思はれず、紀伊か伊勢何れかの人であらう。理由は、改新後における国司の任命は中央より派遣される官人であり、鯯魚もその例に洩れないことが一つ挙げられる。次に『続日本紀』養老五年正月甲戌の詔に、明法博士たるの功により、塩屋連古麻呂〈『懐風藻』・『武智麻呂伝』・『職員令集解』に見ゆ〉が、絁・糸・布・鍬等を賜はることを載す。

又、聖徳太子伝暦の皇極天皇二年十一月条に中臣塩屋連枚夫の名も見える。以上を按ずるに塩屋連は一族ではなく、物部・蘇我氏の如く分枝族があるらしい。

(24) 大化二年三月辛巳条

(25) 村尾次郎『律令財政史の研究』吉川弘文館・昭和三十六年刊・二二八頁。

(26) 垂仁紀二十五年春二月甲子条に大伴・物部両氏が五大夫の中に見ゆ。

(27) 推古紀十八年十月丁酉条　物部氏を除く四大夫が見ゆ。

(28) 太田亮『全訂日本上代社会組織の研究』（邦光書房・昭和三十年刊）第四編　カバネ

(29) 『倭名抄』巻五「下野国　塩屋之保乃夜」『同』巻六「伊勢国　奄芸郡　塩屋之保也」とあり。

(30) 奈良県国立文化財研究所発行『平城宮跡第五次発掘調査報告』

(31) 滝川政次郎『日本上古史研究』通巻第五三号・一九六一年刊。

(32) 近鉄沿線風物誌『平城宮跡』はこの木簡を知る手近の小冊子である。

(33) 『賦役令』調絹絁条に

凡調絹絁糸綿布。並随二郷土所出一。正丁一人。絹絁八尺五寸。六丁成レ疋。美濃絁六尺五寸。八丁成レ包。糸八両。綿一斤。布二丈六尺。並二丁成二絇屯端一。其望絁布。四丁成レ端若輸二雑物一者。鉄十斤。鍬三口。塩三斗。鰒十八斤。

……

とあり。

(34) 拙稿「塩屋連鯯魚寸考」『日本上古史研究』通巻第五九号・昭和三十六年十一月刊を参照されたい。

(35) 木簡に記す財部郷は、『紀伊国名所図会』に、「財部郷今廃して財部村存せり」とあり、塩屋村とは三十町許りの距離の北に位置する。

(36) 『姓氏録』河内皇別に、

塩屋連　武内宿禰男。葛城曾都彦命之後也。日本紀合

とあり。

(37) 『姓氏家系大辞典』紀姓条に、

香椎社家系図には「大臣武内宿禰命―平群紀都久宿禰―……紀小弓宿禰（葛城襲津彦の女面長姫）……―紀宇倍宿

禰―紀男麿宿禰―……」

と載せる。

(38)『日本霊異記』

漂二流大海一敬称二尺迦仏名一得レ全命縁第廿五……紀万侶朝臣、居二住於同国(紀伊)日高郡之湖一、結レ網捕レ魚。馬養祖父丸二人、傭賃而受二年価一、従二万侶朝臣一、昼夜不レ論、苦行駈使、引レ綱捕レ魚。

(39)『古事記』下巻に、

大雀命、坐二難波之高津宮一、治二天下一也。此天皇、娶二葛城之曾都毘古之女、石之日売命一大后……

仁徳紀二年春三月戊寅条に、

立二磐之媛命一為二皇后一、……

『続日本紀』天平元年八月壬午条に、

喚二入五位及諸司長官于内裏一、而知太政官事一品舎人親王宣レ勅曰、……難波高津宮御宇大鷦鷯天皇、葛城曾豆比古女子伊波乃比売命皇后止御相坐而、……

とあり。

(40)『古語拾遺』

「至二於後磐余稚桜朝一。三韓貢献。奕レ世無レ絶。斎蔵之傍。更建二内蔵一。分二収官物一。仍令下阿知使主。与二百済博士王仁一。記中其出納上。始更定二蔵部一」

とある。また、

同雄略朝

自レ此而後。諸国貢調。年々盈溢。更立二大蔵一。令二蘇我麻智宿禰検二校三蔵一(斎蔵。内蔵。大蔵。)

履中紀六年正月辛卯の条

始建二蔵職一、因定二蔵部一。

履中記

天皇於レ是以二阿知直一、始任二蔵官一、

『姓氏録』等の参照から記・紀に明細はないが、武内の一族が財政権を掌握した事実が分かる。

(41) 仁徳紀十六年秋七月戊寅朔

天皇以二宮人桑田玖賀媛一、示二近習舎人等一

(42) 石尾芳久「日唐防令の比較研究」(『増補日本古代法の研究』法律文化社・一九六〇年増補版・二一一頁)。

(43) 仁徳即位前紀

大雀命、聞二其兄備レ兵、即遣二使者一、令レ告二宇遅能和紀郎子一。故、聞驚以レ兵伏二河辺一、……詐以二舎人為レ王、

(44) 坂本太郎『大化改新の研究』至文堂・昭和十三年刊・五二四頁

(45) 孝徳紀五年三月における蘇我倉山田麻呂に対する天皇の審問宮三名の派遣はこの制度の過渡期の状態を示してゐる。

(46) 石尾芳久　前掲書　八六頁。

(47) 律八虐に「一日。謀反。謂。謀レ危二国家一。謂。臣下将レ図二逆節一。而有二無レ君之心二」とある。

(48) 異伝に「或本云、有間皇子曰、先燔二宮室一、以二五百人一、一日両夜、邀二牟婁津一、疾以二船師一断二淡路国一、使レ如二牢圄一、其事易レ成」と言ふ。

(49) 石尾芳久　前掲書　一九七頁。

(50) 日本武尊が熊襲征討の将に任ぜられたのは、十六の年齢〈景行紀二十七年〉であり、『万葉集』〈巻五―八八四・八八五〉に二首の歌を詠んだ大伴君熊凝は、相撲使の従人に為つてゐること、又、大化改新の立役者中大兄皇子は、当時二十歳〈田辺幸雄「天智天皇の年齢をめぐつて」『日本文学』五巻一号・一九五六年刊〉であつた事実は、上記の三名が、思慮分別に乏しく、付和雷同する年齢と危惧される考へは、生じないやうである。十五歳にして大学の道に志す〈論語巻之一為政篇〉古代においては、有間皇子の場合、環境に順応して形成されてゆく、社会事象の判断力に欠けてゐたと思はれる。

(51) 『大織冠伝』に「儻遇二于蹴鞠之庭一。中大兄皮鞋随レ毬放落。大臣取捧。中大兄敬受之。自レ茲相善倶為二魚水二」とある。

(52) 孝徳天皇即位前紀に、「中臣鎌子連議曰、古人大兄、殿下之兄也、軽皇子、殿下之舅也、方今古人大兄在、而殿下陟天皇位、便違二人弟恭遜之心一、且立レ舅以答二民望一、不二亦可一乎、於是中大兄深嘉二厥議二」とある、

(53) 『大織冠伝』

(54) 平泉澄「天智天皇の聖徳」『神道史研究』第八巻第六号・一九六〇年刊。

(55) 大化五年三月乙巳朔戊辰条に、「蘇我臣日向日向字身刺譖二倉山田大臣於皇太子一曰、僕之異母兄麻呂、伺三皇太子遊二於海浜一而将レ害之、将反其不レ久、皇太子信之、是月、遣二使者一収二山田大臣資財一、資財之中、於二好書上一題二皇太子書一於二重宝上一、題二皇太子物一、使者還申二所レ収之状一、皇太子始知二大臣心猶貞浄一、追生二悔耻一、哀歎難休」とあり。

(56) 新野直吉「斉明・近江朝の緒勢力（上）」『芸林』第一一巻第五号・昭和三十五年刊・二七―二八頁。

(57) 和歌山県有田郡藤並村大字天満に在る郷社藤並神社々伝『北野誌』に一部録載す。毛利柴庵述『皇室と紀伊』（昭和十年刊）に所収　八三頁。

(58) 『倭名抄』巻九　紀伊国在田郡に吉備とあり。

(59) 『万葉集』巻九　雑歌

湯羅乃前　塩乾尓祁良志　白神之　磯浦箕乎　敢而滂動（一六七一）

(60) 奥野健治『万葉地理三題』佐紀発行所・昭和三十四年刊・四〇頁。

(61) 『紀伊通覧』養浩居主人著。

(62) 「戊午の変雑考―有馬皇子の死に就いて―」と題して昭和三十六年第七回神道史学会にて発表。

(63) 石尾芳久　前掲書　八七頁。

(64) 『名例律』議条に、「凡六議者。……其犯二八虐一者。不レ用二此律一」とある。

(65) 『賊盗律』謀反条に、「凡謀反及大逆者。皆斬」とある。

(66) 『獄令』決大辟条に、「凡決二大辟罪一。皆於市」とある。また持統天皇即位前紀に、「庚午、賜二死皇子大津於訳語田舎一、時年廿四、妃皇女山辺被レ髪徒跣、奔赴殉焉、見者皆歔欷」とある。

(67) 奥野健治　前掲書　四七頁。

第五章　白浜裁判と前後編

第一節　白浜裁判前編

はじめに

斉明四年（六五八）十一月十一日、孝徳天皇の一子有間皇子は、重税負担に喘ぐ人民の生活安定と国政改革を目指しての政権打倒クーデター計画に失敗し、紀伊日高郡内の藤白坂で丹比小沢連国襲監臨の下「絞」刑に処せられ、有為転変の波瀾に富んだ十九年の生涯を閉じた。

死を賭した皇子の謀反準備行動には、軍事行動の為の状況視察に連なる白浜旅行・水軍行動に必要な元国司の協力・信頼せる某に対する計画案良否の意見聴取・最後に留守官懐柔の私邸訪問へと、堅実にして且つ慎重な行動がみられた。政争の犠牲者有間皇子[1]・冤罪による悲劇の皇子像[2]が作られる背景を考える時、本事件で「斬」刑処分をうけた塩屋連鯯魚と舎人新田部連米麻呂の両名が事件とどう関わったかが問われねばならなくなる。

即ち、疑問の第一点は、塩屋連鯯魚に対する「斬」刑理由が何であったかである。それは、鯯魚の犯罪行為が謀反計画の中核を担当した人物であり、本事件の背後で有間皇子と深く関わった協力者であり、軍事行動の成功の鍵を握る中心人物ではなかったか、を意味する。

疑問の第二点は、舎人新田部連米麻呂に対する「斬」刑理由が何であったかである。『日本書紀』は米麻呂について、皇子・守君大石・坂合部連薬の逮捕と白浜護送の後に、「従《ミトモ》なり」と記しその後は皇子が「斬」刑を執行された十一日の条に、「是の日、塩屋連鯯魚・舎人新田部連米麻呂を藤白坂に斬らしむ」と記すのみで、罪状らしき記録を一切載せない。言うなれば、米麻呂は罪刑法定主義下『唐律令』の準用政策時における自由人である。自由人が理由なく処刑される筈はない。従って、米麻呂は「斬」刑処分を蒙むるにふさわしい条件、謀反計画に関し是非の判断を下せる立場にある人物、或いは実行行為に走る為の確信の暗示を与えた重要人物として想定しなくてはならなくなる。米麻呂の処刑は『唐律令』の正文に拠る判決をうけた結果であることを忘れるべきでない。ここに「斬」刑の法的根拠の探求が必要となってくるのではないか。

疑問の第三点は、白浜裁判の法定＝鯯魚の罪状を国家反逆の「謀反」と認定し自由人米麻呂を犯罪人として起訴し大辟罪相当と確定した＝を何処に推定するかである。白浜法廷の擬定は、わが国の法制史上殊に罪刑法定主義下の最初の裁判地として記念顕彰することであり、天皇臨席の下で開かれた唯一無二の行宮裁判の場所を暗示するものである。其所は、国家顚覆を企てて暴力行動に走る違法者への無言の教訓を後世に伝える旧蹟となるのではあるまいか。

疑問の第四点は、鯯魚並びに米麻呂が処刑された所謂刑所の「藤白坂」が一体何処かである。藤白坂は裁判の決審で作成した断文中に記録された刑所指定地に当たる。刑所の「藤白坂」を、『万葉集』巻九―一六七五番歌にみえる「藤白之三坂」、即ち現在の海南市藤白と擬定する通説が果たして妥当なのか(3)、疑問なしとしない。大化改新後の罪刑法定主義下における裁判手続から絞られてくる刑所は、公開の場として「市」的要素を備えた環境・人家稠密の部落に近い場所でなくてはならない。その様な地を日高郡内に推定すべきではないか。

本事件の関係記事を読む中で湧いてくる以上の疑問の解明が、大切なのではあるまいか。本事件と関わる疑問には、有間皇子の謀反事件惹起の動機がある。又、守君大石・坂合部連薬の両名が「流」刑処分をうける理由があり、有間皇子の処刑に派遣された丹比小沢連国襲を断獄の刑吏と解すべきか否か等が存在する。それらについては第五章第四節で触れるので、当面上記した四点について、以下に疑問点を追って些か私見を述べたい。

この項は、南由次郎氏の資料提供を得て作成した。

一　塩屋連鰂魚に対する構成要件

鰂魚は大化改新後の東国国司に任命され、治政よき功績を以て孝徳天皇から賛辞をうけた律令準用制度下の官人である。

二年三月辛巳、詔㆓東国朝集使等㆒曰、
別塩屋鰂魚〈鰂魚、此云、挙能之慮〉・神社福草・朝倉君・椀子連・三河大伴直・蘆尾直、此六人、奉㆑順㆓天皇㆒、朕深讃㆓美厥心㆒。

この大化二年記事を根拠として、太田亮氏は鰂魚の本貫地を東国とした（『姓氏家系大辞典』）。この説必ずしも正しい本貫地を示したものではなく、伊勢国を推す説[4]も存在する。塩屋連は『校訂姓氏録』河内皇別に、

小家連、塩屋連同祖、武内宿禰男、葛（木）襲津彦命之後也。日本紀合。

とみえて、中央と離れた地方の豪族でなく畿内における古来の名門としての出自をもつ氏であったかに理解される。がどうもそうでないらしい[5]。

塩屋連は海人族の製塩作業に携わる海部の族長で、武内宿禰が紀伊と深く関わる点から紀伊国日高郡の塩屋を本貫とした氏で、塩を貢上する海人族を統轄した紀伊の豪族と推測される[6]。鰂魚は同族の塩屋連の姓をもつが、奈良朝に入って律令編修の業務で功績のあった法学者塩屋連古麻呂[7]とは、出自を異にした氏であると考えられる。何故ならば、鰂魚は国家反逆の罪で処刑され、その家族は『唐賊盗律』第一条の規定[8]を準用されて、断絶の運命を辿るので子孫が

存続したとは考えられないからである。

鰤魚の姓塩屋連に関わる氏に注目すると、その塩屋連は紀伊の牟婁連に浅からぬ因縁があった。『続日本紀』天平十七年（七四五）正月乙丑条に、聖武天皇が大安殿に出御し五位已上の官人慰労の祝宴に際して一連の叙位を行った記事を載せる。その叙位者五十九名中に、正六位下から外従五位下に昇った熊野直広浜がいる。広浜は、叙位の三年前に制度化された『郡司采女貢進令』によって上京した采女ではなくて、『大宝令』発布以前に宮廷に出仕した女性であろう。(9) 広浜は光明皇太后の周忌御斎、称徳天皇の紀伊国玉津島行幸に供奉し、(10) 神護景雲三年（七六九）四月癸卯六日に卒している。卒伝には「散辞牟婁采女」とある。天子に仕える女性即ち采女は、もと後漢に入って設けられ、以後三国・六朝を通じ隋唐に受容された後宮制度下の女官である。彼女らは日本へは百済を介して貢せられ、大化改新以前の中国文化の影響の濃い歴史をもつ。(11) 牟婁の采女が史書に名をとどめる十名に満たない出世頭の一人である特異な人物である点を考慮すると、(12)『大宝令』制定下の新制采女ではなく改新以前の大和政権下における国造の兵衛貢進に連なる地方豪族の出自をもつものと解される。

大王の専制的支配下の強烈な人身支配方式に組込まれ、大王に反乱を起こさない絶対服属の下忠誠の証として貢進する人身御供であり、俗的表現を採れば、生殺与奪権をもつ地方豪族を父と仰ぎ天皇の身の廻りを世話する教養豊かで美しい女官である。美女の采女は人々の高根の花であり、格式高い地位を与えられる天皇の愛玩であった為、姦通容疑の訊問拷窮には、天子の勅命に基づく苛酷な臨時措置が採られた。(13) 七世紀末、地方首長の中で家族を九十六人擁した美濃国造大庭が、八世紀後半にあって子の雄万時代になると、同国方県郡郡司として私稲二万束を国分寺に献じる例に匹敵するのが、(14)(15) 牟婁の族長熊野直家ではなかったか。

かかる紀伊牟婁郡の名望家に、日高郡の族長塩屋連が姻籍関係を結んでいるのである。両者の血縁関係を示すのが、中臣氏系図及び松尾社系図に成る塩屋牟婁連である。

中臣常磐大連公〈氏上、一云、常歯大連。塩屋牟漏連之女都夫羅古娘腹〉。

右大連、始賜二中臣連姓一。磯城嶋宮御宇天国押開広庭天皇之代、特豪二令誉一、格勤供奉者。

の記録は、延喜六年（九〇六）に大中臣氏人が、貞観五年（八六三）十一月三日太政官に提出した記録を撰録した『新選氏族本系帳』に残るものである。同本系は恐らく藤原仲麻呂が、唐太宗の撰録にかかる『氏族志』を模範とした同一名称の『氏族志』編集に提供された原本を引くものであろう。と言えるのは同本系に、

案下依二去天平宝字五年撰氏族志所之宣一、勘造所レ進本系帳上云。

の句が挿入されている記事に基づく。中臣氏と鹿島神との係わりは、大化五年に中臣鎌子が鹿島の神郡設置を要請し、それの実現をみているところに窮知される。[16]又同条の注記に大中臣神聞勝命が美麻貴天皇（垂仁）の時代に鹿島神について述べた俗伝承を載せる。これは鹿島と中臣とに関係する事実を示唆するものである。尤も垂仁天皇二十五年二月甲子条には五大夫の一人として中臣連の遠祖大鹿嶋が登場するけれども、後世付会の説を反映するものであろう。[17]昭和二十三年丸山二郎氏は、『日本古代史研究』を大八洲出版から出された。奈良朝以前に常陸と物部氏の間に武甕槌神及び経津主神を祭るという伝承から、鹿嶋香取を地盤とした物部勢力に代って中臣氏が伸長すること、物部借馬連が『正倉院文書』養老五年讃岐国戸籍に残る例を挙げて、その祖が『旧事本紀』に載る物部麻作連公と物部金連公である人名を以て、物部氏の古き時代における鹿島支配勢力を指摘された。どうも中臣氏の鹿島における勢力扶植は、敏達朝以前に物部氏と血縁関係を結んで平和裡に進められたらしい。その一端は前の『延喜本系帳』に、

中臣可多能祜大連公氏上、一云、方之子大連。物部尋来津橘首女宇那古娘腹。

右大連、供二奉他田宮御宇渟名倉太玉敷天皇之朝廷一。

とみえることにより推定される。中臣氏は、一は物部氏の軍事勢力と妥協し、一は海人族統轄の塩屋連の水軍勢力を介して中央における地盤を固めたかに思われる。そして、中臣氏と塩屋牟婁連との血縁関係は直接的でなく、中臣氏

と塩屋連との結合を踏まえてのことのようである。

『聖徳太子伝暦』巻下に利用された『補闕記』に、

発卯年十一月十一日丙戌亥時、宗我大臣児林臣入鹿、致奴王子児名軽王、巨勢徳太古臣、大伴馬甘連、中臣塩屋連枚夫等六人、発㆓悪逆㆒云々。

とみえ、山背大兄王一族殺害の謀議参加者中の一人に中臣塩屋連の名を見出す(18)。改新二年前に塩屋連を称する復姓の中臣氏(19)、中央の血生臭い政争の真只中で活動し、鎌足の三島隠棲とは甚だ対照的な行動をとる姿が補闕記から知られよう。ここに、鹿島神と結びついた中臣氏は、一方で塩屋連との姻籍関係を媒介にして、紀州に進出する背景を推測することも亦可能となってくる。では、その中臣氏が塩屋牟婁連と結びつく間に紀伊と深く連なる点を考えてみたい。『万葉集』巻九に、大宝元年（七〇一）十月持統上皇が牟婁温湯行幸に際し、随行した人の歌十三首が収められている。その一首に、

三名部の浦　潮な満ちそね　鹿島なる　釣りする海人を　見て帰り来む（一六六九）

がある。歌中の鹿島は、現在日高郡みなべ町に属し(20)、祭神を鹿島神たる武甕槌命とする。鹿島神鎮座の由来については明らかでなく、地理的条件から考えて勧請したものとみなす説や鹿島神が災難を救う神であることから台風・高汐・津波除けの神島（鹿島）であり、漁師の神であるともいう(21)。私見は、鹿島と紀伊をつなぐのが塩屋における塩生産を本業とした海人族を統轄した塩屋連であり、塩屋連と結びついた中臣氏の一派中臣塩屋連であると推定するのである。

紀伊と東国における考古学上の共通性は、東国出土の品が紀伊国海岸一帯からも発見され、文化生活の面で類似する点に求められる。その一例を日高郡旧切目村（現印南町切目）崎山古墳にみると、出土副葬品の貧弱性で海洋性部族の奥津城たる性格が知られるという(22)。さて、鹿島と紀伊間の航海には太平洋に突出した紀伊半島を経由すればよい。

その半島の南に伊勢国の塩屋があり、海神を祭る豊受大神宮末社志宝屋神社がみられる。海人族の交流は絶え間なく東国・紀伊間にみられた。元禄年間紀州在田郡の漁民が九十九里浜に新しい生活の場を求めて進出した。その時、キリシタンでない身元証明書を地元の寺で発行して漁民に携行させていた。その珍しい文書が二通現存している。この九十九里浜遠出の紀州漁民をみるまでもなく、古代から鹿島・紀伊の海人は頻繁に両所を航海したのであり、共通の文化を享受したことを忘れるべきでない。

鯛魚の動向を察るに当たって、塩屋連が統轄する職業集団を塩生産に従事する海人族に注目すると、上述の如き中臣氏と鹿島神の関係に触れることができ、鹿島神と結びつく中臣氏と海人族を支配する塩屋連の関係が引出される。紀伊と東国の文化の共通する海洋性奥津城の関連は『万葉集』に残る八世紀初頭の作品から紀伊鹿島の因縁浅からぬ面が窺われる。その鹿島には、改新以前に中央での政争に一役を果たす中臣塩屋連枚夫の如き人物が浮かんでくる。七世紀前半に既に東国鹿島に勢力を張った中臣氏が、畿内進出の過程の一拠点にした場所であったことを推測できるのではないか。『撰氏族志』所出の『中臣氏系図』に基づけば、欽明天皇朝即ち六世紀後半に、中臣氏が塩屋牟婁連を介して紀州との強い絆を結んでいることが知られる。これは、南部の鹿島神勧請と無関係ではあるまい。

塩屋と言えば、和歌山県内における製塩土器の遺跡が五十ケ所近くにも及ぶ。その実体は次頁表の如くである。数多ある製塩土器遺跡中、牟婁路に入った南部町山内の大目津泊り遺跡は、紀南最大の規模で注目される(23)。日高川河口南岸から切目崎間の二十キロにある古墳群百二十基中の天田・名田・西之地・崎山古墳が、海岸段丘上の崖上近くに築造される点で海人族・紀伊水軍の豪族の墓という。これらの古墳群中、馬具の出土は僅か一例であり、天田古墳群中には舟型石室をもつ特異な古墳も存在し、名田古墳群中には玉砂利に代る貝殻を敷きつめる古墳もあり、海人族特有の副葬品を出土する(24)。殊に南塩屋尾の崎地区で、四乃至五世紀推定の大量の製塩土器が出土して注目された(25)。この様に日高地方の海人族の集団の有力者を葬る古墳の多いこと、生活共同体の主要生産物としての塩、其れを裏付ける

和歌山県内の製塩土器出土遺跡一覧表

No	市町番号	遺跡名	所在地	時代
1	1	地ノ島遺跡	有田市初島町地ノ島	縄文～古墳
2	33	津井浜遺跡	〃 宮崎町字津井	弥生
3	45	鳥居縄手遺跡	御坊市塩屋町南塩屋字鳥居縄手	古墳
4	46	東大人遺跡	〃 〃 字東大人	古墳
5	1	黒島遺跡	由良町衣奈黒島	縄文～平安
6	2	十九島製塩遺跡	〃 小引十九島	平安
7	7	大引遺跡	〃 大引	弥生～平安
8	14	阿戸遺跡	〃 阿戸	弥生～古墳
9	6	津久野遺跡	日高町津久野	古墳～鎌倉
10	8	比井遺跡	〃 比井	古墳
11	17	阿尾遺跡	〃 阿尾	古墳
12	2	水藪遺跡	美浜町三尾	古墳
13	9	東岩代浜遺跡	南部町東岩代木場	弥生
14	18	大目津泊り工遺跡	〃 山内大目津泊り	縄文～平安
15	36	森の鼻遺跡	〃 堺森の鼻	古墳
16	96	古目良岩陰遺跡	田辺市元町目良字古目良	弥生～古墳
17	99	立戸岩陰遺跡	〃 〃 目良	古墳～平安
18	126	西菖蒲谷遺跡	田辺市神子浜字西菖蒲谷	古墳～平安
19	39	北沖代遺跡	〃 稲成町	古墳
20	3	馬目谷遺跡	白浜町瀬戸字馬目谷	古墳
21	8	瀬戸田尻浜遺跡	〃 瀬戸字田尻浜	縄文～奈良
22	9	江津良遺跡	〃 江津良	縄文～古墳
23	10	坂田山遺跡	〃 坂田字坂田山	弥生～古墳
24	14	綱不知岩陰遺跡	〃 綱不知字論珈平	古墳
25	26	横浦岩陰遺跡	〃 横浦字串ケ奉	弥生～古墳
26	27	日向浦遺跡	〃 堅田字日向浦	古墳
27	31	藤島岩陰Ⅲ遺跡	〃 〃 字藤島	弥生
28	57	白浜遺跡	〃 字白浜	古墳
29	○	東条遺跡	〃 堅田字東条	古墳～奈良
30	○	瀬戸遺跡	〃 瀬戸	縄文～平安
31	1	塩野遺跡	日置川町日置字塩野	古墳
32	10	大水崎遺跡	串本町大水崎	縄文～古墳

（注）本表は昭和49年3月和歌山県教育委員会埋蔵文化財一覧表を参照した。和歌山市部分を除く。○印は49年3月以後の発見を示す。

製塩遺跡を眺めると、日高地方を支配した豪族が塩屋連に擬定することも可能であろう。先に筆者は、塩屋連鯽魚の本貫地を日高川河口の塩屋に想定し[26]、平城宮址出土の調の塩貢進をした財部郷と塩屋との関連を指摘し、鯽魚に協力する海人族を紀伊水軍と推測し[27]、有田川流域台地に在る藤並神社の水主神を奉斎する海人族が塩屋連の支配下にあったものと推測した[28]。一体、海人族を統轄するには製塩地塩屋の生活共同体の根拠地を掌握の下に進める必要がある。この視点に立つと、塩屋連鯽魚の勢力扶植圏は紀伊塩屋に絞られてくる。この見解は、先に賛同を得たこともあって[29]

大方の異論がみられない様である。最近では、紀伊塩屋が海上交通の拠点・内陸と海上交通の接点・陸上交通の要地・製塩の盛んな地とする説も出され[30]、漸く紀伊塩屋の重要性が認識されてきた感が強い。

中央貴族の中臣氏と姻籍関係下にある氏族・改新後の東国国司として忠勤に励んだという輝かしい業績・中央における生活必需品の塩を供給する紀伊国日高郡の豪族、いわば出自・履歴・経済力を兼備した塩屋連の御曹司として政界に名を止めた鯯魚が存在する。彼は、塩貢納を通して行動力に富む海人族を牛耳る立場にあった。紀伊国沿岸に散在する師楽式土器出土遺跡から、海人族の広範な経済基盤地の分布が窺われ、東国と紀伊の生活交流をみても海人族の幅広い経済活動圏を示唆されよう[31]。

鯯魚が本事件に関わった経過を辿ると『書紀』の本文及び分註の或本を照合して繋げば次の如くである。

(1)　斉明三年

①有間皇子の牟婁温泉行に別行動で合流する。

②海人族崇拝の水主神（藤並神社）奉幣行事に参加する？

③皇子の紀伊国体勢視察に随行する。

④海人族五百人の動員とその主力を牟婁津迎撃作戦に活用し、一部水軍を淡路国本土遮断作戦に投入する計画を立案する。

(2)　斉明四年十一月

①五日、有間皇子は蘇我赤兄私邸に赴き密議に参加し短籍卜に加わる。

②同日夜半、赤兄差遣の兵に逮捕され京内に拉置される。解部による取調をうけ、謀反参加の事情聴取の調書を取られる。

③六日午前、有間皇子は守君大石・坂合部連薬などと一緒に白浜行宮へ護送される。

④九日午後、行宮に到着、訊問取り調べをうける。

⑤十日、舎人新田部連米麻呂は謀議参画事情を追求され、厳しい拷訊により自白する？

⑥十一日午前、首・手の着枷後刑所の藤白坂へ護送され、申の刻（三時）後に「斬」刑に処せられる。

塩屋連鯯魚が米麻呂と共に斬刑処分をうけた歴史的事実から、鯯魚は死刑に該当する律に違反し有責の行為が存在した点を先ず認めねばならない。即ち、鯯魚は『唐律令』準用＝罪刑法定主義＝下の構成要件を充足したのである。ここで、鯯魚の違法有責の構成要件に当たる犯罪事実を見究めねばならなくなる。ところが、犯罪事実は『書紀』本文に記されていない。従って、本文の補足説明の分註の或本を参照・検討することが必要となる。或本に残る小才は「古能之呂」の訓を記すので代の誤字といえる。即ち、鯯魚が赤兄邸で短籍卜に参加した事実が知られたのは、この謀議当日の五日であった。この事実は更に謀議の具体的内容と関わる。その内容が別の或本に皇子の言葉として残る。

(1)　先燔㆓宮室㆒、

(2)　以㆓五百人㆒、一日両夜、邀㆓牟婁津㆒、疾以㆓船師㆒。断㆓淡路国㆒。使㆑如㆓牢圄㆒。

の二方面軍事行動である。(1)は飛鳥京の宮廷に放火して中枢機能を混乱麻痺させて、行政・警察機構を奪取するクーデター作戦の本命であり、(2)は行宮滞在の天皇以下中央機構を占める主要官人の掌握乃至は殺害作戦である。前者は陸上における武力行使であるのに対し、後者は海人族の水軍編成におけるそれである。前者には斉明帝崩御後の百済救援将軍の一人として活躍した守君大石に関する構成要件が係わる。

鯯魚に対する犯罪構成事実は、(2)に該当するのである。その理由は、海人族水軍掌握の立場に塩屋連が位置したこと、水軍動員に海人族の協賛が不可欠要素であることによる。これに関して鯯魚が紀伊国日高郡の塩屋を勢力地盤にして白浜行宮攻撃及び淡路国本土遮断の水軍動員に関与することは別稿で推定した(32)。

『唐擅興律』一条には、

日唐律量刑の相違一覧表

量刑		名例律 唐	名例律 日本	擅興律 擅発兵条 唐	擅興律 擅発兵条 日本	律断簡 日本		古律書残篇	延喜式刑部	法曹至要抄	金玉掌中抄
五刑	笞	10〜50	10〜50								
	杖	60	60								
		70	70			1口2口					
		80	80			5人〜9人					
		90	90			10人〜14人		尾張 去京七日		300里〜400里	或云300里(315) 越前(490里) 安芸
		100	100		20人〜49人			越前(去京八日)	越前(315里)		
	徒	1年	1年	10人〜99人	50人〜99人	△1口2口			安芸(490里)		
		1年半	1年半	100人〜199人	100人〜149人				信濃(560里)	560里	(700里) 信濃 (560里) 伊予
		2年	2年	200人〜299人	150人〜199人	△5人〜9人		伊予 去京十日	伊予(560里)		
		2年半	2年半	300人〜399人	200人〜249人	△10人〜14人			隠岐(910里)	700里〜1500里	(910里) 隠岐 (1225里) 佐渡 (1575里) 常陸 (1190里) 安房 (1225里) 土佐 (770里) 伊豆 或云1500里
		3年	3年	400人〜499人	250人〜299人			佐度 海運廿日	佐渡(1325里)		
	流	2000里	近	500人〜599人	300人〜349人	15人〜24人	1000里		常陸(1575里)		
		2500里	中	600人〜699人	350人〜399人	25人〜39人	2000里		安房(1190里)		
		3000里	遠	700人〜999人	400人〜449人	40人〜49人	3000里		土佐(1225里)		
	死	絞	絞	1000人以上	450人〜499人	50人〜99人			伊豆(770里)		
		斬	斬		500人以上	100人以上					

　　諸擅発兵、十人以上、徒一年。百人徒一年半、百人加二一等一、千人絞。

とみえて、兵の無断動員に対する犯罪者の最高刑を「絞」と規定する。一方、わが養老律逸文（『法曹至要抄』[33] 中所収）では、

　　兵仗事、擅発兵二十人以上、杖一百。五十人、徒一年。五十人加二一等一。

とあって、最高の量刑規定を欠く。『唐律』では絞刑が量刑の限界であるのにも拘らず、『唐律』準用の本事件では鯏魚が斬刑に処せられている。彼我の量刑の相違には何か理由がなくてはなるまい。所謂、淡路国遮断作戦には「船師」の動員を述べる或本の記事から、明らかに水軍正規兵の動員と見做す解釈があったことを想定できる。ということは、塩屋連鯏魚は「船師」動員の犯罪事実をもったことが窺われ、且つ職務上「船師」掌握の関与があったことを示唆している、と言えよう。いま彼我の量刑が異なり、しかも鯏魚に『唐律』に規定されない

「斬」の処分が事実として記録されることに従えば、本事件でわが律が『唐律』を考慮し乍らも国情に合わせて、新たに「斬」を加えたことを推測させる。そして、本事件の単項律が前例となって、後の『擅興律』制定時に影響を及ぼしたのではないかと考える。所謂律逸文の量刑は前頁に掲げた「日唐律量刑の相違一覧表」の如くである。

律逸文に基づく量刑が、偶然にも五百人以上で「斬」となる。有間皇子が謀反作戦の水軍動員の数値と付合するのは軽視し得ない問題であろう。一体、嵯峨朝に始まる死刑の停止＝其の要因を唐玄宗皇帝の死刑停廃行為の模倣[34]とも、又死刑停止永続の要因を死穢の忌避・仏教の因果応報説及び怨霊恐怖思想にある[35]ともいわれる＝の風潮下に成立した『法曹至要抄』に残る律逸文、殊に『擅興律』に焦点を合わせれば、それは死刑を重視した奈良朝或いはそれ以前の本邦独自の行刑思想を反映するものであろうか。唐の量刑よりわが律のそれが極めて重い内容を持つのは、律制定化過程で何か原因があった筈である。『養老律逸文』が大宝律を踏襲していることを想起すると、その内容の重い規定の背後に量刑の必然性が秘められているのであり、その必然性の前例を求めるとすれば、実は本事件の鰤魚との関わりが浮ぶ。即ち、⑴の④の経過を推定するのである。

水軍動員作戦の膳立を想定する時、その立案時期が問われよう。作戦遂行には事前の現地視察が必要であり、これには皇太子の監視の目をくぐらねばならず、都を離れた場所と時間を不可欠要素とする。その条件に適うのが斉明三年の皇子の白浜旅行[36]である。即ち、⑴の③の経過を推定するのである。紀伊国の体勢視察は軍事行動の為の基本的要項の一に当たる。現地の状況に明るい塩屋連鰤魚が視察の先導役を勤めたと判断するのである。これは違法動員の構成要件に該当するとの判断であり、この構成要件に該当の事実が律の運用に極めて重要な問題となりうる。鰤魚が死刑をうける違法性は、ここに塩屋連の分析から紀伊国塩屋を中心とした水軍の動員にあり、『擅興律』に該当することがわかった。又彼の有責行為には軍事行動の視察・作戦の立案に関与したことが推測され、行為の中に「故意」が認められる。所謂、十一月五日の謀反密議の参加が『賊盗律』一条を適用すれば「斬」になる。鰤魚にはこれを適用できるが、同席の守君大石・坂合部連薬は「流」刑処分を受けているので適用できない矛盾がある。従って、この条文は塩屋連鯯魚に適用できない量刑推定の原点となる。ここに、鯯魚に対する構成要件は⑴の③④における有責違法行為に拠る点にあった、と推定できよう。

二　舎人新田部連米麻呂の断獄

新田部連米麻呂は五日における有間皇子逮捕当日鯯魚・大君・薬達の検挙を免がれ、九日の皇子他三名の護送に際しては付添として白浜に同行した。『書紀』は「従焉《ミトモナリ》」二字の簡潔表現で記す。次に名を載せるのが、皇子の断獄地と同じ場所の藤白坂で鯯魚と共に斬刑に処せられた時である。米麻呂は皇子の同行者という自由人の身から五日後には極悪人の死刑囚に仕立てられた。その理由は記録にみえない。白浜における裁判審理で米麻呂の身に青天の霹靂が生じたのである。一体それは何故か。皇子他三名の拷訊で新しい物的・人的証拠が提出されたからに違いない。米麻呂に対する容疑が皇子の逮捕時にあれば、公訴を提起する赤兄が米麻呂を逮捕しない筈はない。然し正史の記録では「従焉」として犯罪容疑のない自由人として米麻呂を取扱っている。ということは、九日の白浜到着後皇子他三人の訊問・窮問・拷訊を伴う厳しい取調から共同正犯の容疑者が浮び上がる。それが実は米麻呂であって審理の結果有罪が確定した裁判事実を示唆している。自由人米麻呂は緊急逮捕されるや鯯魚たちと併行して謀反加担の事実関係窮明の取調を受け、犯意の裏付をとられ情状酌量が認められず審問の追求に屈して伏弁しなければならなかった。恐らく米麻呂は皇子の証人として護送団に同行したものであろう。証人転じて極刑人を生み出した白浜裁判、我々はここに厳しい裁判審理の拷訊を考えねばなるまい。

自由人米麻呂の有罪、これを従来誰も触れなかった。大化改新後における裁判の重要性の一端は、米麻呂が律令に則る審理手続を経て「斬」の死刑判決を下されている好例にある。斬刑の確定に至る過程には、入念の取調・想像を絶する拷訊・犯意を認める自白・自白の証拠書類作成をみるものである。白浜裁判は『唐律令』を準用した訴訟手続に基づく進行で、罪刑法定主義に立脚する手続で起訴された三囚人に続いて新田部連米麻呂を加えて進められる。起訴は謀反罪容疑犯罪を知った取調官が被疑者皇子他三名の糺弾の中で供述を得た。『闘訟律』の「監臨の主司、所部の法を犯すこと有るを知れば、劾を挙ぐ」べき義務を履行して、自由人米麻呂の公訴提起を行ったことに基づく。元来、留守官蘇我赤兄が飛駅使を介して斉明天皇に送付した公訴文書には、舎人米麻呂の名が載っていなかった。従って、皇太子を長とする事件審理担当の訴追は審理活動の過程で新しく浮び上がった米麻呂を告発する異常事態に直面する。訴追はここで具体的に明らかとなった事実関係「天と赤兄と知る。吾もはら解らず」と供述を変えなかった有間皇子を除く。塩屋連鯯魚・守君大石・坂合部連薬の何れか一人から出た供述を以て、米麻呂の緊急逮捕の手続を踏む。この段階に至って米麻呂は、国家反逆罪の訴因を構成する容疑者として個別審理の対象となる。その時点は『書紀』に記録されなかった己丑十日と思う。

一体何故自由人の舎人米麻呂が急転直下断罪を受けたのであろうか。鯯魚・米麻呂の断文が『書紀』から削除されている為、其の容疑事実については、想像を逞しくして状況分析を以て組立てるか、或は残された記録から蓋然性の高い状況を証拠材料として類推するか何れかの方法をここで採らざるを得ない。そこで注目すべきは或本にみえた某の皇子に対する諫言記録である。某は「計る所既に然れども、徳無し」と、成人に達しない器量不足の皇子を諭し乍ら謀反の具体的内容の計画に賛同し、しかも「成人に至びて其の徳を得べし」と、計画実現の可能性を教えて失意のない様に慰めている。この某の発言内容は『唐闘訟律』の、

諸知二謀反及大逆一者、密告二随近官司一。

の条文に抵触し、通報義務違反の当該者である絞刑に関わる。次に某は、実行行為の「不可」を述べ、十九歳になったばかりの皇子に「未成人」であることを強調した。その言葉の内容は、謀反行為の反省を肯がしたのではなく、実

行時機の尚早を明らかにしたものである。この某の言葉の背景には、「当今」が強く意識されている。当世の言葉で表わせば、

「今は」お止めになった方がいいですよ。計画された内容は非の打ち所がなく完全です。しかし貴方は人を惹きつける信望をお持ちじゃありません。皇子はほんの今十九歳を迎えられたばかりです。まだ大人ではないのです。「ですから」大人になって人望を得てからでも遅くはないのです。「今実行されようとする計画は、人望を得るまでお控えなさい」。

となる。某の言葉には、皇子の謀反実現に寄せる愛情がこもり、好機到来を待つよう自重を促す老成の響が感じられる。所謂、十九歳を未成人とする見解は、当時の社会通念を表わした未熟者の意味を反映している。行政上の規定では、有間皇子は「中男」の年齢に当たる。『大唐六典』巻之三には、

凡男女始生為レ黄。四歳為レ小。十六為レ中。二十有一為レ丁。六十為レ老。

とみえる。わが『大宝令』を踏襲する『養老戸令』第六条もこの『唐令』を継受する。したがって正丁に当たる二十一歳未満十六歳以上の人は、「未成人」として小年と区別されているのである。

某の発言は社会通念上の成人観を反映するものであり、恐らくは令を拠り所としての二十一歳を意識しての「未成人」と思料される。とすれば、某は皇子に二年後まで謀反行動を待機させ、実行行為の成功に自信を持たせる励ましの言葉を与えたことになる。

しかし、「不可云々」の解釈を某の立場を変えてみることも亦可能である。

「そんな無謀な計画は」お止めになった方がいいですよ。計画された内容は非の打ち所がなく完全です。しかし貴方は大それた行動がとれる信望篤き人ではありません。皇子は漸く今十九歳を迎えられたばかりです。まだ大人ではないのです。大人になって人望が集ってからならよいでしょう。「然し、実行されようとする計画は、力

量不足の御自分を反省されて我慢してお止めになった方が宜いです」。限られた某の発言は解釈の相違で、前者は某の意思を拡大化した内容となり、後者は矮小化した内容となる。その微妙な解釈の相違は、何を論拠にして是とし非とするかがここで問題となる。

『書紀』の分註には、後人の付加説(37)・本註説(38)・非本註説(39)・本文筆者別人説(40)等先学の研究がみられる。坂本太郎氏は、斉明紀六年七月乙卯条分註記載の高麗沙門道賢『日本世記』が『書紀』編集時の材料であり、皇極元年紀元年七月乙亥条分註の或人（本）が稿本の一つで、何れも現行『書紀』成立時に編者によって採用されたもので、本註原則説の有力証拠とされた。翻って本事件の分註をみる時、或本二種の一は、本文では知られなかった蘇我赤兄邸における謀議参加者の中に塩屋連鯯魚・守君大石・坂合部連薬の三名が参画した事実と決断の為に吉凶判定に短籍を用いたエピソードを物語る。一は赤兄の協力を打診する以前の某日における首都奪取作戦及び水軍動員作戦に関する皇子の自信に満ちた発表、皇子の計画案に条件付で賛成する某、赤兄と某議当日の案机折損に猶犯意を翻さずに死を招いた由を説明した註である。

殊に後者は、記述を謀議の時間的経過を示す順に揃え、某の諫言には「成人」時における計画案実現を記し、「其謀不止」という謀議遂行の強い皇子の意思を明示し、最後に案机折損のアクシデントを自省しなかった皇子に対して悪者必滅の冷静な正義論で結んでいる。これは、皇子以外の供述から得た具体的な作戦内容を知ることが可能で、且つ皇子に力強い支援をする某の発言を入手できた立場の人でなければ記せない文といえよう。この様な事情を考えると、二種の或本は本文の補助資料となった稿本の一部で、もとは裁判資料に利用された記録であり、或いは裁判資料を手近に活用できた法官の日記ともみられる。

二種の或本は上記の考察から何れも裁判記録からの引用された資料と考えられる。この推定に大過なしとすれば、某の発言には法官の記録に残される有罪資料の論拠が提示されていることになる。そして、某の発言は成人時における謀反行動を保証し、積極的な支援を意味する内容と解さねばならなくなる。ここで先に問題とした発言の解釈は、矯少化の内容が不穏当であると言えよう。

或本が白浜裁判における有罪の証拠資料らしいことが分かった。二種の資料から、有間皇子・塩屋連鯯魚・守君大石・坂合部連薬の四名の名が明らかになっているが、何故か新田部連米麻呂の名が見えない。米麻呂の斬刑という結審事実に注目する時、死刑者の名を裁判資料から闕落していることは考えられぬことである。そこで思い当たるのが某の発言である。某の発言内容が米麻呂の調書に採用していたという保証はどこにもない。がしかし、米麻呂に対する判決「斬」の動かせない事実の真相に迫る時、某は密告通報義務違反の「絞」に値する。然し、本事件では皇子の他に「絞」刑処分を受けた者はいない。そうすると、「絞」刑処分に名をみせない某は、一等重い「斬」刑の犯罪に関与し、二刑併合の罪で重きを採る『唐律』の趣旨に基づく行刑を受けたのではないかと考えられてくる。『唐名例律』第四十五条に目をやると、

諸二罪以上倶発、以二重者一論。

の規定がある。これは漢律を踏襲した隋律を継受した古くからの伝統を反映する法文であるという。[41]裁判資料に「絞」刑として名を残さない某を追求すると、どうしても「斬」の構成要件に立入らざるを得ない。ここで「斬」刑をうけた米麻呂、量刑に名を残さない某を「斬」刑該当者に想定すれば、米麻呂が某と都合よく重なり合う。

さて、本事件で米麻呂と同じく「斬」刑に遭った鯯魚には改新以後における孝徳帝の信頼篤き国司・姓から引出される塩生産地の塩屋とかかわった豪族・中央の貴族中臣氏と改新以前から姻籍関係を結ぶ名族という材料があった。ところが米麻呂にはその様な材料がない。米麻呂にあるのは、孝徳帝の所生で中大兄皇太子に継ぐ皇位継承権を持ち大臣大連制度下の「大兄」[42]に当たる尊貴の有間皇子に仕える舎人の身分だけである。米麻呂は皇子随身の舎人中の年長者—譜代舎人であったようだ。老練の随身舎人米麻呂の犯罪とは、主君の皇子に加担した謀反でなくてはならない。

『唐賊盗律』第一条にみえる、

即雖〓謀反〓、詞理不〓能〓動〓衆、威力不〓足〓率〓人者、亦皆斬。

に抵触したものであろう。律の規定では首犯でない者も犯意をもつ場合、第三者を実行行為に移させられなくても共同正犯として扱い量刑は「斬」である。この謀反という犯罪が成立する為には、構成要件の充足と違法性の具備に加えて、責任の存在が要素となる。謀反罪には第三者に反逆の意思を抱かす行動に入らない場合でも、危険を予知できると判断される時には同罪である。これは謀反行動が発生するかも分からないという予測ができ、事件が起こった場合にはそれを認める意思〝未必の故意〟があると思料されるからである。この〝未必の故意〟が米麻呂の審理で立証されたのではあるまいか。

当初の公訴記録にない米麻呂の有罪のきめ手となる自白は、発言の仕方に関わって犯意の認定が極めて難しく、訴追官の判断を苦しませるに充分だったと考えられる。証拠固めの資料は米麻呂以外の四人の自白と関わるのであるから、個別審理から一括審理に移った際には自白供述に伴う書類作成に時間が費やされる。護送団一行が白浜に到着した翌己丑の一日は、米麻呂の審理追加で裁判進行上、判決までかなりの時間を投入したことを諸事情の検討から考えるのである。

ここで『大宝律令』制定以後の謀反事件審理記録が参考となる。天平宝字元年（七五七）六月二十八日、橘奈良麻呂の軍事蹶起計画が山背王より通報があり、七月二日夕に入って上道臣斐太郎により謀反の正式告発がなされた(43)。紫微内相藤原仲麻呂は、早速淳仁天皇の報告する一方、高麗福信を逮捕責任者に任命し、容疑者を拉置させた。捉われた小野東人・答本忠節等は、身柄を左衛士府に拘禁され、道祖王も亦収監される。四日勅使による奈良麻呂に対する訊問が三回行われ、その後被疑者全員の下獄に続く厳しい拷訊が行われた。その模様を『続日本紀』には次の如く記す。

分遣諸衛、掩二捕逆党一、遣百済王敬福等五人、率二諸衛人等一、防二衛獄囚一、拷掠窮問、黄文王・道祖王・大伴古麻呂・多治比犢養・小野東人・賀茂角足等、並杖下死。（中略）奈良麻呂・古麻呂、便留二彼曹一、不レ聞二後語一。勘問畢而自経。

連累者の一斉逮捕が二日の夕に始まり、第一回の取調は翌日に行われた「勘問」であった。取調の第二日は「窮問」で表わされ、この日は勅使の首謀者に対する三度の謀反理由に関し直接訊問が行われている。そして、党与の犯罪関与が明らかとなって、拘禁者の獄囚と容疑者の一斉逮捕が断行された。確実な自白証拠の下で訊問は拷訊に革り、自白を肯んじなかった黄文王等六人が拷杖下で死んでいる(44)。

又大同二年（八〇七）十月に発生した伊予親王事件も拷訊を考える際に軽視できない。『日本後紀』大同四年閏二月甲辰条にみえる安部鷹野卒伝には、

侍従中臣王、連二伊予親王之事一、経二拷不一服、時嬖臣（近習者）激レ帝、令レ加二大杖一。王背崩爛而死。

とみえる。無実を叫び続ける被疑者中臣王の背に加える厳しい拷訊で、王の背中の肉が青黒く大きな瘡痏となり、強打された部分の皮膚が破れ腐爛状態になった所で王は息を引取ったという。卒伝中の僅か十字で以て、謀反容疑者に対する窮問が如何に惨絶であったかを偲ばせてくれる。其の拷訊の場を察するに、中臣王が苦痛で顔を歪め、呻声を出しながら悶絶死する有様が髣髴と浮び上がってくる。これは自白を得る為に、糺弾官が謀反容疑者に対して行う拷訊の実体を示す。

米麻呂に対する取調は、『唐獄官令』に倣って、

察獄之官、先備二五聴一、又験二諸証信一。

の手続、即ち、発言内容を吟味される辞聴・どぎまぎする時の顔色を観察される色聴・興奮する気息を察知される気聴・目のやり場を熱視される目聴・訊問内容に反射する聴き方を観る耳聴を終始とられる。その間供述内容の反覆で

事実誤認を糺され、忘れた記憶をよび戻され、真相の告白を巧みな糺弾官の誘導で引出される。しかし、頑強に真相を言わずとぼけたり黙ったり或いは口ごもったり感情の起伏があれば、係官のプロ根性が表わされて時には情実のこもるやさしい声で、時には強迫し罵倒したり、時には机を叩いたりしてなだめ役と憎まれ役を演じたりもする。かくして猶曖昧な供述をくり返せば、『獄官令』同条の、

事情疑似、猶不レ首レ実者、然後拷掠。

の規定に基づいて、拷杖をうけることになる。この拷問の手続は、『唐断獄律』八条にも、

諸応レ訊レ囚者、必先以レ情審二察辞理一、反復参験、猶未レ能レ決、事須二訊問一者、立レ案同判、然後拷訊。

とある。手続上、取調の官は察獄官から糺弾官に交代し、供述調書の記録を口頭で写させねばならない。然し、白浜裁判は略式であるから、察獄官則糺弾官となり調書の写取は省かれる。この拷問には、長さ三尺五寸、片端の直径三分二釐、他の一端二部二釐の杖＝節目を削り取る＝を用い、背と腿と臀を等しく打たれる[45]。恐らく新田部連米麻呂もこの拷問を受けたのであろう。苛酷な強打の連続する拷問で堪え抜いた時に休息が与えられる。『唐断獄律』九条の、

諸拷レ囚不レ得レ過二三度一。数総不レ得レ過二一百一。

とある規定により、一度の拷訊回数は被疑者の応答と体力で個人差があり分からない。自白供述を引出す迄の拷訊が三度の拷杖下で死ななかった米麻呂は二回の休息を経る三度の拷訊迄に「斬」刑に関わる罪状を認めたことになる。ここで、米麻呂がどれだけの拷訊を受けたかは知る由もない。

若依レ法拷決、而邂逅致レ死者勿レ論。

と同条の律文後半にみえるが、拷訊用具・打数・打つ部分が適法であれば、糺弾官による訊囚の死は止むを得ないとされた。この糺弾主義の下、米麻呂は皇子他三名に続いて窮問をうけ、拷訊に堪えきれず証拠となる自白に追い込まれ、死刑の確定を見るに至った。

本事件では、死刑三・流刑二の決審で五人の断獄をみている。裁判審理過程の拷訊を想起する時、白浜裁判は罪刑法定主義下準用の凄惨な取調べが行われた場所として忘れてならない。だけでなく、『書紀』闕落の己丑の一日が米麻呂の公訴提起・察獄糺弾の記念日であることを知るべきである。ここに、『唐律令』準用の白浜裁判内容は資料多く正史から削除される。裁判史上の貴重な資料が陽の目を見ず、有間皇子謀反事件の真相が深いヴェールに包まれたことは惜しまれる。

註

（1）土屋文明『万葉集私注』第二巻・北山茂夫（「大化改新と律令体制」『万葉の世紀』東京大学出版会・一九五三年刊所収）等。

（2）井上豊太郎（「冤罪に若き生命を奪われし有間皇子の祭らゆるかや」有間皇子一千三百年祭献詠短歌草集第一輯『有間皇子を偲ぶ』南部町教育委員会・昭和三十四年刊所収）等。

（3）昭和五十六年一月九日付の『毎日新聞』地方版には、「薄幸の有間皇子終えんの地に神社建設」と題し、海南市内の小・中・高校の元校長で組織する三日会が、神社本庁の設立認可を取り付けて有間皇子神社建立着工の由を報道している。同年三月一日発行の『月刊わかやま』は、「有間皇子に想いこめる海南市民ら」と題する特集号を組み三日会の動向を伝えている。同年四月六日には有間皇子神社の鎮座祭が行われた。昭和五十七年南由次郎氏から得た資料に基づく。

（4）上田正昭「律令天皇制の形成」『日本古代国家成立史の研究』青木書店・昭和三十四年刊所収。

（5）佐伯有清「記述内容をめぐる諸問題」『新撰姓氏録の研究・研究篇』（吉川弘文館・一九六三年刊）に、「日本紀合」は「上同日本紀漏」の誤りとする。

（6）拙稿「塩屋連鯯魚寸考」『日本上古史研究』通巻五九号・昭和三十六年十一月刊。

（7）『養老律令』の編纂に与かり、明法博士・大学頭を歴任し、刑部判事に任命され智慧判事の名を擅にした事務練達者である（滝川政次郎「本邦律令の沿革」『律令の研究』刀江書院・昭和四十一年再版所収）。

（8）「諸謀反及大逆者皆斬。父子年十六以上皆絞。十五以下及母女妻妾祖孫兄弟姉妹、若部曲資財田宅、並没官」とみえる。

（9）『続日本紀』天平宝字五年六月己卯条。

（10）同書、天平神護元年正月己亥条。

（11）曾我部静夫「仕丁と采女と女丁の源流」『律令を中心とした日中関係史の研究』吉川弘文館・昭和四十三年刊所収。

（12）『白浜町誌本編』上巻・昭和六十一年刊・一四六頁。

（13）『日本書紀』舒明八年三月条に「悉劾采女者、皆罪之、是時、三輪君小鵜、苦其推鞫、刺頸而死」とあり。

（14）門脇禎二『日本古代共同体の研究』東京大学出版会・一九六〇年刊。

（15）『白浜町誌本編』上巻は、①仁井田好古編の『紀伊続風土記』、②吉田東伍編の『大日本地名辞書』、③喜田貞吉の「史的三名湯」『旅と伝説』所収、④坪井九馬三「太古に於ける紀伊大和」『我が国民語の曙』所収、⑤『那智勝浦町史』上巻、⑥雑賀貞次郎の『白浜温泉史』（昭和三十六年・白浜町役場観光課発行）等に解説する牟妻を紹介した上で、牟妻がムロ温泉（崎の湯）から発生した地名だとは割りきれない疑問を呈している。野田三郎氏は『あかね』二号に「私注〝牟妻〟」の一文を寄せ、紀州人の感覚ではホラアナ・コモルトコロ・コンモリトカコマレタ形・谷深く樹木生い茂るスガタと推定し、田辺から本宮迄の景観が和歌山田辺間と異なる所「無漏路」で、『風雅和歌集』に載る「有漏よりも無漏に入りぬる道なれば」をも参考にして、無漏路のかかりはじめと言われた。私見では天武十四年以前、切目川以南を牟妻としていたと推定する（「殺目山寸考」『万葉』七五号・昭和四十六年刊）。

（16）『常陸国風土記』香島郡条に「難波長柄豊前大朝駅宇天皇之世、己酉年、大乙上中臣鎌子・大乙下中臣部兎子等、請二総領高向大夫一、割二下総国海上国造部内軽野以南一里一、那賀国造部内寒田以北五里一、別二置神郡一。其処所有、天之大神社・坂戸社。沼尾社合二三処一、惣二称香島之大神一、因名レ郡焉」とみえる。

（17）上田正昭「祭官の成立」『日本古代国家論究』塙書房・昭和四十三年刊所収、二二六頁・丸山二郎「中臣氏と香島香取の神」『日本古代史研究』大八洲出版株式会社・昭和二十三年刊所収。横田健一「中臣氏と卜部」『日本書紀研究』五冊（塙書房・昭和四十六年刊）所収に大宝二―三年時代の状況五氏勢力を投映作為した、という。

（18）巨勢徳太古臣が正史により小徳であることが知られ、大伴馬甘連は、大倭馬甘連の誤写であろう。正史では或本が

「大」を略し「甘」を同訓の「飼」で記し姓を直とする。これは『書紀』天武十二年の賜姓に基づくと、連の姓は正しくない。従って、『補闕記』は賜姓後のカバネを用いる過ちを犯したとみるべきであろう。この推測に誤りがなければ、正史が小徳巨勢徳太古臣と大仁土師娑婆連を山背大兄王の襲撃の将軍として起用しているのに対し、『補闕記』は土師娑婆連に代えて中臣塩屋連枚夫を挙げている相違が知られる。枚夫は正史に名を見せず、後の孝徳天皇と共に山背大兄討伐軍に参加するのは、その身分不明であるが大仁に近い位をもつものとみるべきか。

(19)　直木孝次郎氏は、中臣氏の複姓二十九種をあげ、有力な氏族を中心として同族関係をもつもので、有力氏族の分岐・勢力伸長の手段あるいはその結果として成立したものと想定されている（「複姓の研究」『日本古代国家の構造』青木書店・一九五八年刊所収）。

(20)　南部公民館発行の『鹿島と鹿島神社』（出版年月日記載なし。）では大字埴田字拝殿二十番地とし、昭和三十七年刊の『埴田区誌』には「公簿は大字埴田字鹿島千七百五十八番地」と記す。

(21)　『鹿島と鹿島神社』所収の岩崎敏夫著「本邦小祠の研究」より引用。

(22)　巽三郎「紀伊国日高郡切目川村崎山古墳発掘調査報告」『古代学研究』一七号・一九五七年刊。

(23)　巽三郎「日高郡の原始と古代文化」『あかね』創刊号・一九六九年刊。

(24)　『郷土史事典―和歌山県』の「墓を舟にかたどった日高地方の海人族」の項参照。昌平社・一九七九年刊。

(25)　巽三郎・久貝健・西岡巌『塩屋地区遺跡発掘調査概要』御坊市教育委員会・一九七九年刊。

(26)　拙稿「塩屋連鯯魚寸考」『日本上古史研究』通巻五九号・昭和三十六年十一月刊。

(27)　拙稿「古代における皇族の謀反―海人族の協賛―」『楠ケ丘』九号、神戸市外国語大学同窓会会誌・昭和四十年刊。

(28)　拙稿「有間皇子の一生」昭和四十四年度『大阪府私学教育研究論文集』第六回・大阪府私学振興教育研究所刊。

(29)　境田四郎「有間皇子の歌をめぐって」『大阪女子大学紀要』第一四号・昭和三十八年発行、直木孝次郎『日本の歴史2国家の成立』中央公論社・昭和四十年刊。

(30)　森浩一「磐代と有間皇子」『古代学研究』九四号・一九八〇年。森氏は、塩屋を陸上交通の要地とされる根拠に、『千載集』の資料を用いられた。文治四年（一一八八）成立の『千載集』を以て、五百三十年前の謀反事件時の交通問題に関連づけるのには無理が伴う。本事件を眺める際、熊野盛行の平安時代における道路状況を充分な説明なしで推測するのは危険が多い。後述する〝白浜裁判の法定推定地〟において触れるが、斉明天皇行幸の頃の牟婁路は、今日では体験できない歩行に難渋する悪路であった。

(31) 羽原又吉『日本古代漁業経済史』（改造社・昭和二十六年第二刷）によれば、持統紀の「紀伊国阿提郡の那耆野二万頃、漁猟することを禁めて断めて、守護人を置きて、河内国大鳥郡の高脚海に准ふ」の記事に注目し、諸国の漁猟禁断の背景には、漁業地帯における濫獲が激しかったかを推知できること、『日本霊異記』にみえる紀国日高郡潮人万侶朝臣・安諦郡吉備郷人紀臣馬養・海人郡浜中郷人中臣連祖父麿を例に挙げて、〝紀ノ国海人族の本場〟の活発な漁業に注目している。

(32) 拙稿「塩屋連鯯魚寸考」・「古代における皇族の謀反―海人族の協賛―」註（26）（27）前掲。

(33) 坂本太郎「法曹至要抄とその著者」『日本古代史の基礎的研究下　制度篇』東京大学出版会・一九六七年第二刷所収では、十一世紀末から十二世紀にかけて社会の動乱に伴う罪人の決罰・訴訟裁決の必要から生まれた明法家の虎の巻で、代々の法家の勘答類の集成が『法曹至要抄』であるという。

(34) 利光三津夫「嵯峨朝における死刑停止について」『律の研究』明治書院・昭和三十六年刊所収。

(35) 利光三津夫「平安時代における死刑停止」『律令制とその周辺』慶應義塾大学法学研究会叢書17・昭和四十二年刊所収。

(36) 森浩一氏は『万葉集』に載る皇子の詠歌「岩代の浜松が枝を引結びま幸くあらばまたかへり見む」の「ま幸く」を、「軍略の成功のあかつきには」として積極的謀反行動に入る前とこの作を解釈される（註（30）前掲論文）。

(37) 河村秀根『書紀集解』臨川書店・昭和四十四年刊。

(38) 太田善麿「日本書紀の分註に関する一考察」『帝国学士院記事』五―一・津田左右吉「百済に関する日本書紀の記載」『日本古典の研究下』岩波書店・一九五〇年所収・和田英松「日本書紀」『本朝書籍目録考証』明治書院・昭和四十五年影印本発行所収・大野晋『上代仮名遣の研究』岩波書店・一九六一年四刷・「日本書紀の分註について」『日本古代史の基礎的研究上　文献篇』東京大学出版会・一九六〇年第二刷所収・北村文治「伊吉連博徳書考」『日本古代史論集上巻』坂本太郎博士還暦記念会編・吉川弘文館・昭和三十七年刊所収。

(39) 岩橋小弥太「日本書紀古註論」『日本学士院紀要』一一―二・一九五三年刊。

(40) 菊沢季生「日本書紀に見える仮名字用法に就て」『安藤教授還暦記念論文集』三省堂・一九四〇年刊所収。

(41) 仁井田陞『中国法制史研究　刑法』東京大学出版会・一九五九年刊・二三三頁。

(42) 岩波日本古典文学大系『日本書紀下』補注に「大兄、皇后もしくは正妃所生の第一男であり、皇太子・即ちヒツギノミコの最有力な候補者の資格をそなえている。天智以後、大兄の称のないのは、この頃に皇太子制が中国から導入されたためと考えられる」とみえる。

(43) 石尾芳久氏は、「斐太郡、告一内相二云」の『続紀』記録を以て、「内相の謀反告訴受理には、固有法の原則の伝統を認め得る」といわれる（『増補日本古代法の研究』法律文化社・一九六〇年増補版・二六五頁）。

(44) 滝川政次郎氏は、この例を以て「笞杖の行刑の濫用は、死刑以上の重刑となる」といわれる（『日本行刑史』青蛙房・昭和三十六年再版・三〇頁）。

(45) 仁井田陞著『唐令拾遺』（東京大学出版会・一九六四年覆刻版）に載せる復元獄官令に「諸杖皆削二去節目一、長三尺五寸、訊囚杖、大頭径三分二釐、小頭二分二釐、―決杖者、背腿臀分受。須数等、拷訊者亦同」とみえる。

第二節　白浜裁判後編

三　白浜裁判の法廷推定地

昭和六十一年七月十二日の『読売新聞』紙上に「命の井戸ありがとう」と題し、インドのデカン高原のマドリ・トラ村に完成した井戸を囲む嬉しそうな子供の写真が載った。この村では二キロ離れた溜池まで飲料水を汲出す生活をこれまで強いられていたのである。人間生活で水は一日も欠くことの出来ない大切な飲物である。人間の集まる所、必ず水の確保が生きる為の前提条件となる。自然の溜池水より新鮮な生活用湧泉の場を、水を求めた古代人は生活の場に定めた。従って遺跡と湧泉は古代集落を解く鍵となる[1]。

自然の厳しい環境を越えて集団生活を営んだ古代人は、地下用水の利用に目をつけ弥生時代から古墳時代を経て強力な統率者の住む都に井戸を常備してゆく。昭和三十五年飛鳥板葺宮伝承地に檜作り横板井籠組の井戸が発見された[2]ことで、七世紀中葉における宮廷に設置された貴族の生活用水の姿を私達は知ることができた。本邦最初の大規模な都城となった難波宮では、長さ一尺七寸、幅二寸～三寸、厚さ三分の杉板製の〝水すまし〟を備えた古井戸が発見されたし[3]、藤原宮では右京七条一坊（推定）で、横板井籠状の井戸が発見され[4]、平城宮では、長岡京遷都もしくは平城上皇の崩御（天長二年＝八二五）で放棄されたとみられる大形井戸が確認され[5]、長岡京では発見井戸四十の中、宮域に一例みられる井戸が、京造営時に使用された簡易用井戸らしく小型で浅い[6]、等貴重な報告が明らかになっている。

天慶年間（九三八―四六）、空也上人は京内に井戸を作り、人々はこれを〝阿弥陀井〟と称したという。源為憲が『空也誄』で、

東西二京、所レ無二水処一鑿レ井焉。今往々号、為二阿弥陀井一是也。

と記すのは、十世紀中頃の京都では、都市機能に密着した井戸が少なく、都人が不便をかこった姿を示唆している。時代は降った寛永二十年（一六四三）五月、会津藩主加藤明成が改易処分をうけ、長子明友が安濃郡山田（島根県太田市）の城主となった。吉永藩の新藩主明友は、新陣屋建築の前に六ケ月に亘って采邑地内の良井を探索させている。天保八年（一八三七）後藤佐渡が写した奥書のある『吉永記』に、

御館建築之地、為二見立一御越之節、太田の大沢可レ然との事なりしか、水の性不レ宜とて、吉永へ御定になりしと云。[7]

とみえる。一度決定した陣屋建設予定地を、井戸の水質不良の理由で良井のある吉永に改めたという。ここに幕藩体制下の一万石大名が、采邑地で最も腐心したのが水の確保であり、良質の井戸を求めて生産の場を定めている姿を窺知できよう。

この様に古代から近世までを概観すると、時の為政者が都京の宮域内のみならず新陣屋の建設に際しても、生活用水を配慮し、井戸の利用に万全を計った生活から抜け出ていないことが分かる。ひるがえって斉明天皇の白浜滞在二ケ月を考える場合、行宮間近に滞在期間中の生活用水維持の為に事前の井戸設置を見逃してはならぬことである。[8]

白浜行宮を推定する際、古代の行宮設営と井戸との相関を眺める必要がある。先に長岡京宮域内の井戸が規模が小さく且つ浅いところから、造営時の簡易井戸ではないかと疑われる山本輝雄氏の指摘をみてきた。所謂天皇一行の長期滞在、その受入れには充分な食糧と生活用水の補給が必要となる。斉明三年時の有間皇子の白浜滞在が何日間であったかは不明である。随行者の少ない皇子の湯崎訪問は、斉明天皇の湯崎行幸と比べ滞在も短く受入態勢も異なる。従って、皇子の滞在の為にわざわざ給水用井戸の掘穿を、所部支配の木国国司が行ったとは想像できない。白浜地方における掘井は斉明天皇の行幸受入に始まるのではあるまいか。

中国文化の影響が都人の温湯旅行気運をかきたてたのかどうかしらないが、九世紀の知識人は、大唐の都長安の東に華清池があり、楊貴妃が屢々其所を訪れて凝脂を洗った故事を知っていた。この華清池は都長安に近い名泉であり、貴族の避暑地として皇帝の遊山地として重宝がられた。一方、わが国では摂津の有馬と伊予の道後二温泉が、大化改新以前の名湯として知られる。斉明天皇の夫舒明天皇が、有馬・伊予の両温泉を訪れていることは天皇の遊山好みと言える。湯好きの舒明天皇が牟婁湯を訪れていないのは、牟婁湯の情報に接しなかったのではなく、偏えに道路の険阻が災して行幸に不便なるが故にである。

大化改新後の律令制度の下で、木国国司は管轄下の糺察が義務づけられた。従って、国司の分掌の一端に牟婁湯の維持と保全があったことは云うまでもない。例えば、伊予国司が天武十三年（六八四）十月、激震によって道後温泉が不出になった報告を中央に行っている。地震による温泉不出は、大化改新以前においても、国造の中央報告義務に入れられていた為、推古三十六年（六二八）には地震による温泉不出と、舒明二年（六三〇）には再湧出の実情報告をしている。温泉の異常報告義務は伊予国司に限らず、木国国司においても例外でなかった。天武十四年四月、国司は牟婁湯不出の報告をしているのである。都人に喧伝された伊予・有馬の温泉と異なり、牟婁のそれが、行幸対象の遊山地でなかったがため、正史の記録に早くからとどめられなかった。しかし、都人達は牟婁・熊野の両地域を認識する過程で、改新以前から一度は訪れたい名湯として記憶に残していたのである(9)。牟婁温湯は所謂人口に膾炙された名湯ではなく、温湯近くの里人と郡司や国司の地方官人及び彼等から情報が得られる限られた中央の人々に知られていた。この場合配慮すべきは、紀北から牟婁温湯までの路が我々の認識する歩行に便利な平坦なものでなく凹凸の悪路であったことである。

人生の宿題を熊野詣とした平安時代、参詣を実現して大望を果たした感激を「落涙難抑、随喜感悦」と述べたのが、中御門家の藤原宗忠（一〇六二―一一四一）である。其の宗忠の日記『中右記』天仁二年（一一〇九）十月をみると、

登二鹿瀬山一、登レ坂之間十八町、其路甚嶮岨、身力已尽。（十八日条）
日高川水大出、妨二行路一云々。仍頗入二東細路一、小山上往道廿町許。（廿日条）
遠出二洛陽一、登二幽嶺一臨二深谷一、踏二巌畔一過二海浜一、難行苦行、誠是渉二生死之嶮路一。（廿六日条裏書）

と記す。文は院政期の熊野詣盛行時の可成り整備された道路状況下の述懐である。これより四百五十年以前の牟婁路は、道途に宿泊の場所なく野獣の徘徊する旅行条件の悪い状況下にあった。『熊野年代記』に和林が熊野山道を作るとみえる様に、人の通れる路の開発が漸く緒についたのが実情であった。行幸といっても輿に乗る優雅な旅ではなく、海南の藤白坂をきっかけに、天皇自身が徒歩で坂を喘ぎ乍ら登り南部坂を越える迄、八十余キロの道程を川を渡り谷を越え峠を上り下る苦痛を味わうのである。牟婁温湯への旅は、一時的な切部・岩代・千里浜の眺望佳景の地域を除けば、南部坂まで苦難を強いられたのである。一方、天皇滞在の牟婁行宮は雨露をしのぐ仮住居とみねばなるまい。道途の苦難や行宮の不便・不満は、入湯・眺望が癒やしてくれる。生活用水の充分な供給といっても構築の井戸は簡単であったと思う。行宮は眺望よき西側を窓にとり、窓側の前面の木は伐り払われ、行宮の周囲には広場を設けたであろう。裁判の場はその広場を利用したと考えられる。何故ならば、古代の朝廷は儒教の影響から天子南面の思想により、宮殿の南側の広場が充てられたからである。罪刑法定主義下唐の司法制度を採用する改新政府の政策に注目する時、白浜裁判は便宜上の法廷として行宮の南の広場を使用したものと解するのが妥当であろう。其の法廷は何処か。行宮は何処に推定できるのか。行宮址の解決に生活用水源の簡易井戸を結びつけると、井戸の存在が問題解決の鍵となる。眺望の好い台地、温湯に指呼の場所、付近に湧水もしくは井戸が存在する区域、しかも不測の事態に対処できる防衛の拠点、これらの条件に適する場所が牟婁行宮址ではないか。その行宮址の南側広場が白浜裁判の行われた所であると考える。

今日、白浜町湯崎に御幸芝と称する台地がある。地元の人の多くは此所を斉明天皇の行宮址として信じている。鉛山（牟婁）の湯に近いこと、眺望よき台地であることの条件から御幸芝と確信するのである。この考えは、早く『紀伊続風土記』の編者仁井田好古も採り上げている。大体、行幸の受入側としては湯の近くに天皇を迎える行宮をしつらえ、入浴を楽しみ、且つ景色を愛でる場所を選ぶのが人情である。従って、御幸芝説が有利な条件に富むものであり、私見もこの説に同調するに吝でない。但し、生活用水の供給に支障がないという保証の下にである。

鉛山地区は最近まで池水・溜水を生活用水にしていたし、水道が引かれたのは昭和十年で、それまでは湧水なく井戸掘窄も役立たなかった。村民の定着が何時頃であるかは現存資料の制約で確認できない。ところが、鉛山から少し北の瀬戸になると、湧水があり井戸の存在も左図の如く現水嵩通の東西を区画線として事情が一変する。距離にして指呼の違いで鉛山と瀬戸両地域の生活基盤が生活用水の入手相違の点で異なる。熊野三所神社境内の字名「清水」を南限に井戸が散在すること、御幸芝周辺・鉛山地区・綱不知に面する地区ともに湧泉がないこと、即ち瀬戸地区にのみ湧泉が得られるのである。この厳然とした自然の営みを顧る時、斉明天皇行幸時の水の確保は困難な状況下にあったと推測されるのである。

天皇の入湯の手軽さを重視するか、或いは飲料水の確保を優先するかが行宮址推定に大きく関わる。前者を採れば、水確保には溜水・池水利用か若しくは瀬戸の井戸水補給継続という考えに落着き、通説と付合することになる。ここで軽視できないことは、天皇の滞在が二ケ月の長期に及ぶこと、及び滞在人数が多いことである。無理なき生活用水の確保と維持を勘案する時、後者の考えが妥当性を帯びてくる。現在まで伝御幸芝を行宮址と認めるのには、考古学上の発見が報告されていない点で躊躇される。ということは、行宮址の通説は決定的な裏付のない蓋然性に乏しい推定ということになりはしないか、通説は幕藩体制下に入って、『日本書紀』の故事に明るい知識人から聞いた憶測が村人に語りつがれて定着したのではないかと思う。何しろ江戸時代以前の記録が瀬戸・鉛山両地区に残っていないのは通説の反省要素とみるべきではないか。

図五　斉明天皇行宮址推定地

旧稿では熊野三所神社境内（×印）を行宮址と推定した。[10] 神社境内は千古斧を入れない神聖地として白浜在住の人々が大切に護ってきた所である。この境内にある火雨塚古墳は、県内唯一の線刻人名が発見された円墳で[11]瀬戸解明の謎を秘めている。境内には伝斉明天皇腰掛石[12]も存在するが、社の西南に残る井戸（現在埋没）に注目したい。神社は御鉛山の台地上に存在するが、この台地の一角に行宮が建てられたのではないかと推測する。行宮は天皇の行幸から遠ざかるにつれ自然破壊が進み、いつしかその址も定かでなくなり、熊野信仰の盛行に伴う権現の勧請があって以後、行宮址周辺の台地が聖域になり今日に及んだものであろう。

日本最古の律令に基づく裁判遺蹤地の推定にも関わる行宮址、行宮で二ケ月の生活を過した斉明天皇一行、彼等の食事に給された水、其の水源井戸を何処に求めるか、御船山一帯の本格的遺跡調査が望まれる。

四　藤白坂再論

十一月庚寅十一日、『獄官令』に基く大辟罪の執行手続は、只一回の覆奏を以て皇子・鯯魚・米麻呂に対する行刑許可が出されて始まる。行刑の場所〈刑所〉は、令の規定に拠る「市」である。非常時の白浜裁判では「藤白坂」が指定された。『書紀』に載せる藤白坂については、『書紀通釈』は『播磨風土記』の「紀伊国管川藤代之峰」を引き、

紀伊国名草郡、海部有田二郡の堺にあり(13)。

という。管川藤代の峯は海南市内海町の藤白でなく、岩波古典文学大系本『日本書紀下』頭註にも引く伊都郡高野町上筒香東方の峯に比定する山道途次である。通釈の誤まった比定に関し『大日本地名辞書』は、

管川藤白峰は高野山の辺にて、之と相異なり。

といい、又皇子の刑所を、

岩代浜にあり。

と述べる。一方、『書紀通証』は「熊野」説を出している。戦後になって、奥野健治氏は『書紀』の藤白坂二度使用に疑いをもち、何れかの記載を誤写として有田郡の「藤並」に当てられた(14)。奥野氏の見解は、有間皇子もしくは鯯魚・米麻呂の刑所が藤並という奇想天外の推論になる。奇想の推論には同日の行刑を囚によって刑所を分けるという、罪刑法定主義下の断獄例にみられない手続を認めることで理解に苦しむ。奇想の新説では、清川吉彌氏の「白浜」説もあり(15)、歴史のパズル解き宜しく藤白坂推定の説が生まれて面白い。先に筆者も藤白坂を検討し、

(1)　律令に依拠して有間皇子が処刑された地であり、その地は切目と岩代との間に推定される。

(2)　万葉集巻九―一六七五番の歌の藤白と異なる地であり、通説の藤白坂は、天文時代以後に土人達の誤った有間

皇子の伝承地と考えられる。

と述べたことがある。(16) 私見は海南市の藤白に充てる通説とは異なる。通説の根強いことは、最近刊の手軽なガイド・ブックに「藤白之三坂」五字を説明に加えているところから窮知できよう。(17)

所謂藤白坂は『書紀』の記録に残る地名であり、藤白之三坂は『万葉集』の歌、

藤白の　み坂を越ゆと　白栲の　わが衣手は　濡れにけるかも（巻九―一六七五）

に残る地名である。両者同一の場所であるという保証はどこにもない。万葉歌の解釈は、歌を謀反事件に関与するか否かの認識によって相違する。罪刑法定主義下の裁判をうけ、大辟罪の判決を受けた囚人は、刑執行の当日手枷・首枷をかけられ刑所に引出される。有間皇子・塩屋連鯯魚・新田部連米麻呂も『獄官令』の規定に准って、白浜から刑所の藤白坂に護送され、午後三時以後に処刑されたのである。行刑当日の行動半径は、白浜出発より午後三時過に至る一日に満たない推定七時間前後を要して到達できる地点に限られる。この様な条件を踏まえ刑所の藤白坂を考えねばならない。旧国鉄海南市駅は、白浜から八十五キロ距る所にある。従って、海南市駅に近い藤白之三坂は、山・坂経由の熊野古道においても二十里の距離を田辺（牟婁津）間でもっていた。(18) 即ち覆奏日行刑の手続を採る限り、白浜から二十余里の三坂まで囚人を護送することは不可能である。ここで、通説墨守の考えを改めるべき理由が明らかとなった。嘗て契冲が『万葉代匠記』で、

四十余年ノ前、有間皇子此坂ニテ絞ラレ給ヒケル云々

と、藤白之三坂を謀反事件と関連づけた見解を出したばかりに、多くの後学に誤解の種を植えつけ今日に猶影響を与えているのである。

さて、ここで法制的視野から問題となる藤白坂に検討を加え、旧稿をいま少し補足しておきたい。行刑当日は、『唐獄官令』の、

諸決㆓大辟罪㆒、在京者、行決之司五覆奏、在外者、刑部三覆奏。……若犯㆓悪逆以上㆒、唯一覆奏。

に倣って、法官の大辟罪執行の許可要請の上奏があり、認可を受けねばならなかった。刑執行認可が下りると、皇子他二名の囚人は防援兵士に周囲を護られて仮獄舎を出発する。

諸決㆓大辟罪㆒、皆防援至㆓刑所㆒、囚一人防援二十人。毎㆓一囚㆒加㆓五人㆒。

囚人護送の一行が赴く湊は何処か不明である。瀬戸湾の東の綱不知湾には田辺市行巡航船渡船場があり、波穏やかな湾であるのでここを利用して護送団が此辺に往路上陸したであろう。出発を到着と同一の浜利用とみると、

犯㆓悪逆以上㆒、不㆑在㆓乗車之限㆒。

の『獄官令』準用で、行宮に近い仮獄舎から浜まで一キロの道程を歩き、先に牟婁津で徴用された船に再び一行が乗込むことになる。云うまでもなく護送中の囚人には、逃亡防止の配慮から手枷・首枷が施されている[19]。

護送団の行動が船便利用と推定する理由は、水軍動員作戦案の中に「牟婁津に邀えて」の四言を残しているのに基づく。これは当時、現田辺市の海浜（牟婁津＝田辺港か）と白浜間に陸路利用がなく、専ら海上ルートに頼っていた事実を示唆する。牟婁湾（田辺湾）は冬季概ね北寄りの風が強く吹く[20]。いま、冬季の風向を斉明四年時と大凡類似するものとすれば、護送団一行の船は風に抗して牟婁津に向かうことになる。これは当日の行動の時間的経過を考える要素となる。個人の自由な行動と違って、囚人達は朝の起床から護送準備完了迄に枷を着けられ、その後前後左右を兵士に囲まれ乍ら刑所に向かう。数刻後に迫った死を前にして精気なく足取りも重い。前日の拷訊を推しはかると、体力の消耗から歩行能力は平常と比べ極めて劣るとみねばならない[21]。牟婁津上陸後の歩みは、白浜護送の往路よりも遅いと推量されよう。一体、人の死の早きことを求めるのは神の摂理に反くことになる。そのため、死刑執行を伝える駅使は馬を走らせることができず、天子も再三の思考を以て冤罪で死者を哀しませることなきよう執行許可の断を下す五覆奏の手続が考え出された[22]。覆奏も早朝の手続は有徳の天子の望む所でないから、太陽が昇ってからの時刻が

遅い程事理に適う。ここでは覆奏の時刻を推定するのが趣旨ではない。遅き覆奏が囚人の白浜出発と牟婁津到着を延ばす材料提供とみられればよい。いま午前の遅い時刻十時前後に牟婁津の上陸と大凡の見当をつけたい。

牟婁津上陸から概算すると、『中右記』では南部まで五十町・切部まで百九十町であり、江戸時代の紀行文はいずれも田辺南部間を二里・南部印南間を三里とする。切部印南間が一里弱だから、南部切部間が古代から近世に及ぶ間に道路の変更で道程の短縮に関わっていることが知られる。紀勢線田辺切目間は二十キロ・五里である。『中右記』の百九十町では五・二里と少し道程が長い。所謂、切部に注目するのは、牟婁津上陸後の護送団が刑所として指定された藤白坂に到着でき、行刑の準備・実施の為の村民の協力を得る地として適当な為である。刑所の推定にはどうしても法に基づく行刑時刻を知る必要がある。何故ならば、移動する護送団が停止する場所の算定規準になるからである。大辟罪の執行時刻は『獄官令』に、

　仮日未後乃行ㇾ刑。

と規定する。従って、囚人の処刑は未刻即ち午後一時~三時以後になる。其の上限は三時過ぎであり、下限は陰暦十一月十一日の日没五時近い頃となる。三人の処刑者が各々「犯状を宣告する」死刑執行命令の文書を見分けられる時刻が厳密な下限となる。冬季の夕方は青天と曇天の相違で視界がかなり異なるから、四時以降の日陰では文字が読み辛くなる。大事をとれば、午後三時から四時迄の一時間が行刑に支障なき時間帯に限定されてくる。そこで、牟婁津から四乃至五時間の歩行距離の地点が刑所にふさわしい場所となる。その場所は切部から印南辺りとなる。もとより牟婁津上陸の時刻によって、刑所の推定地が変ることは云うまでもない。刑所推定の流動性も上陸時刻の一刻ばかり繰上げを考えると、日高川辺迄到達距離が伸びる。この間を諸事情の考察より推すと、行刊時刻に見合う刑所の推定を下すことができよう。

刑所が藤白の坂であり[23]、その地は『獄官令』に、

諸決二大辟罪一、皆於レ市。

とみえる「市」にふさわしい人家稠密の場所と関係深き所でなければならない。勿論今日と違って河川の条件には水量多く河底の深い流れの早い事情を軽視することはできない。刑所を切目川或いは日高川に近い坂と推すにせよ、渡渉前の地に設営したものと思われる。囚人一行の到達予想地点が、両河川渡渉以前の時刻の午後三時から四時にみる条件を充分とするならば、坂の存在という絶対条件を満たさねば藤白坂の客観的推定とはならない。切目川は殺目山の山麓西側を遮り、日高川は塩屋坂を越えた前方に横たわる。塩屋坂は坂といっても藤白・糸我・由良の諸坂と比べ、歩行難渋度の点では低く、又殺目山の中山より急峻でない。

次に、「市」について考えてみたい。律令法では都城内に設けられた特定の場所を市としている。市は交易の場であり又行刑の所である。市を刑所とするのは、囚人の処罰を公開して見物人に罪を犯させない気持を抱かせる心理効果を狙う司法政策である。本事件の刑所は法定の市ではなく、懲罰の効果を挙げる為に人家稠密の広場に準用された地を指すとみるべきであろう。そこで顧みられるのは、切目が牟婁路中の交通要所として良港設備をもっていたことである。[24] 村落発生の元村中心に岩代地域にかけて古墳の集合がみられる切目は、紀州沿岸における集落の発達地であった。『切目誌料』[25]によると、切目の古墳は縄文から弥生時代の遺物を出土し、師楽式土器伴出の古墳とも隣接する。切目の集落は、平安朝に入って盛行をみる貴紳の熊野詣の波に乗って、船便利用の人々で殷賑を極めた切尾港を支える経済的基盤となった。多数の農民と漁民が生活の場とした切目、集落の人々が奉斎した丸地山地宗森＝神奈備[26]のある切目、御坊南部間の紀中で最も発達した集落のある切目、その様な地が令の便宜上の「市」に考えられるのである。

この切目に有間皇子社が存在した[27]。紀州藩士児玉荘左衛門が著わした『熊野独参記』巻二に、「有間皇子の小社あり」と記して元禄年間に社が存在したことを明らかにしている。皇子祠については『文明旧記』が、海南の藤白坂を

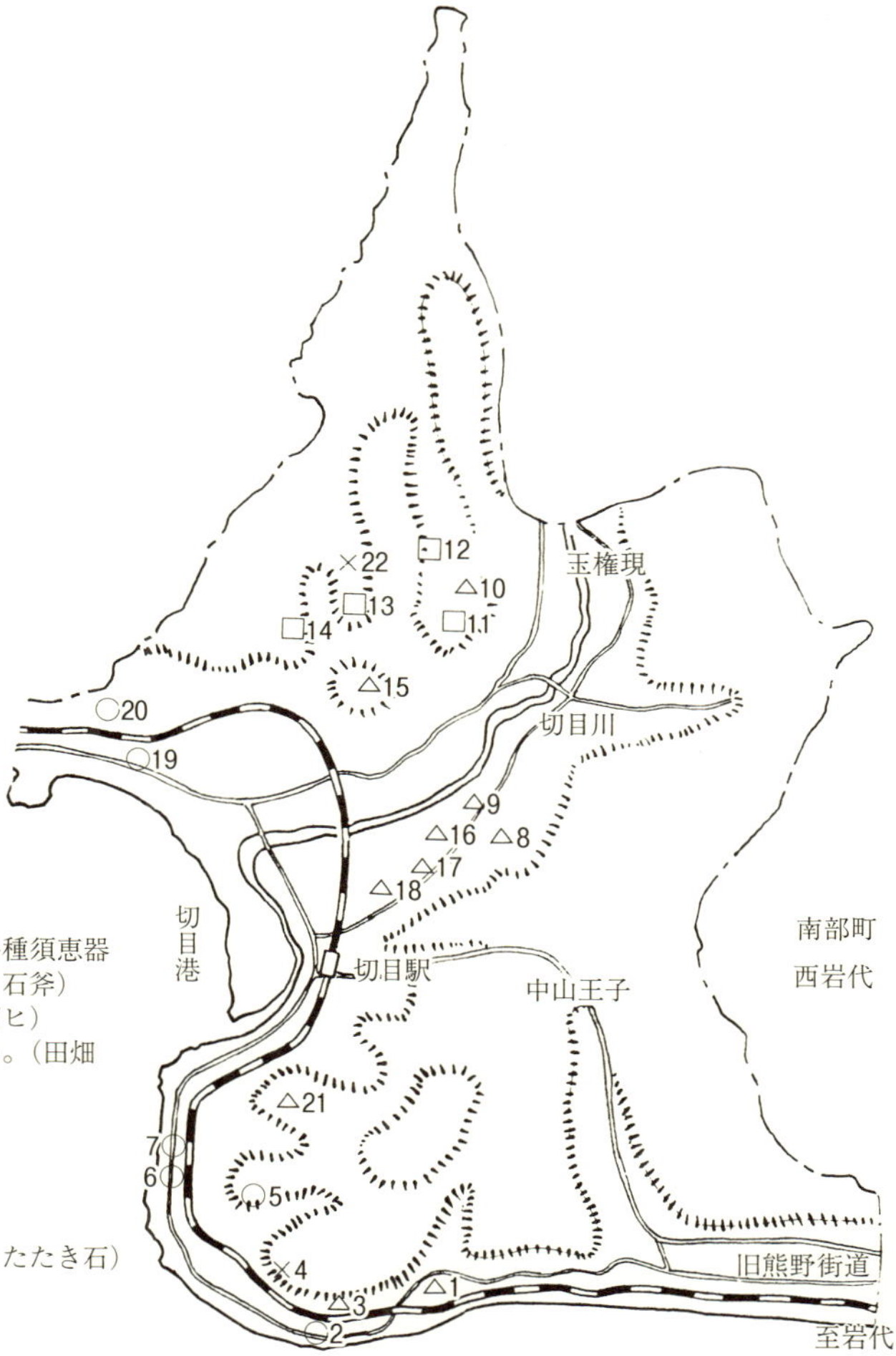

1.弥生式土器（坏）
2.切目崎古墳（現存は3基）各種須恵器
3.弥生式石器（石鏃、石庖丁、石斧）
4.縄文式石器（石鏃、石斧、石ヒ）
5.古墳・数基あったといわれる。（田畑の石垣に石を利用している）
6.島田の古墳（盗掘している）
7.島田の古墳（完全なもの）
8.弥生式石器（石鏃）
9.弥生式石器（石鏃）？
10.弥生式土器石器（高坏、壺、たたき石）
11.須恵器片
12.須恵器窯坏
13.窯址数ヶ所
14.須恵器窯坏
15.弥生式石器（石斧）
16.弥生式土器（高坏）？
17.弥生式石器（石鏃）
18.弥生式石器（石鏃）？土器片
19.20.西ノ地古墳（破壊されている）
21.弥生式石器（石斧）
22.縄文式石器（石斧）

凡例		
	×	縄文式遺跡
	△	弥生式遺跡
	○	古　　墳
	□	須恵器出土

図六　切目古代遺跡分布図（山本賢編『切目誌料』）

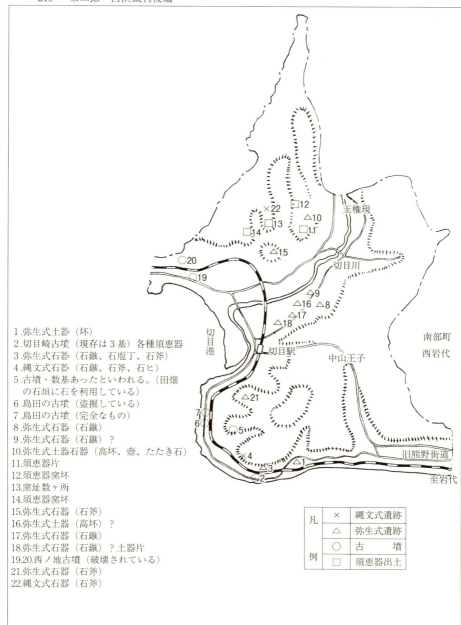

皇子縊死の地とし坂下に藤松祠の存在することを記す[28]。大体、皇子社に関する古記録が存在しない所をみると、古代・中世ともに熊野参詣をした貴紳には知られなかった社であったと解すべきであろう。一方、切目の「有間皇子社」を考えると、恐らく村の古伝として残されていたのを、近世に入って聖地の丸山に皇子の霊を慰める為に建立したものであろうか。建立には当然鎮座の理由だけでなく、切目と由緒の深い理由が第一に挙げられたに違いない。その理由とは、現在忘れさられた「藤白坂」ではなかったか。嘗て岩代の松近くに皇子祠があった。祠の移動を考えるならば、人情として岩代の地名にこだわった筈である。では何故切目本村内に皇子社が設置されたかが問われねばならない。ここに『書紀』に明るい文人の示唆が考えられる。其の文人は誰か知る由もない。しかし、村人と極めて親しい間柄にあった日高郡内の知識人が想定される。幕末に熊代繁里が紀伊南部に住んでいた。繁里に師事する文人が日高郡内に居たとしても不思議でない。推理を重ねて、皇子社設立を考察してゆくと、藤白坂を指摘した人物、それは切目村内の有力者の知己或いは村人に影響を及ぼす立場にある郡内の文人に落着く。この推則は、皇子の死・藤白坂とまったく関わりのなかった切目の里人が社を設ける理由を理解し且つ建てたことに基づく。

藤白坂推定で触れなければならぬ第三点は、皇子行刑後の埋葬問題である。『唐喪葬令』にはみられないが、『大宝令』では国道周辺の葬埋を禁じている[29]。又、墓には石製の碑を建てることを義務づけている[30]。官人対象のこの法律には、犯罪者に対する規定がない。しかし、皇親の場合、大津皇子に造墓が認められ、大和の二上山雄嶽に当初の墓であれそうでなくても墓を造成した事実は否定できない。長屋王の場合も行刑の翌日に遺体を埋葬したことを『続日本紀』に、

遺使、葬長屋王・吉備内親王屍於生馬山。

と明記する[31]。すると、有間皇子も刑所の藤白坂に関係なく、遺体を埋葬された筈である。奥野健治氏は、刑所と埋葬地を別とみる土屋文明氏の説に従われる。が埋葬地を検討されていないので何処を想定しているのか不明である。土

屋・奥野両氏の処刑と埋葬異地説に対し、私見は同地説を採る。即ち、有間皇子他二名の遺体は、切目村落内の墓域に埋葬されたと思う。但し、皇子と鯯魚・米麻呂とは身分上皇親と非皇親に区別されるから、埋葬の措置に相違があったものと想定される。何故ならば、『五代会要』巻八、喪葬上に引く後唐天成二年（九二七）六月三十日の御史中丞盧文紀奏に、

　諸喪葬、不レ得レ備レ礼者、貴得レ同レ賤、賤不レ得レ同レ貴。

の言葉が、大唐の『喪葬令』を継受していることが窺われ、同文が『大宝令』に引用されていることに基づく。では何処を墓域と考えるか。切目村内狼烟山南の小字崎山地区の南は、十九世紀末から最近迄の間に百米余も浸食した所[32]で、昭和三十五年当時、石廓の半ば崩れた古墳がむき出しになっているのを筆者は目撃した。切目から岩代にかけての浸食の激しい同地域の姿を軽視できない。今日語る者とて居ない切目村内の古代の墓域には、海岸段丘上に約五十基存在した古墳群が鉄道・国道・開墾の人為的破壊と自然の浸食により僅かに三基が残る。[33]この現状を私は冷静に見つめ、皇子の葬地は、日高郡内で最も新しい様式の古墳として注目される崎山古墳周辺、[34]即ち殺目山（狼烟山）南側麓の切目崎の尖端と思う。『切目誌料』3　史蹟名勝天然記念物調査報告の芝口常楠氏報告が貴重である。

むすび

本事件の謀反計画立案者は、皇子の父孝徳天皇の信任篤き地方豪族出身の塩屋連鯯魚と推定され、改新派グループと呼ぶには中央にその名声を残す有力な貴族ではなかった。従って、一地方首長である鯯魚一人の「斬」刑処分者が出たことを以て、「改新派の分裂の一斑があらわれている」[35]とは考えがたい。

鯯魚は新制度下に東国国司に選ばれた中の一官人に過ぎず、改新派の有力メンバーではない。孝徳帝の庇護下の元国司[36]が孝徳帝の崩御後どの様な活動をし、鯯魚の周囲にどの様な顔ぶれがグループを作っていたか、の事情も分から

ないのである。事件の終焉からみると、事件連累者の中に改新派の名が浮び上がっていないのであるから、「元改新派の一官人の脱落の一斑があらわれている」とみるべきであろう。

鯯魚の構成要件を『擅興律』一条に求め、『唐律』準用下における量刑の重い律の制定を考察し、律逸文の前例となることを想定した。『唐律令』の受容に際し、国情に沿って適宜修正を加えてわが律令が成立したことは法制史家の言われる所である。その一例がわが『擅興律』にみられた。ここで仁井田陞氏が

外形の類似は必ずしも内容の同一性をともなうものではない。罪刑法定主義的制度もそれが何の目的につかわれ何に役立てられ、どういう意味をもっていたのかを、いつも歴史的条件のなかで読みとるようにしなければならない(37)。

と言われた意味を噛みしめる必要があろう。

次に、本事件で最も注目すべき点、即ち、自由人新田部連米麻呂の「斬」刑処分の必要にして十分な条件を考えてみた。白浜裁判は、有間皇子を対象とした謀反事件の心理を表題とするが、寧ろ僅か一日の審理過程の中で、自由人が急転直下死刑囚となった画期的な公判として忘れるべきでない。一舎人の動向を通して『日本書紀』の記録に洩れた正史脱漏部分を復元してみたが、裁判の真相に迫り得たかどうか。

一般に本事件に触れる場合、裁判の場所を漠然と白浜とするのが実情である。そこで、法制史上日本最古の律令に基づく法廷を、行宮址を生活基盤の井戸の存在地に求め、其の址の南側を広場に想定し、熊野三所神社境内の一角に推定した。通説は崎の湯近くの御所の芝を当てているので、ここで通説批判の異説を出すことになる。

次に既に発表の私見を土台にし、考古学上の資料を利用し、刑所の「藤白坂」切目村内説を補強し、その妥当性を問うことにした。つまり、江戸時代以来の「藤白之三坂」海南市説が誤解である点を律令の検討を以て指摘したのである。神亀六年（七二九）二月の謀反事件で犠牲となった左大臣長屋王の埋葬が、王の自尽後翌日に平城京外（羅城

門）西南西二・五里（唐制の十八里強）に当たる奈良県生駒郡平群町梨本で行われた[38]。この事実に基づき、謀反者が天子存在の宮廷から一定の離れた地に埋葬される点を注目した。

註

（1）鳥居龍蔵「遺跡と清水湧出地との関係」『先史及原史時代の上伊那』信濃教育会上伊那部会・大正十五年刊所収。

（2）宇野隆夫氏は、発見された井戸が平城官衙の井戸の祖型であり、内裏の井戸である丸太刳抜き井戸の可能性を指摘する（「井戸考」『史林』第六五巻五号・一九八二年刊）。

（3）藤原光輝「法円坂町の考古学的調査」〈続〉」『難波宮址の研究』研究予察報告第壱・大阪市立大学難波宮址研究会・昭和三十一年刊。

（4）鞴の羽口・人形・木簡九点を出土する（奈良国立文化財研究所史料Ⅶ『藤原宮木簡一図録』〈解説〉奈良国立文化財研究所史料第一二冊・真陽社・昭和五十三年刊）。

（5）下層から人形と斎串仮称の遺物が出土し、上層から土馬・人面を描く土師器・木製陽物・墨書土器・承和昌宝の銅銭が出土する（『平城宮発掘調査報告Ⅳ』奈良国立文化財研究所学報第十七冊・養徳社・一九六五年刊）。

（6）山本輝雄「長岡京の井戸」『長岡京古文化論叢』中山修一先生古稀記念事業会編・同朋社出版・昭和六十一年刊所収。

（7）『新修島根県史』史料篇近世下（島根県・一九六五年刊）所収。

（8）白浜裁判中における際の収容人数は、斉明天皇・皇太子中大兄皇子・中皇命・大海人皇子・額田王等の貴族、有間皇子以下五人の被疑者、丹比小沢連国襲を含む行刑官・飛鳥京より皇子護送の防援兵士一行、待機中の駅使などを眺めると、五十人を優に越す。

（9）雑賀貞次郎氏は、「奈良朝ノ頃カラ著名デ斉明・天智・持統・文武四帝ノ行幸ヲ仰イタ」（「四八湯崎温泉　崎ノ湯」『和歌山県史蹟名勝天然記念物調査会報告』第十二輯（和歌山県・昭和八年）と言われるが、都人の智悉の時機はもっと早い。

（10）拙稿「有間皇子の一生」（本書、第一章）。

(11) 巽三郎・大原満「和歌山県白浜町の線刻人名のある古墳」『古代学研究』第九十号・一九七九年刊。

(12) 天保三年（一八三二）銘の『湯崎温泉記』に「村中相伝、称御船谷御幸芝者。乃臨幸之遺蹤云」とあり。『紀伊続風土記』に「境内に御腰掛石といふあり。斉明天皇此地行幸のとき御腰を掛たまふ石なりといふ」とあり。

(13) 『釈日本紀』巻十一に引く『播磨風土記逸文』。

(14) 『万葉地理三題』佐紀発行所・昭和三十四年刊。

(15) 皇子作といわれる挽歌巻二―一四一の「磐白」と『書紀』の「藤白」が、浜辺で噴上げる温泉の湯花を視覚で捉えた表現とし、巻九―一六七五番歌の「藤白の三坂」を湯崎上の中草原から湯崎海岸に突出する三つの丘に想定し、刑所を「湯崎トンネル入口付近」とする推論（以上新聞記事による）。

(16) 「斉明四年紀十一月庚寅条の藤白坂について」『熊野路考古』三号・南紀考古同好会・昭和三十八年刊。

(17) 村瀬憲夫『万葉の歌―人と風土9和歌山』保育社・一九八六年刊。

(18) 紀道路程一覧表（六十一年十月三日の「有間皇子」資料参照）。

(19) 行刑の基本となった大唐貞観十一年（六三七）の『改正貞観令』は、徳宗の建中三年（七八二）まで百四十五年間の効力をもった。わが『大宝獄令』第六条には、「皆防援着レ枷至二刑所一」とみえて、『唐令』にない「着枷」二字を加えている。『大宝令』成立以前の大辟罪執行の例は、有間皇子事件・大津事件・壬申の乱である。従って、この三例の中で大津皇子には自尽を許されている所から着枷の適用が考えられない。壬申の乱後の極刑者八人中、只一人右大臣中臣連金が不破宮から近江国浅井郡田根の刑所に護送されて「斬」刑に処せられた。この時の護送に着枷が考えられるが適用者がただ一人である。少なくとも『唐令』にない規定をわが成文法に盛り込む為には、必要とした前例を重視する点が考慮されねばならない。私見では「着枷」の前例を白浜裁判後の活用を成文化したものと推定する。

(20) 田辺海上保安庁調査資料によると、北西風が多い。

(21) 筆者が検察庁に在職中、死刑に立会った友人の話では、死刑囚は十三階段を一人で上がれず看守に両脇を抱えられて上がるという。

(22) 『旧唐書』刑法志に「比来決囚、雖二三覆奏一、須臾之間、三奏便訖。都未レ得レ思二三奏一、何益、自今已後、宜二一日中五覆奏一」とみえる。又、高句麗宝蔵王八年（六四九）四月に「陛下毎レ決二一重囚一、必令二三覆五奏一云々」の記事がみえ、半島にも仁政の影響が知られる。

(23) 岸迪夫氏は「藤並の神の支配する藤代坂」と絞刑地を推測される（「有間皇子事件を考える」『きのくに文化財』一八号）。

(24) 『切目誌料』3 史蹟名勝天然記念物調査報告に、「1切目崎の塚穴　芝口常楠氏報告　一所在地　日高郡切目村大字島田字由留木二一七二番地（切目崎の尖端）　一地目　山林　一所有者　切目村　鈴木三郎外一名　一形状構造大小数量等　円塚、塚穴（即ち古墳の口を開かれたるもの）一基、羨道（間口三尺、奥行八尺）玄室（間口六尺、奥行八尺、高さ六尺）　一現状　口を開かれたるも塚穴として完存す。この付近の群集古墳は一両年前まで尚若干基残存せしも、今纔にこの塚穴一基のみとなれり。近年開墾頻り行はれ、この一基も近く破却さるべき運命にあり之が保護施設は実に焦眉の急に属す。一由来伝説　「紀南郷導記」及「十寸穂の薄」に見ゆ、……2　切目村にある古墳（特有の名称なし）……以上大正十二年三月　第二輯より」と記す。編者山本賢、昭和三十五年刊、孔版本（非売品）。平成二十六年十一月・切目　うらしま会から復刻版が発行された。

(25) 『扶桑略記』第二十三、延喜七年十月十七日辛酉条に「仲平朝臣自二紀伊国一来復命。法皇以二去十一日一、自二切尾湊一御レ舟、赴二向熊野神社一。但伝聞、進御道中、泛レ海傍レ山、其路甚雖云々」とみえる。

(26) 拙稿「殺目山寸考」『万葉』七五号・昭和四十六年一月刊。

(27) 拙稿「有間皇子と有間皇子社」『神道学』第五九号・神道学会・昭和五十四年刊。

(28) 「坂下藤松祠、有二有馬皇子御塚所一、此所縊死、依レ之至二于今一、松藤生懸」とあり。

(29) 九条「凡皇都及道路側近、並不レ得二葬埋一」とみえ、『令義解』は道路を「公行之道路皆是」と解釈している。

(30) 十二条「凡墓皆立レ碑。記二具官姓名之墓一」。

(31) 奥野健治氏は「長屋王墓」『万葉地理三題』所収で、『霊異記』中巻の「恃二己高徳一刑二賤形炒弥一以現得二悪死一縁第一」に王が自害後、天皇の勅で〈捨二彼屍骸於城之外一而焼末、散レ河擲レ海〉と述べたことを引いて、王が「丁重に葬らしめられなかったのを責めているのかも知れない」といわれる。

(32) 巽三郎氏が古老から聞いた話を、筆者が巽氏から示唆された。

(33) 巽三郎「紀伊国日高郡切目川村崎山古墳発掘調査報告」『古代学研究』第一七号・一九五七年刊。

(34) 昭和三十八年三月の和歌山県教育委員会発行の『和歌山県遺跡地名表』には、県番号四六一に「崎山古墳群」として載る。

(35) 上田正昭「律令天皇制の形成」『日本古代国家成立史の研究』青木書店・昭和三十四年刊所収。

(36) 岸迪夫氏は、塩屋連鯯魚が処刑に臨んで「願くば右手をして国の宝器を作らしめよ」と言った詞を以て、「鯯魚が有間皇子の師傅の任にあったとすると分る」と言われる（「有間皇子事件を考える」『きのくに文化財』一八号）。

(37) 『中国法制史研究　刑法』東京大学出版会・一九五九年刊・一七四頁。

(38) 奥野健治氏は、行基の墓の例と同様に生駒山塊に収められるべきであり、改葬の記事がない限り現在の墓は再考の余地ありといわれる（前掲書「長屋王墓」）。

追記　製塩土器出土遺跡及び白浜町内の井戸資料は大原満氏の協力を仰ぎ、小稿の作成に嶋清治氏の助言を賜わった。ここに記して両氏に感謝したい。

第三節　斉明四年紀十一月庚寅条の藤白坂について

はじめに

いわゆる藤白坂は、有間皇子の終焉地として著明であり、『日本書紀』には次の如き記載がある。

庚寅遣二丹比小沢連国襲一、絞二有間皇子於藤白坂一、是日、斬二塩屋連鯯魚、舎人新田部連米麻呂於藤白坂一、

この藤白坂は、『書紀通釈』に「藤白は、紀伊国名草郡、海部有田二郡の堺にあり」と云い、『紀州旧跡志』に「藤白山　三上庄日方村の南十町許にあり、昔し此山に藤樹あり、花極めて白し、因て山の名とすといへり、日本書紀曰〝斉明天皇四年十一月庚辰朔庚寅……藤白坂云〟題詠の地也」と述べ、『熊野独参記』に「藤白村……藤白坂ノ上口ニ名ニヲフ白藤右手ニ有往昔此所ニテ有馬王子自害シ給フト」云伝タリ。斉明天皇四年十一月二日謀叛ニ依被害トカヤ」と記し、又この他に『万葉集略解』・『紀伊名所図会』・『紀伊続風土記』・『万葉代匠記』等、江戸時代の著作による諸本はすべて名草郡藤白村に充てている。これら諸本の根拠とするものは、『万葉集』巻九―一六七五番の歌を唯一に挙げてよいと思う。この通説は明治以後現在においても堅持されて、吉田東伍博士が『大日本地名辞書』で「斉明紀に有間皇子の薨去せられし藤白坂は日高郡岩代浜にあり」と異説を発表された以外に（『書紀通証』の熊野説は別とする）、藤白坂を別地に求めた説は見当たらないようである。もっとも昭和三十五年に、清川吉彌氏の藤白を白浜とする新説が新聞紙上で紹介された例外はあった。清川氏の考えた大和―湯崎間の道路を奈良県十津川沿いに山越しで結ばれていたとする説は、雑賀貞次郎氏が『白浜温泉史』誌上で強く否定されており、清川氏の説は全くニュース・トピックを狙ったものである。この小論では通説の藤白坂を再検討して日高郡内に有間皇子の終焉地を推定し、

諸賢の御批判を仰ぎたい。立論上次の三点を挙げて検討に入りたい。
①通説には明確な史料根拠がないこと
②『書紀』の解釈上日程に考察が必要なこと
③岩代の唱詠歌の解釈に関して問題のあること

一　熊野詣の源流

先ず第一の疑点を考える前に、通説の根拠とする『万葉集』巻九―一六七五の歌を示そう。

藤白之　三坂乎越跡　白栲之　我衣手者　所沾香裳

この歌は、大宝元年（七〇一）冬十月文武帝と祖母持統上皇が、一ケ月に亘って武漏温泉に行幸された時の歌十三首中の一首である。是の歌については『略解』は、

藤白、紀伊、末は故郷を思ひて詠めるか、又は、有馬皇子をうしなひまゐらせし所なれば、其れを思へるにや。

と云い、『代匠記』は、

四十余年の前、有間皇子此坂にて絞られ給ひけるを慟みて泣意なり。

と述べて、皇子の死をいたむ意に解している。このような解釈は現在も根強く残っており、因みにその事例を示せば、『折口信夫全集』第四（中央公論社・昭和二十九年刊）には、

藤白の坂を越えようとして、有馬皇子の縊り殺されなされた事などを思ひ出して、自分の袖は濡れた事だ。

といい、岩波日本古典文学大系では、

藤白の坂を越えるとて、ここで絞首された有間皇子のことを思って、白妙の私の袖はぬれたことである。

と解釈している。すなわち、「藤白のみさか」の歌は、『万葉地理研究　紀伊篇』（白帝書房・昭和六年刊）に『書紀』

の〈句を挟む斉明紀の悲痛な物語を思起しての作と見るべきであろう〉と述べる考えに統一されているといえる。しかしこの穿ちすぎた見解に対し、袖を涙でぬらす説を〈低俗な理解法〉と抵抗を示す説[1]があり、『注釈』[2]もこの説を踏襲して異説を示している。この異説も既に荷田春満が、

　或抄には有間の皇子御謀反の昔、此所にて自らくびれてみまからせ給ひし事抔思ひ出てかとの説もあれど、詞に表れぬことなれば、無用の鑿意ならん

と指摘するところ[3]に求められる。異説では、何れの場合も皇子の死と巻九の歌を結びつけない点に特徴がある。
　以上の各説は、巻九の歌と皇子の死を関連づけて解釈するものと、そうでないとする点に異説を生むのであるが、両者とも藤白坂を海南市藤白の地に求め、有間皇子の終焉地をここに結びつけている点では異論がない。ここで荷田春満の主張を他の歌によって例証するため、万葉以後の藤白坂を詠んだ諸歌を列記してみよう。

藤白のみ坂を越てみわたせは霞もやらぬ吹上の浜　　僧正行恵

藤白の御坂の松の木の間より夕日に見ゆる淡路しま山　　前大納言公蔭

藤白の山のみ坂をこへもあへすまつめまかるる吹上のはま　　民部卿為家

みさかにはみかさやとらん藤白の山はしくると木の葉ちるなり　　同右

藤白や山の端かけて秋風の吹上の浪にいつる月かけ　　飛鳥井雅径

暮かけて降積雪に藤白の御坂を遠み誰かこゆらん　為　久

君が代を松にかかりて藤代の三坂をこえし春そわすれぬ　耕　雲

衣手のさのみなぬれそ藤代の三坂を越ゆる恋の道かな　太上天皇

なかめ行く藤白山の嶺つつきあらしの音もわかの浦松　立　憲

藤白の三坂こゆれは吹上の真砂にけふる和歌の浦松　正　徹

一しほのみとりの外に色やそふはなさく春の藤しろの松　安嘉門院四条

行春の末葉にかかる藤代の松にのこりて花そすへなき　権少僧都定意

これらの古歌には歌意に有間皇子を偲ぶと思われるものがみられず、むしろ藤白坂からの眺望佳景を詠んだものが多い。察するに契冲らの考えは、『書紀』(4)を読んだ知識から無媒介に史実の藤白坂を定めたものと思われる。博識の本居宣長は「紀の国の名どころども」(5)の中に、『万葉集』に載る所の紀州地名を説明しているが、彼は寛政六年（一七九四）に藤白坂を越えているにも拘らず、有間皇子の事件は少しも触れず藤白の地を無視している。これは彼が土人達の伝承する有間皇子の終焉地たる藤白坂（後述する）に関心を寄せなかったものと推察される。事実寛政六年霜月に彼は、はるばる伊勢から高見山越えで二十六日に藤白坂を登っているが、この時に詠んだ歌[6]にも有間皇子を懐古することはなかった。このように藤白坂を詠んだ歌からは、『文明旧記[7]』以後史料として土人が強く有間皇子終焉地と信じた内容の片鱗さえも窺えない。そこで土人の伝承が果たして根拠をもつものかどうかを吟味する必要があろうと思う。

海南の藤白坂を有間皇子縊死の地とする最古の資料は、先にふれた『文明旧記』であろう。この記には、

坂下藤松祠　有有馬皇子御塚所、此所縊死、依之至于今松藤生懸

と記されており、この説を『紀伊名所図会』の編纂者も踏襲し、天保十年（一八三九）に仁井田好古が編輯した『紀伊続風土記』もその例外ではなかった。就中、『紀伊続風土記』は天文年中（一五三二—五五）に村人が藤白松の下から、阿弥陀仏及び観音仏の各一体を得た事実を重視して、

是もし皇子葬埋の跡ならむ歟

と筆を結んでいる。爾後の郷土誌は『紀伊続風土記』の説を継受し、斉明四年（六五八）十一月庚寅条の藤白坂を、海南市の藤白に決定して疑っていない。天文年中に仏像二体を発見したという『紀伊続風土記』の説は、明治四十一年に出された『内海村誌』では、享保年中（一七一六—三六）と凡そ二百年もの時差があり、この点に奥野健治氏も伝承に疑いを抱かれる結果を招いている[8]。しかし天文年中という『紀伊続風土記』の説は正しいようである。その理由は、享保年間に生存した名高の専念寺十四世住職たる全長上人が、天文の頃に二仏体を掘出した事実の伝えを手記していると、『海南郷土史』に明記しているからである[9]。天文年中に発見されたという二仏体は、明治二十二年まで存在したが、西法寺に保存されていた一体は火災に遭い焼失し、幸に他の一体は宮本家に無事保存されている。「白鳳期の特徴をもった古雅なもの」と『海南郷土史』が説明している残った仏像は、成程面貌は眺めていても立派なものであるが製作年代を白鳳期まで遡ることはできない。況んや『内海村誌』のいう「皇子若くは薬、鯛魚の守本尊な

りしならんか」との説には首肯し得ない。現在宮本家所蔵の仏体は、内刳式銅鋳造半肉座像の十一面観音懸仏である。平安朝末期に至り漸く熊野参詣が盛んになった頃、熊野に奉懸するために持来った仏体で、いわゆる御正体あるいは懸仏と称されるものである。昭和三十八年上野元・巽三郎によって刊行された『熊野新宮経塚の研究』（熊野神宝館刊）の中に、宮本家所蔵の仏体と酷似の懸仏があり、藤白坂で発見された仏像と類似のものが、旧熊野古道上の他の地にも存在している事は、熊野詣の途次参詣者が各王子社に御正体を奉懸していた事実を示すものである。よって藤白坂出土の御正体は、藤白神社あるいは『文明旧記』にいう「坂下藤松祠」に奉懸されていたものであろう。ここで少し古代における熊野参詣の実体を眺めてみよう。

熊野詣の源流は、修験道者の入山であったと思われる(10)が、特に大化改新後において山岳自然道場を提唱して和州・泉州・紀州等に、神仏二教を以て国家守護を行った役小角の行跡は著明である。然し小角の本格的活動は斉明天皇四年二十五歳の時に摂州箕面の山に登った頃からと思われる。『熊野年代記』には大化改新以前において、天皇の熊野行幸及び市井人の熊野詣記述があるが信を置きがたい。しかし大化以後の記述はやや信憑性がおけるものであり、『年代記』に拠れば、大化五年（六四九）に和林という人が山道を作るとある。当時この様な土木工事が果たして行われたかは分からないが、大化二年の改新詔には駅制の設置がうたわれているから、当然主要道路の整備強化の体制に入ったと考えられる。そして道路の整備には負担のかかる要路・津済・渡子の調賦を停止し、新しく田地の給付を行っている。『書紀』の記述通り諸事が実行に移されたとは思えないにしても、順次実行に移されたことに誤りはなかろう。只この様な命令の進展速度は、在地の命令執行者の改新政府に対する忠誠の度合に左右されるものであり、熊野山道の整備もかかる意味において理解せねばならない。紀州においては、完全な道路といかないまでも斉明朝には紀川から田辺まで交通の便に供する道が出来たようである。それは、斉明三・四両年に亘って、有間皇子を始めとし、斉明天皇の一行が牟婁温泉に赴かれている事実から証明される。爾後、持統上皇・文武天皇一行の牟婁温泉行幸

年代	記事	出典
大化5(649)	和林　熊野山道を作る	熊野年代記
天智6(667)	中大兄皇子　熊野詣	〃
天武9(680)	役小角熊野明神に参籠	元亨釈書
〃12(683)	天武天皇熊野行幸	熊野年代記
〃13(684)	熊野行幸式定まる	〃
養老7(723)	詔により神遷の秘文を神祇伯より新宮本宮に授く	〃
天平10(738)	熊野詣大道　泉州に存在	隆池院鐘縁起
〃17(745)	僧行基　熊野詣	熊野年代記
天平勝宝3(751)	熊野三山に日本第一の勅額を賜う	〃
大同3(808)	平城天皇　三山に行幸　宝物を納む	〃
〃4(809)	平城天皇　三山に行幸　新宮に神馬を賜う	〃
弘仁2(811)	平城法皇　熊野行幸	熊野年代記 源平盛衰記
〃6(815)	平城法皇　熊野本殿の御戸を開かれる	〃　〃
〃11(820)	嵯峨天皇　熊野行幸	熊野年代記
天長4(827)	空海　熊野に入る	〃
貞観1(859)	一月速玉神従五位上を、五月に従二位を賜う	三代実録
仁和1(885)	去秋より光孝天皇不予の為円珍を派遣	熊野年代記
寛平5(893)	聖宝　宇多天皇の勅により三山に赴く	〃
〃9(897)	宇多天皇　熊野行幸	〃

があるまで、道路は改善され、その範囲も拡大したであろう。天皇一行の牟婁温泉行幸は正史により、可成り古い時代の道路状況を田辺まで辿れるが、田辺より熊野までの状態が正史では延喜七年（九〇七）まで判明しない。新城常三氏も指摘された如く、古代の熊野は交通上立地条件が悪く、険しい道のために牛馬の通じるのも容易でないと形容される程、参詣道の状態はよくなかった。ために参詣人も永保（一〇八一―八四）の頃は多くなかったという。(11)十一世紀後半の熊野参詣の状態は殷賑をきわめていなかったが、奈良朝以来絶え間なく熊野参詣は続けられていた。その例証は、舒明天皇(12)・天智天皇・天武天皇等の行幸(13)は論外としても、興福寺の僧永興が熊野で仏説を唱えたこと(14)や、天平十年（七三八）に熊野参詣の大道について沙門行基が勧進書状の中でふれていること(15)、及び平城法皇の行幸が平安朝に入ってあったらしいこと(16)等の史料から云えよう。参考までに古代におけ

る熊野信仰の状態を表に示すと前頁の如くなる。

前頁表から古代における天皇の熊野行幸の一端を理解し得よう。この後院政時代において上皇及び貴族層の熊野詣が活発となり、その風潮は地方の貴族社会に及んだことは、『隆池院鐘縁起』[18]・『倭漢三才図会』[19]及び諸先学の云われる通りである。地方貴族のこの風潮は、参詣者の信仰する御正体を各自国元から持参し、これを熊野及び各王子社に奉懸することが多かった、と巽三郎氏が述べられている点に例証づけられよう。元来、御正体は奉懸を主目的とし、破損品あるいは室町期の末葉に吉田家による唯一神道の擡頭[21]によって社殿から仏臭を除く思想が起こったために、各王子社に奉懸されていた御正体は人々が聖なる地と信じていた特定地域に埋められた。従って藤白坂から天文年中に発見された御正体[22]も右の意味から経塚に埋納された仏像ではなく、それは明らかに排仏思想に基づいて藤白神社に奉懸されていた御正体を埋めた中の二体である。仏像鑑識力の乏しい筆者は藤白坂出土の御正体の製作年代を鎌倉時代ではないかと思っている。従って御正体の埋納は製作後相当年月を経ているものと思われるから、この御正体埋納の時から後において土人の間に有間皇子の史実を知り、この地に誤まった伝承化を辿ったものと理解される。

これまで述べたことは、著名な有間皇子の悲劇を知っている人々の詠んだ藤白坂に関する歌は現在発見されず、むしろ眺望佳景を詠んだ歌が圧倒的に多く見られること、御正体発見以後、有間皇子の終焉地としての伝承化が行われ、『代匠記』以後の万葉学者に誤解を招いていること等の諸点より、斉明四年紀の藤白坂は別の地に求めねばならないと考える。

二　印南以南の地

疑点の第二は、『書紀』の記載を解釈することで生じる日程の無理である。『書紀』の叙述を要点だけ示して検討に入ろう。

五日《甲申》　留守官蘇我赤兄と有間皇子謀議。

　夜半、市経の家で赤兄差遣の兵に皇子捉われる。

　赤兄、駅使を天皇の許に発遣する。

九日《戊子》　有間皇子・守君大石・坂合部連薬・塩屋連鯯魚の四名捉えられ紀の温湯に護送される。

　舎人新田部連米麻呂、皇子一行の護送に従う。

　皇太子、有間皇子を親鞫する。

十一日《庚寅》　丹比小沢連国襲、派遣されて有間皇子を藤白坂で絞殺する。

　塩屋連鯯魚・舎人新田部連米麻呂の二名藤白坂で斬殺される。


この『書紀』の記載には土地の距離と日附の点で先ず疑点を生ずる。この疑点に関しては田辺幸雄氏が見解を述べられている(23)ので、氏の説を吟味して新しい問題に入ることにする。田辺氏は有間皇子の飛鳥出発を七日に推定されて、次の如き日程を組まれた。

六日　市経から飛鳥へ皇子を拉致する。
七日　皇子の一行飛鳥を出発、背の山附近で一泊。
八日　由良乃至御坊附近で一泊。
九日　岩代通過の折（巻二の挽歌）浜松の歌を詠み、午後に温湯到着。そして皇太子中大兄皇子の訊問。
十日　皇子を倭へ出発させ、由良乃至湯浅附近で宿営。
十一日　藤白坂にかかる所で追い着いた丹比小沢連国襲に皇子を絞殺させた。

この日程は氏の云われる如く〈極く無理のない日程〉と果たして云えるだろうか。この日程に無理がなければ『書紀』に記載する藤白坂は、『万葉集』巻九の歌に見える藤白坂であり、その地は海南市の藤白であると断定できよう。氏の提案された六日には無理がないから、吟味の焦点は七日以後の日程に限定されよう。七日における皇子一行の行程は飛鳥から背の山を越えた所であるから、飛鳥から名手（兄山の西二粁の地）間の 距離は約十二里で、一日の行程を田辺幸雄氏は紀路の平坦な道に推定されていることが分かる。翌八日は由良乃至御坊であるから、その行程は十四里前後で、七日よりも二里多くなっている。次の九日は田辺から湯崎まで船便を利用したと思われるから約九里の歩行となる。

さてこの日程で行程と矛盾しないかが問題となる。もしかりに田辺氏のたてられた当時の人々の歩行距離が十二里だとしても、その道路は起伏の少ない良好なものであるから、起伏の多い道路では当然歩行距離は短縮されるのが常識であろう。この考えを以てすれば八日の行程は無理といわねばならない。しかも八日の行程は前日よりも多くなっており、健脚人でも十四里余の起伏の多い歩行は不可能ではなかろうか。この疑問については奥野健治氏も指摘されており、具体的に説明をされていないが、十一日の処分には裁判と護送に要する時間に疑いをもたれ、「藤白坂」を有田郡の「藤並」に解決を求められている(24)。

奥野氏が九日の皇太子の訊問から、十一日の藤白坂における皇子他二名の処刑の日程に疑問を投げていることは、田辺氏の提案も当然批判の対象となろう。ここで再び『書紀』の記述に注意する必要がある。五日における蘇我赤兄の行動は、皇子を捉えると同時に天皇の許へ飛駅を発遣している。九日（戊子）は有間皇子の温湯到着の日と田辺氏の云われる如く解され、皇子の護送は飛鳥に拉致後赤兄が行ったと考えねば、九日に皇子を温湯まで護送できない。一体に赤兄の行動はすべて留守官たる権限の全面的行使であり、それのよるべき根拠は、大化改新以後新政府が目標とした唐の律令国家の成文法典であった。留守官は狭義の立法権（緊急時の治安維持を目的とする）と行政権の大幅な行使権及び軍事司法権の全面的な行使の承認が与えられているのである。特に国家の存亡危機における越権行為は認められるべきであり、権限濫用は事後における太政官の裁定を待つべきものと考えねばならず、蘇我赤兄の行為は『獄令』及び『職制律』の規定を忠実に守ったものと云える。謀反罪は国家に対する大罪であり、(25)律では未遂も斬刑である。(26)このような犯罪人の処罰は、赤兄に依託されていないから、予審を終えると直ちに天皇の許へ送致する義務があった。だから五日夜半に皇子を捉えて飛鳥に拉致した後は、審理の後少なくとも六日の午前中に皇子を温湯へ護送したと解釈される。当時護送団の行動は道中の安全を考慮すれば、夜間に亘って強行軍をしたものとは解されないであろう。夜間に行軍を行わないとすれば、日中の明るい時間に集団行動をしたこととなる。陰暦では冬十一月の日出は七時前後であり、日没は五時前である。すなわち日出から日没まで十二時間が皇子一行の行動時間の対象となる。ところで当時の人の一日の歩行能力は、『養老令』によれば五十里である。(27)もっとも令制の一里は五町であり、(28)現在の一里＝三十六町＝の七分一強である。すなわち令制の一日歩行公定里数は現在の七里弱であって、この制度は中国の制度を踏襲したもので、一日行程は平均五時間の歩行を限度とするようである。(29)

律令時代において都京から紀伊国府までの所要日数は、『古律書残篇』に三日と記されて(30)公定所要日数を知り得る。この日数は平城朝の太政官符により確かめられるから、(31)奈良朝から平安朝にかけての所要日数は変らなかったと云える。すなわちこの点から道路状況は目ざましい改善の行われなかったことを推測せしめる。(32)一方陸上交通の他に海上交通もあるが、律令政府が海上交通の利用をあまり好まなかったのは、所要日数を陸上よりも多く費やす点にあった。(33)律令時代における交通の利用度は、時代の下るに従い海上交通も多くなったが、(34)初期の頃は専ら陸上交通を利用したのである。このような経験的行為は斉明朝においても云えるのであり、ここに皇子一行の温湯行は陸上であったと考えて妥当性を欠くものでなかろう。この小稿で論を進めるのに陸上交通に終始する意図は上述の解釈に基づいている。さて飛鳥京より紀伊国府までの所要日数は、奈良―飛鳥間に約一日を要するから二日とみて大過あるまい。この日数は上述した一日五時間の歩行に基づく一般的事情の場合であるから、非常時の場合＝有間皇子の護送の様な場合＝には当然強行軍となったであろう。ここで強行軍の場合の一日歩行里数を推測するに、八時間の歩行とすれば十一里半弱となる。これは単独行動を前提にするため、有間皇子の護送の如く統一的集団行動を余儀なくされる場合には、一日の歩行距離は上述の推定里数よりも少なくなる。又平坦な道路状態を基準にして算出される上述の推定里数は、山道・峠道・河川の徒渉の場合にも集団行動と同じく時間の消費率の高い歩行になり、一日の行程は少ないと考えねばならず、皇子一行の行動はこれらの諸条件を考慮した上で『書紀』の日附との関連性に考察を加えねばならない。計算の便宜上前述の数値（平坦路の一日単独歩行距離を十一里とする）を皇子一行の行動に適用して論を進めると、私案では六日は半日行程の橋本辺で一泊、七日は藤白の麓まで進み、八日は藤白・蕪・糸我・由良の四つの坂を越えるので、九里を歩行能力として原谷乃至小松原辺に到達し[35]、九日は未刻頃に田辺に達し、海上便で申刻頃に温湯到着とみるのである。『書紀』の解釈上温湯到着は戊子（九日）と見るのは田辺幸雄氏の理解された日附と同一で、この点を無視すれば皇子一行の行動を推定する合理的解釈の範疇から逸脱すると云える。さて問題は温湯到着以後の皇子一行の行動である。温湯における被訊問者は皇子を含めて五名であり、証人・参考人の数を入れれば、訊問に要する時間は相当な時間と見ねばなるまい。事件の重要性から被疑者一人一人に対する訊問は慎重を期したであろうし、又所要時間も多かったに違いない。よし皇太子中大兄皇子の皇子に対する訊問が温湯到着後間もなく開始されたにしても、申刻以後であるから夜に訊問が行われたと解さねばならない。先に触れた如く十一日に通説の藤白坂で、皇子一行を処刑したという『書紀』の記述を信頼すれば、十日の早朝に温湯出発と見ねばならない。しかし現実にはこの様な無理な行動はとり得ないと云える。

　その理由は、深夜に亘る訊問は被訊問者における護送の疲れ、絶えざる緊張と興奮の状態のためはかどらなかったであろうし、翌日に及ぶ調べでは被疑者の睡眠は満足にとれなかったであろうから、十日の行動は護送の中で最悪の状況となり、予定の行動は不可能であると判断できるからである。

『書紀』の「戊子、……於是皇太子親問二有間皇子一曰、何故謀反、答曰、天与二赤兄一知、吾全不レ解」という記述は、九日の連続した記載には違いないが、九日で終ってしまったと解すべきでなかろう。少なくとも皇子に対する訊問は、他の訊問を終えた最後と見ねばならないから、必ずしも九日に行われたとは云えない。よし「於是」の意味を九日に限定するとしても、皇子の護送による疲れと訊問に対する興奮は、本格的な審理を翌日に延ばさせたであろうと考えられる。皇子の自白の一端を「天与二赤兄一知、吾全不レ解」と記述する『書紀』は、事実に基づく史料を引用したものであって、この自白の内容から皇子の無実を看取するのは穿ちすぎた解釈であり、むしろこの発言は犯罪人共通の常套的言葉であり、『書紀』の記述は彼等の自己防衛的見地から解すべきものである。有間皇子に関しては、異伝を録すことを勘案しても、三つ以上の史料から『書紀』編纂者は採択しているのが窺われ、その採用時の混乱が統一的にすっきりとした記載が出来なかったのであり、十日の日附の史料は脱落しているものと解される。十一日に皇子は絞刑に、塩屋連鯯魚及び舎人新田部連米麻呂の斬刑が藤白坂で執行されたが、この斉明四年紀における謀反者達は、律の適用をうけたことを『書紀』は明らかにしている。すなわち、「戊子、皇太子親問二有間皇子一曰、何故謀反、答曰、……庚寅、遣二丹比小沢連国襲一、絞二有間皇子於藤白坂一」と九日の窮問・抗弁（十日に皇子の伏弁があったと想像される）、及び十一日の死罪確定・断罪が規則正しく行われている。

一体、改新政府の採用した唐の律思想は、石尾芳久氏も指摘された(36)如く大化五年（六四九）の蘇我倉山田麻呂事件にその端緒を見ることができる。その後この思想は、徐々に日本固有の刑法思想を排除していったと考えられ、斉明四年（六五八）に至り律思想の謀反罪が固有思想と交替して定着したのである。この謀反罪に対する固有思想の存在を石尾氏は指摘されているが私見では氏の説に従いかねる。その理由は、氏の主張が謀反罪の形式面に重点を置き実体面を無視されている点にある。氏は唐の刑法思想に強き抵抗を示す日本の固有のそれを謀反罪に求められ、その根拠としては『大宝律』編纂施行以前の謀反行為が、すべて、「謀反於皇太子」概念に帰一することにあった点を注目された。[37] しかし果たして『大宝律』施行以前において、謀反罪の固有思想が『唐律』の継受に強き抵抗を示したであろうか。私見では寧ろ固有刑法思想の後退を『書紀』から推測するのである。この推測を裏付ける事実は、大化五年の蘇我倉山田石川麻呂事件以後、謀反事件の審理（窮問・断罪）の運び方が『書紀』において記述を異にしていることである。所謂日本の固有刑法思想では、謀反に対する断罪は即決主義であり、『唐律』に見られる断罪猶予の概念は存在しなかった。しかるに石川麻呂事件以後、被疑者の逮捕・窮問・（伏弁）・判決・断罪が準拠して行われており、特に有間皇子の場合、この方向が明確に『書紀』に示されている。しかもこの謀反に対する事件審理が、『養老律』制定後に起こった「長屋王の謀反事件」の場合と同一であることは、『唐律』の継受を見る場合無視できない事実である。そして律の成分法のない斉明朝と、成文法施行後の聖武朝との間には謀反罪の審理に固有法の思想は認められず、大津皇子の事件もその例外でない。たとえば皇族の謀反事件三例を表に示すと左の如くになる。

被断罪者／行刑過程	有間皇子	大津皇子	長屋王
謀反発覚・逮捕	斉明四・十一・五	朱鳥一・十・二	天平一・二・十
窮問・判決	〃　・九〜十	〃	〃　・十一
（覆奏）・処刑	〃　・十一	〃　・三	〃　・十二

表に示す大津皇子・長屋王の場合、『書紀』・『続日本紀』に抗弁の記載は見えないが、窮問形式は既に有間皇子の後に見られるから両者の間に相異はなかったであろう。二皇子は有間皇子の特殊事情と共に、窮問の翌日に大辟罪を執行されている。このことは審理後の覆奏が翌日に行われていることを物語る。すなわち『獄令』大辟罪の条文に、

凡決大辟罪、在京者、行決之司三覆奏、決前一日一覆奏、決日再覆奏……若犯悪逆以上、唯一覆奏、

とあり、八虐中の筆頭である謀反罪は決日に覆奏する規定が知れ、三皇子はこの規定の適用者と云える。大辟罪の執行には三者共に皇親であるため、有間皇子の場合は斬から絞に、大津皇子と長屋王の場合には自宅における自尽を許されている。しかも大辟罪の執行時間は、有間皇子の場合『唐獄官令』の規定通り、未刻（十三時～十五時）直後であった様である。

庚寅（十一日）条の藤白坂は令の明文に依拠した処刑地と考えねばならず、覆奏後皇子が紀温湯を出発して未刻に到達する地に限定されよう。すなわち『獄令』の処刑手続に見える、

凡断罪行刑之日、……仍日未後乃行刑（復元開元七年獄官令第七条、諸決大辟罪。……仍日未後乃行刑）

及び、

凡決大辟罪、皆於市（同第八条、諸決大辟罪、皆於市）

とある規定に基づく地であった。勿論この紀温湯から到達し得られる地は、戊子（九日）の行程を更に短縮するものであるから、御坊より紀温湯に近接しなければならない。皇子の到達可能距離は紀温湯出発時間に左右され、皇子一行の温湯出発時間を『書紀』は明記していないので海南の藤白と異なる藤白の地を限定することは不可能である。もし仮に皇子一行の温湯出発を九時とすれば、海上田辺の港には十時頃の到達となり、未刻まで四時間の余裕があり、途中の休憩を考慮しても五里の行程は歩行し得たとされよう。この計算によれば皇子の到達した地は印南の附近と一応推定が可能である。然しここで注意すべきは、皇子を護送する指揮者に往途の如く強行軍を行う必要がないことである。護送指揮を命ぜられた者に課せられた任務は、未刻までに無事に皇子一行を京師近くの地に護送し、処刑を完了することに局限されていたと想像される。この推定に大過なしとすれば、皇子一行の到達地は更に温湯に近き地と解され、又その地は『獄官令』に規定する「市」である。しかしこの場合の「市」は厳密な意味の市井人のあつまる

場所でなく、京師にもっとも近い地と解するのであり、『獄官令』規定の拡大解釈を私見では採るのだが、別な解釈としては、有間皇子の場合に特例を設けたのであるとも云えよう。

さて問題の藤白は前述した如く印南以南の地に推定される。田辺幸雄氏の主張される通説の海南の藤白は『万葉集』巻九の歌に詠まれた地である。又、藤白を藤並に推定される奥野健治氏の主張も妥当と思えない[38]。今日まで『書紀』に云う藤白坂の位置を私見に近い所に求めている説としては、『大日本地名辞書』だけであるが、同辞書では藤白を磐白の誤謬と推定するのみで、その論拠は不明である。私見で推定する藤白坂は、岩代と切目を結ぶ坂を有力地としている。この推定を根拠づける資料は、江戸時代における熊野参詣をした人の道途の記録日記・郷土記録誌等であり[39]、各資料に明記している切目の有間皇子社の存在を論拠とする。祭神として有間皇子をまつる所を「小社」又は「祠」とも記すこれ等の諸資料は、皇子の悲劇を知った士人が路地の片隅に皇子の霊をまつったものであるが、その小祠の原形は時代と共に不分明となり、伝承も世代の交替と共に忘れ去られ、ただ有間皇子祠とのみ現在の切目に伝えられたものであろう。祠は仁徳の篤い人を追慕して作られることもあれば[40]、罪を負って死んだ人を傷んで没地の近所に作られることもあり[41]、有間皇子の場合は後者の例である。

この点と、皇子の死を大化改新以後の律思想の反映として既述の如く解すれば、通説の藤白坂は修正を要する。明治時代まで現存したと思われる切目の有間皇子社の存在から、皇子の没地を切目に近い坂と考えねばならない。

以上有間皇子に関する『書紀』の記載を律令の成文に照応させて理解を容易にした積りである。ここに石尾芳久氏の云われた固有刑法思想は、既に斉明朝において律思想の影響で後退を早めていたと云わねばならず、『書紀』の記述は全く律思想を反映するものであると云えよう。

三　『俊頼髄脳』の影響

疑点の第三として挙げる岩代を主題とした唱詠歌解釈は、疑点の第一及び第二の如く通説の藤白を否定する根拠をもたない。歌の解釈はこれまで数多くの先学によってなされて、浅学の云うべき点は殆ど云いつくされており、ここで私見を述べるのは、有間皇子に関する伝承の定着する以前に皇子に対する誤解が、中央の人々の間に流布していた事実を指摘するにある。皇子に対する誤解は過去の記録を抄述した『書紀』の断片の記載に対して一面的な理解に終始したところに生じ、藤白坂に対する理解もこの推定の域を出ないものと云えよう。

斉明四年（六五八）に有間皇子の悲劇的な最期があって以後、中央の人々が岩代を訪れたことはあったと思われるが、記録上には持統四年（六九〇）まで三十二年間は見えない。もっともこの地は都京から遠く、且公式の派遣でもない限り、個人の負担による旅は不可能であった。持統四年に天皇の牟漏行幸に随った川島皇子（一説に山上臣憶良という）の『万葉集』巻一―三四は、有間皇子の事を意識した作とする見解が一般的である。特にその解釈を強く主張する『万葉集檜嬬手』は、初句の「白浪乃」を「磐白乃」の写し謬りとして改めている。川島皇子の詠まれた歌とは、

白浪乃　浜松之枝乃　手向草　幾代左右二賀　年乃経去良武　（一云年者経尓計武）

であるが、これは『万葉集』編纂者により雑歌の部に収載されて挽歌の部には入れられなかった。いま巻二―一四三～一四六等の挽歌を列記すれば次の通り見えている。

長忌寸意吉麿見二結松一哀咽歌二首

磐代乃　崖之松枝　将結　人者反而　復将見鴨

磐代之　野中尓立有　結松　情毛不解　古所念

山上臣憶良追和歌一首

鳥翔成　有我欲比管　見良目杼母　人社不知　松者知良武

右件歌等、雖レ不二挽レ柩之時所一レ作、准二擬歌意一。故以載二于挽哥類一焉。

大宝元年辛丑、幸二于紀伊国一時、見二結松一歌一首

後将見跡　君之結有　磐代乃　子松之宇礼乎　又将見香聞

追和歌の一首を除き、他の三首はすべて「磐代」の地名を歌に詠みこんでいる。すなわち、作者の脳裡には、有間皇子の詠んだ歌、

磐白乃　浜松之枝乎　引結　真幸有者　亦還見武（一四一）

の中に見える「磐白乃浜松」と皇子の悲劇的最期を、無媒介に結びつけていることを知り得る。従来、有間皇子の歌は、

家有者　笥尓盛飯乎　草枕　旅尓之有者　椎之葉尓盛（一四二）

と共に、その主観句を用いず自己の境遇を冷徹視することに皇子の本意を求めている。[42] この解釈は現在も根強く存在するのであるが、この考えは皇子の悲劇的な最期を知る知識に災され、結果から原因へ逆行する時代錯誤の帰納的解釈ではなかろうかと思う。元来有間皇子の悲劇の直接的原因は、皇子自身の謀反行動への積極的意思にあり、[43] その破滅は当然死を覚悟するものであったし、温湯への護送に対しても死を宥されることは期待しなかったと見ねばならない。このような事情の下で護送往途に、皇子が二首の歌を冷静に詠まれたとは理解されないし、又前述の如く護送を急ぐ限られた時間内で詠歌の余裕はなかったから、この時点で皇子の作歌は不可能とされねばならない。又温湯より帰途における場合を考えるに、事情は往途よりも更に心の平静を認められないものであり、処刑の刻限に近づく皇子が存命を前提とする一四一番の歌を作られるとは考えられない。やはり皇子の作歌は、歌の中に土地の風習野宿を詠みこまれている事実を考勘すれば、冬の時期を除く頃である。皇子の歌に対する疑点は、民俗学の見地から解明され

つつあり、漸く従来の偏見が是正されるかに見える。因みに『宗教と民俗』の中で池田弥三郎氏は、

……この磐代神のあらわれる場所でおそらく有間皇子は宴会を行ったに違いない。……その時にさまざまな歌が歌われたのだ、……そしてそういう事は早く忘れられたに違いない、だからその二つの歌に、「自らいたみて」という詞書がそえられてあるわけだ。つまりこの詞書を書いた万葉の編者と思われる人は、すでにこの歌を、有間皇子の人生を注釈にして悲しい歌だという風にうけとったのだ。

と、述べられて『万葉集』編者の詞書作成時における事情を洞察されている。磐代における習俗については、犬養孝氏も指摘され(44)、又大和宇智郡にも磐代と類似の習俗があったことを(45)、数としては少ないが(46)我々はこのような習俗の存在を知ることができる。かかる都京にみられぬ田舎の習俗を詠んだ歌が、挽歌の部に入れられたのは専ら万葉集編纂者の恣意によるものであり、歌の真意を示すものではなかった。皇子の伝承は既に『万葉集』編纂時に歌意の誤解が見られ、十二世紀頃には、

此頃の人はいわしろという所のあるとは知らで、うせたる人の塚なり、結び松といへるはしるしにうゑたる木なり、さればいはひの所にてはよむまじきよしをいへる

と、皇子に対する伝承の変遷が窺われ(47)、又皇子の作歌については、

是は孝徳天皇と申しけるみかど、位をさり給はむとしける時、有馬の皇子に位をゆづり給ふべきを、えたもつまじきけしきを御覧じて譲り給はざりければ、怨み申して山野にゆきまどひ給ひて、岩代といへる所にいたりて松のえだを結びてよみ給へる歌なり。

と解釈に誤謬が知られるのである、そして皇子の作歌事情を解釈する後世の誤伝を、境田四郎氏は『俊頼髄脳』に求められている如く(48)、平安朝末期における中央の知識人の間には有間皇子に対する誤った伝承が敷衍していた事実を指摘することができる。この様な伝承化を辿った原因は、皇子の歌に対して附せられた詞書の「自傷」の文句に由来す

るのであり、『万葉集』編者の不注意がもたらしたものである。巻一—三四の歌が皇子のことを意識し乍ら雑歌の収載されたのは、「磐白乃」の句を詠みこまなかったためであり、もし、『檜嬬手』の作者が強調する様に「白浪乃」を「磐白乃」の写し謬りとすれば、この歌も挽歌の部に収載されたと思う、何故ならば、皇子の歌二首が旅の歌であり、歌意を素朴に解すれば、川島皇子の歌と大差がなく、当然雑歌の部に入れねばならないからである。ゆえに『檜嬬手』の作者は、三四番の歌に大胆な解釈を行ったが、「白浪乃」を誤りとすることはできない。寧ろ私見では、三四の歌が「白浪乃」と詠まれたため、万葉集編纂者の誤解を招かなかった編纂のあとを知り得るのであり、一四一・一四二の歌に正しい解釈ができると思う。皇子の歌二首は先に護送の折における作でないことを指摘した(49)。その理由は前節で述べた日程面から導かれる詠歌時間の生じ難いこと、作歌事情と歌意との背反及び歌の成立の時節に疑いが存ること等にある。ゆえに皇子の歌二首は、斉明三年九月の牟漏温湯紀行の折の作と推定するものである(50)。

かくて、有間皇子に対する伝承は作歌と共に、時代の下る毎に誤って人口に膾炙せられたことを知った。岩代の地に対する認識がこの様な有様であるから、『書紀』に収載する藤白の地に対して正確な認識はあり得なかった。ただ偶然にも、牟婁温泉へ紀行する人及び熊野参詣を行う人が通る道路（熊野道）途上の一地名に藤白の地が存在し、『書紀』の知識をもつ京人が後世この地をもって有間皇子終焉の地とする通説は否定せねばならぬと思う。

むすび

これまで、限られた資料をもって大胆な推定を重ねて、通説に対する批判を行ったため、多くのあやまりを犯していると思う。特に藤白坂の推定に有間皇子社を問題にしながら、十分な考察を加えなかった。これに関しては第六章第二節で発表する。云うべき問題が多くして言及していない点、諸賢の批判をうけねばならないと思う。最後に簡単に要点をまとめておこう。

(1)　斉明四年紀十一月庚寅条の藤白坂は、『万葉集』巻九―一六七五の歌の藤白と異なる地であり、通説の藤白坂は、天文時代以後の土人達の誤った有間皇子の伝承地と考えられる。

(2)　『書紀』の藤白坂は、律令に依拠して有間皇子が処刑された地であり、その地は切目と岩代との間に推定される。

(3)　有間皇子の歌二首は、『万葉集』編者の誤解に基づき後世に誤って人口に膾炙されたのであり、作歌年代は斉明三年九月と考えられ、皇子の死とは関係がない。

以上の三点が本節の取上げた問題の要約である。文中先学に対して犯した非礼は御海容を願うと共に、本節に対して御叱正を賜わりたいと希望する。

註

(1)　土屋文明『万葉集私注』筑摩書房・昭和二十五年再版。
(2)　沢瀉久孝『万葉集注釈』。
(3)　荷田春満『万葉僻案抄』。
(4)　本居宣長『玉勝間』巻の九。
(5)　同　右『君のめぐみ』文芸叢書所収。
(6)　坂こえて紀の海見ればくま野路のおくしのはしき藤しろの山
藤しろの御坂をこえておもひやる百重の山のくま野路の空
末遠しも、への山のくま野路のいはのかけみちおもひやられて
(7)　作者未詳。写本を見ていないので孫引きであるが、この書には「坂下藤松祠　有有馬皇子御塚所、此所縊死、依之至于今松藤生懸」との記載があり、これは寛永二十年（一六三三）の『本朝地理志略』に載る〈藤代松昔孝徳天皇子有間皇子自縊死処也〉叙述法と大同小異であり、『内海村誌』・『紀伊通覧』・『海南地方の研究』・『万葉地理研究　紀伊篇』

等に引用されており、何れの書も文字の異誤がないと見られたので引用した。
(8) 奥野健治『万葉地理三題』佐紀発行所・昭和三十四年刊・四八～四九頁。
(9) 海南市教育委員会編集『海南郷土史』一九五四年刊・四二頁。
(10) 村山修一氏は『神仏習合思潮』の中で、熊野信仰を在地の原始的自然信仰と修験道的密教的要素の融合を指摘されており、児玉洋一氏は『熊野三山経済史』（有斐閣・昭和二十九年再版）の中で、熊野信仰の源流を修験道の起こる以前の上代に存在したものと思われる「お滝信仰」と解されている。
(11) 新城常三『社寺と交通—熊野詣でと伊勢参り—』至文堂・一九六〇年刊。
(12) 毛利柴庵『皇室と紀伊』（昭和十年刊）七三頁に一説を引き、「舒明天皇熊野行幸の途次、藤白に到る、役小角亦供奉す云々」と記しているが、舒明帝十三年（六四一）に小角は八歳であり、大和国南葛城郡に居住していた小角の行幸供奉は信ぜられない。
(13) 『熊野年代記』。
(14) 児玉洋一　前掲書　四六頁。
(15) 『和泉久米田寺文書』八号（大阪府文化財調査報告第九輯・大阪府教育委員会・一九五九年刊）。
(16) 『熊野年代記』。
『源平盛衰記』　法皇熊野の御参詣条。
(17) 表出の『熊野年代記』の記事は大化以後の比較的信憑性の高い時代から摘出した。又役小角の出典を示さなかったのは、平原北堂氏の『役行者』から引用した故であり、史料根拠は『秘蔵記』かと思われるが不分明のため空白にしたのである。弘仁二・六両年の平城法皇の熊野行幸記事を『源平盛衰記』の中に検出しているが、『盛衰記』の作者は〈那智山の日記にとゞまり〉とその記述根拠を那智山の日記に求めているので、その日記というのは現在の『熊野年代記』を指すものであろう。同一史料と断定できかねるため表に掲げた。天平十年の記載を示す『隆池院鐘縁起』には、『久米田寺文書』に記すところによると年号の干支を「戊子」に作り、別の謄本には「戊寅」として行基の署名を明らかにしている。故に「戊子」の年天平二十年を採らず十年の項に入れた。
(18) 『和泉久米田寺文書』　五号。

(19)『倭漢三才図会』巻七十　美濃国。
(20)上野元・巽三郎共著『熊野新宮経塚の研究』熊野神宝館・一九六三年刊・八二頁。
(21)山川鶺市『神祇辞典』平凡社・大正十三年刊。
(22)私見では伝承の天文年間に疑いをもち、もっと年代は下るものと思う。
(23)田辺幸雄「初期万葉の作者たち」『初期万葉の世界』塙書房・昭和三十二年刊所収。
(24)奥野健治「有間皇子墓」『万葉地理三題』所収。
(25)『名例律』八虐
　一曰、謀反、謂。謀レ危二国家一
(26)『賊盗律』謀反条
　凡謀反及大逆者、皆斬、……即雖二謀反一、詞理不レ能レ動レ衆。威力不レ足レ率者。亦皆斬。
(27)『公式令』行程条
　凡行程。馬日七十里。歩五十里。車卅里。
(28)藤田元春「里程考」『尺度綜考』所収。
(29)同　右　前掲書。
(30)『古律書残篇』
　紀伊国　郡七・郷卅七・里百七・去京行程三日
(31)『類聚三代格』大同二年九月十六日官符
　此国（紀伊）去二奈良京一三日行程、今平安京更去二一日半一、惣四日半程。……
(32)『日本紀略』延暦十五年二月丁亥条の勅によれば、紀路を廃し新しく南海道を設けている。
(33)主計式に載す諸国からの上納の調は海路六日とあり、陸路の上道四日よりも二日、下道二日よりも四日多い。
(34)『続日本紀』天平勝宝八歳十月丁亥条には南海道諸国の春米運送に海路を命じているが、紀伊国は海上輸送を禁ぜられる状態だが、太政官式では新任の国司赴任に他の南海道諸国と同様船便の利用を規定している。
(35)『万葉集』巻二—一四一・一四二の有間皇子の詠んだ歌は、日程の時間上余裕がなく往路の作とは考えられない。

(36) 石尾芳久「律令の編纂」『増補日本古代法の研究』法律文化社・一九六〇年増補版所収、八六頁。
(37) 同　右　前掲書　八七頁。
(38) 奥野健治　前掲書　四一頁。
(39) 『倭漢三才図会』寺島良安　正徳二年作。
『熊野独参記』作者未詳　元禄初年頃の作か。

『十寸穂の薄』「南紀徳川史」所収。

『日本輿地通志』紀伊志略。

『紀伊続風土記』仁井田好古　天保十年刊。

補註1　『紀伊続風土記』所収の有間皇子社に関しては、去る昭和三十四年十二月二十二日田辺市内のかなや旅館主人の紹介で郷土史家雑賀貞次郎氏から教示された。

補註2　西岩代の北に白滝とも白藤とも称する伝承地があり、藤の花が白く一面に咲いていたという事実を、三宅瑞晃氏から教示を受けた。この地を藤白坂と速断することは不可能にしても、往古の熊野路を榎木峠越えで西中村（西岩代村の北）に通じていたと推定されるので、後考を要する地である。
(40) 『公卿補任』延暦二十五年の条に載す略伝によれば、藤原園人が大和守に在任中、良吏の称を得て百姓達に追慕され、祠を立てられたという。
(41) 中国にも有間皇子と類似した例が見られる。『史記』伍子胥列伝に呉王（夫差）は、太宰の嚭の讒言を信じて子胥を自刎死させた由を記載し、その後に、「呉人憐之、為立祠於江上」とある。
(42) 特にこの点については、島木赤彦氏が『万葉集の鑑賞及び其批評』の中で述べている。
(43) 私見では皇子の謀反行動に大きな役割を果たしたものとして、塩屋連鯯魚を『日本上古史研究』通巻第五九号（昭和三十六年十一月刊）で推定した。
(44) 犬養孝「紀の湯へ―心情と風土」『上代文学―研究と資料　万葉集を中心に』国文学論叢第4輯・至文堂・一九六一年刊所収。
(45) 沢瀉久孝『万葉集注釈』巻第二・中央公論社・昭和三十二年刊。

(46) 中平悦麿「結松に就いての考」『万葉集伝説歌考』甲子社書房・昭和二年刊所収。

(47) 源俊頼『俊頼髄脳』。

(48) 境田四郎「有間皇子とその御歌」『有間皇子を偲ぶ』有間皇子千三百年祭記念・南部町教育委員会・昭和三十四年刊所収。

(49) 昭和二十四年七月『万葉』誌上に、「中皇命と有間皇子」と題して田中卓氏の新しい見解が寄せられている。その要旨は、中皇命は皇太子中大兄皇子の妹間人皇女であり、有間皇子の護送に同行した女性であった事を『僻案抄』の作者荷田春満の説から補強された。この説には第一に女性の皇子釈明のため皇子の護送同行が、日程処理上無理があること、すなわち、同行説をとる場合皇女一人だけが護送に加わったと考えられず、皇女の世話をする女性も当然含まれるから、護送団の人員が女性を含むことにより一層進行速度は鈍り、既述の日程を超えることになり、『書紀』に載る戊子迄に皇子を温湯へ護送ができなくなる。第二に、『書紀』に舎人の同行を記載して皇女の同行を削除している矛盾の立証が困難であり、もし皇女の同行があれば、『書紀』にも明記されたと解されること、等により間人皇女の皇子同行は推定しがたい。

(50) 私見と同じ解釈として、阪口保教授は『挽歌の本質』（文学圏社・昭和三十年刊）の中で次の如く述べられている。
有間皇子のこの歌は、この事件と関係なく、この地を通過した折の、しかも恐らくそれははじめて通過した折の――勿論、あとから結びつければ、関係は生ずる。それは、神のみが知る関係である。あとの事件を切り離して、その初度通過の折に歴史を戻して考えれば――旅の歌であつて、第二首目の、椎の葉の歌も、その時に作られた歌であろう。

第四節　丹比小沢連国襲と行刑

丹比連は、『新撰姓氏録』の河内国神別の天孫の部に、火明命の子孫とみえ、同書右京神別下の天孫の部に丹比宿祢があり、反正天皇（瑞歯別尊）が誕生して初湯を使う際、丹比色鳴宿祢が天神の寿詞を述べたとある。諸国に皇子の湯沐邑を作りその統轄に色鳴が当たること、所謂、「丹比の壬生部」の支配に丹比連が置かれたのを氏姓とした由を伝えている。

乃定二丹治部於諸国一、為二皇子湯沐邑一、即以二色鳴一為レ宰、令レ領二丹比部戸一。因号二丹比連一、遂為二氏姓一。

この伝承は、ウジの名が一致するところから作られたのかも知れないという(1)。又、丹比連は尾張氏の族にして多治比部の総領的伴造であるともいう(2)。丹比連は六世紀前半から軍事的膳部的要素の氏族として門部的職掌を持つようになったらしく、律令体制下の門部として宮城警備の十二氏の中に入った。殊に、軍事的関係を持つ氏として靫丹比連（伴造系氏族）が挙げられる(3)。一体、丹比連が軍事力をもつ氏として勢力が伸長するのは、もと河内の丹比地方を地盤とした豪族であり、大和と難波に通じる交通の要所を掌握していた為であり、大王家に重んじられて皇室への接触が強まった為とみられる(4)。

丹比小沢連は、複姓の名称である。直木孝次郎氏の研究によれば、第一種の複姓は中央の名族のウヂの名を上に冠するもので、その隷属関係を示すに本家・分家の同族表現を用いるという(5)。第二種の複姓に丹比氏が入り、天皇の宮号と関係ある氏の中の一に属する。そしてその範疇にある複姓は、大和朝廷における氏姓制の内部から官司制の形成されてゆく過程で生じたらしい(6)。丹比小沢連は紀伊の古代姓で、尾張氏の族ともみられている(7)。同じ軍事集団の複姓であっても、右大臣蘇我石川麻呂の頭を斬った物部二田造塩(8)とは系統を異にする。塩の場合、直接行刑に関与した執行史であり、一方の丹比小沢連国襲は行刑に直接関与しない監視官であったようだ。

藤白坂で皇子が絞刑に処せられる時、国襲が派遣された。『書紀』には、

①庚寅（遣二丹比小沢連国襲一、絞二有間皇子於藤白坂一。）

②是日、斬二塩屋連鯯魚・舎人新田部連米麻呂於藤白坂一。

と記載する。文中②に「是日」が挿入されている為、①と②の藤白坂を別地とする解釈も生じたが、前節で述べた如く、同一場所の公開処刑という律令の精神を考え合わすと、藤白坂二回記載は同名同地であること疑えず、同名異地説が誤りであること論を俟たない。①は皇子の刑執行が藤白坂である為、国襲を検屍役として派わしたことを示す記事である。奥野健治氏は、

国襲が温湯出発に当り既に皇太子の旨を受けて一行に加はつてゐたものか、又は後から追ひつき殺害したものか……不意に襲ひかかつて絞殺したのではなからうかとも思ふ。所謂暗殺であつたのであらう。[9]

と述べて、国襲を皇子暗殺者に誤解された。国襲は暗殺者ではなく、又皇子の首に直接縄をかけて死刑を担当する断獄刑吏でもない、歴とした皇太子派遣の行刑監督官なのである。行刑の手続には、『唐断獄律』十六条に、

諸断レ罪、皆須三具引二律令格式正文一。違者笞三十。若数事共レ条、止引二所レ犯罪一者聴。

と見えて、『唐律疏議』は「獄を断るの法、正文に憑るべし」と説明する。従って、国襲は、皇子の絞刑執行の前に、①斉明三年九月の白浜旅行時、君を無にせんとする殺意を抱き藤並神に奉幣して実行計画の成功を祈願し、塩屋・在田郡内の海人族を水軍に利用しようと企てた事、②斉明四年十一月（十月か）某日、鯯魚の立案せる牟婁行宮包囲作戦及び宮廷放火作戦案の良否を某（舎人米麻呂か）に相談し、謀反実行案の是非を打診した事、③同年十一月某日、守君大石・坂合部連薬両名を放火作戦の実行に関与させる謀議をもった事、④同十一月五日、鯯魚・大石・薬を蘇我

赤兄邸における謀議に参加させて計画案の最終的詰を短籍でトった事、等の犯状を告げ、⑤『賊盗律』第一条の謀反の犯罪に依り「斬」刑に当たるも、⑥『断獄律』十六条の規定に基づく臨時の処分として天皇の勅断を蒙り「絞」刑に値する量刑を伝え、⑦死刑執行の場所を裁判官の決定により「藤白坂」に定める通知を子細に囚人有間皇子に読み聞かせて、刑の執行吏（物部か）に絞らせる指示を与える。次いで、鯯魚及び米麻呂にも、犯状・罪名・量刑・刑所等の説明をする手続がとられた筈である。三囚人の刑執行を確認すると、国襲は執行命令書の答申書に記名して白浜行宮へ執行確認報告に戻ったものと推定される。本事件の死刑執行命令書は、皇子に対する「絞」刑文書と鯯魚・米麻呂に対する「斬」刑文書の二種となった為に、『日本書紀』に載る「藤白坂」二回併記の形をとったものであろう。この罪な記述をした史官を責めるべきか。

所謂、「藤白坂」二回併記は、三囚人の死刑執行許可を求めた覆奏文に、裁可された量刑に異なる二種の記述があり、刑所の併記があった為、と筆者は推定する。死刑に直接携わる刑吏は、律令制定下の実体では刑部省管轄下の囚獄司に勤める物部である。『大宝職員令』、刑部省には、

　物部卌人、掌下主二当罪人一、決罰事上。

と明記する。大化改新後、刑部省が設置され長官に高向国忍も任じられた。百名の入色人の解部も又物部もいた筈だ。[10]大化五年にみられる右大臣蘇我倉山田石川麻呂の冤罪謀反事件の処理には、石川麻呂が自経した翌日、木臣麻呂・蘇我臣日向・穂積臣嚙の三人が軍勢を引連れて山田寺を包囲し、物部二田造塩を指名して遺体となった大臣の頭を斬らせた。その時の状況を『書紀』は「於レ是、二田塩、仍抜二大刀一、刺二挙其宍一、叱咤啼叫、而始斬之」と生々しい状況を記している。この行刑の実体に注目して、筆者は前稿で次の様に述べた。

二田塩は物部の姓をもつから、上代より平和時に行刑を専門に扱い、戦争時に殺戮を行う武人であると言えよう。二田塩が死体の肉を刀の先に突き刺し、大声でわめく様子は戦後の勝利を祝う素朴な表現と思われる。一方で律

令法に基づく枷を使用し、犯罪者に絞・斬の区別・流刑を行う反面、この様な旧態依然の行刑が蘇我倉山田麻呂にみられた。そこで、有間皇子の処刑時にも塩屋連鯯魚や新田部連米麻呂の斬刑には、この様な行為があったのではないかと類推されよう(11)。

この推測は、中臣連金が壬申の乱後の不破宮裁判で死刑の判決を受け、不破宮から西北七里も離れた浅井郡の田根に刑所を移されて、断罪された刑所遠隔地の行刑方法に基づく(12)。

罪刑法定主義下の司法制度には、恣意的な断獄刑吏の行為を厳しく取締る規定がある。『唐断獄律』卅一条を見ると、

諸断レ罪、応レ絞而斬、応レ斬而絞徒一年。自尽亦如レ之。失者減二二等一。即絞訖別加レ害者杖一百。

の規定がある。『唐律疏議』は処刑後の加害について「謂、絞已致レ斃、別加二拉レ幹折レ腰之類者、杖一百」と遺体保護の法思想を示している。従って、『唐律』準用下にあっては、物部二田塩は杖一百の処分を受けねばならない。これについて『書紀』は触れない。恐らく二田塩の行為は、律令受容過程における改新以前の慣習的行刑を反映するものであろう(13)。又、白浜から戌の方向の藤白坂を刑所とするのは、中臣連金の処刑地と相通ずる要素がありはしないか。戌を幽天とも幽都之門ともいう(14)。『説文』に「幽、隠也」とみえ、『爾雅』、釈言に「瘞、幽也」とある。この解釈に基づけば幽は「カクレル・ヒソム・ウヅム」の意味を含んでいる。又、『楚辞』、招魂にみえる「魂兮帰来、君無レ下二此幽都一些」の注に「幽都、地下、后土所レ治也。地下幽冥、故称二幽都一」と説明する。晋の張華作元皇后哀策文(15)に「陵兆既宅、将レ遷二幽都一」と詠むのは、幽都を陵墓としての理解である。「幽」を用いて墓を表現する句に幽房・幽宅・幽堂がみえる。この句は何れも誄・哀策・墓碑・弔文の如き哀辞に使われることが多い。

翻って、戌をば幽界・冥界とみるのは中国の思想であるが、果たして「藤白坂」や「田根」を刑所と定める背景に大陸文化の影響が認められるのであろうか、或いは古代人が考えた死を忌むための行為と考えてよいのか、何れとも

判断しかねる。

『獄官令』拾遺十条には、

諸囚死、無二親戚一者、皆給レ棺、於二官地内一権殯。……若犯二悪逆以上一、不レ給。官地去レ京七里外、量二給一頃以下一、擬レ埋。

とみえ―『唐六典』巻之六は「其死囚……京城七里外、量二置地一頃一、擬レ埋」とする―、謀反囚人には棺を使用させず死体の儘埋葬する規定である。この条文では官地が京より七里離れた場所に指定して埋葬墓地とする。ここに除外された悪逆以上の重罪死囚は、指定埋葬墓地より更に遠隔の私地に埋葬することを阻げない、といった解釈が可能となる。所謂、条文の類推解釈を以て処理したのかも知れない。『唐公式令』拾遺四四条には、

諸行程、馬日七十里、歩及驢歩五十里、車卅里。

とみえ、わが『養老令』も「及驢」二字を除き同文である。『養老軍防令』には、

凡衛士、雖二下日一、皆不レ得二輙卅里外私行一。

とみえて、半日行程内の限度を三十里としていた。この『養老令』規定も『唐令』の法文を改めずに活用する。里数が彼我の条文同じなのである。

藤田元春氏著わす『尺度綜考』第二篇里程考によると、当時の一里は五町一里制で、一町が百九米余で、一里が五百四十五米内外であるという。従って、七里とは三十五町をいう。白浜行宮より直線距離七里は、田辺港間六粁の距離の途中に当たる。先述の『獄官令』条文の類推解釈が認められるとすれば、謀反死囚の墓地は舟行後の上陸地点から何れの場所でもよいことになる。問題は行刑時刻とからみ合わせた到達距離に絞られる。一方、『唐喪葬令』拾遺十七条に、

諸葬、不レ得三以レ石為二棺槨及石室一、其棺槨皆不レ得二雕鏤彩画・施戸牖欄檻一、棺内又不レ得レ有二金宝珠玉一。

の規定もある。皇太子中大兄皇子は唐文化の受容に積極的である一方、皇権護持に腐心した人である。有間皇子の措置は『唐律令』に拠る恣意なき行刑と令に則る囚人の埋葬を以てしたと推定する。

塩屋連鯯魚は臨終を前にして特異の言葉を残した。丹比小沢連国襲が記録したと思われる死刑顛末書の一部に「願令二右手一、作二国宝器一」の四言二句が残されて『書紀』に活用された。この句につき『書紀集解』には、

荘二十年伝曰、入二成周一取二其宝器一還。

成二年伝曰、唯子則又何求レ子、得二其国宝一。杜預註曰、謂二甗磬一。

とみえる。最初に挙げた用例は、鄭の荘公伝に屢出てくる鄭伯（荘公の夫人雍姑の子、厲公・突という。荘公二十一年＝前六七三年五月辛酉卒）が、周王室の内乱を治めようと恵王を迎え、王と一緒に都の成周に入り宝器(16)＝宝鼎＝を取出した故事を指す。第二の用例は、晋軍が斉の都に迫った時、斉侯が和平を乞うために国の宝とした玉壺と玉磬(17)を賂とした故事を指す。

『日本書紀通証』は「国宝器」をば「蓋善二機巧一者也」といい、『書紀通釈』は「此人器物を作るに巧なりけむ。故に右手をは、世に存しおかましとの意なるへし」と解釈した。機とは弩の威力をみせる発進装置である弩機（机）の略称である。弩の引金を機牙といい屡弩の別称に用いる。従って、「善機巧」(18)の解釈には、①弩機の発射技術に上手なこと、②弩機の製造技術に巧妙なこと、の二つの意味に分けられる。ここでは後者の意味に解しての表現である。

『通証』は、弩機製作の技術を善くするという推測を述べているのだが、何を根拠にして鯯魚がその様な技術を身につけていると判断したのか理解に苦しむ。又、『通釈』は『通証』の説を踏襲して「機」を器物と改める。

然し、『軍防令』の規定では器物と機とは定義を異にし同じではない(19)。弩機は長兵(20)といわれ高い殺傷力(21)と敏速性を以て、人々は神として恐れた(22)。かかる弩機を顧慮せずに『通釈』は『通証』の文を引き意味を誤った。『通釈』の器・物解釈では、弩機一種の製体技術より多種の兵器に亘る万能的技術の持主となり、寧ろ塩屋連鯯魚の歎願命乞に

近づく事になる。

『集解』説は周の宝玉に注目したというよりも、宝器の語句を引いたのであって、周の玉瑞・玉器を意識してではなかった様だ。何故ならば、塩屋連鯯魚が玉製造の職業集団と関係がないからである。恐らくは宝器の文意を、斉明天皇が愛玩する調度品と解釈したのであろう。

私見では、鯯魚の臨終の言葉は、天皇の為に捧げる芸術品作りよりも、死を直前にして延命の懇願をする弱い人間の素顔を示すものであり、窮余の策ではなかったかと思料する。

英国の歴史学者Ｅ・Ｈ・カーは、二十世紀前葉のビュリが述べた「古代史及び中世史の記録には脱漏が散在している」の言葉を引合にして、

歴史は、紛失した部分が沢山ある大規模なピクチュア・パズルと呼ばれて来ました。

という[23]。正に本事件は裁判資料の一部を正史に残すという点で脱漏の記録であり、事件の内容の解明には困難を来たす古代史の一コマと言える。

本節は、本事件が『唐律令』の準用という罪刑法定主義の裁判事件である事実を踏まえ、事件発生の前夜斉明三年における有間皇子の白浜旅行から、事件終焉の同四年十一月十一日における有間皇子の処刑・埋葬に至る過程を、『唐律令』を参考にし乍ら検討してきた。謀反計画の立案者は、皇子の父孝徳天皇の親任篤き地方豪族出身の塩屋連鯯魚と推定され、改新派グループと呼ぶには中央にその名声を残す有力な貴族ではなかった。従って、一地方首長である鯯魚一人の斬刑処分者が出たことを以て、「改新派の分裂の一斑があらわれている[24]」とは考えがたい。鯯魚は新制度下に東国国司に選ばれた中の一官人に過ぎず、改新派の有力なメンバーではない。孝徳帝の庇護下の元国司が孝徳帝の崩御後どの様な活動をし、鯯魚の周囲にどの様な人々がグループを作っていたかの事情も分からないのである。

事件の終焉からみると、事件連累者の中に改新派の名が浮び上がっていないのであるから、「元改新派の一官人の脱落の一斑があらわれている」とみるべきであろう。

事件の首謀者有間皇子は、謀反の解釈から皇太子中大兄皇子を除く反逆行動に出たのでなく、反逆の中心眼目は斉明帝であり、その側近を除去する所に行動の目標があった。所謂、「戊午革運説」の問題を想定することで、斉明天皇四年に皇子が行動を起こす必然性を解明した。讖緯説の影響は九世紀末の辛酉革命論を唱えた三善清行の革命勘文で有名だが、戊午革運は何故か見過されている。国家政策の大改革を、戊午革運・辛酉革命・甲子革政という表現に代える手法を採る『詩緯』讖緯説を顧みれば、本事件を皇太子のライバルが除かれただけの意味しかもたない宮廷の小紛争(25)とは考えがたい。天皇の政治に同調する皇太子を取巻く連中の抹殺を以て、政治の大変革百姓の負担解消が皇子の行動の命題とみられるのである。但し、皇子が改革を推進する力量に乏しい自己の評価を過信したキライを忘れてはならないが。

次に、塩屋連鯯魚の構成要件を『擅興律』一条に求め、唐律準用下における量刑の重い律の制定を考察し、律逸文の前例となることを想定した。『唐律令』の受容に際し、国情に沿って適宜修正を加えてわが律令が成立したことは法制史家の言われる所である。その一例がわが『擅興律』にみられた。ここで仁井田陞氏が、

外形の類似は必ずしも内容の同一性をともなうものではない。罪刑法定主義的制度もそれが何の目的につかわれ何に役立てられ、どういう意味をもっていたのかを、いつも歴史的条件のなかで読みとるようにしなければならない。(26)

と言われた意味を噛みしめる必要があろう。

次に、本事件で最も注目すべき点、即ち、自由人新田部連米麻呂の斬刑処分の経過を辿ってみた。白浜裁判は、有間皇子を対象とした謀反事件の審理を表題にするが、寧ろ僅か一日の審理過程の中で、自由人が急転直下死刑囚と

なった画期的な公判として忘れるべきでない。一舎人の動向を通して『書紀』の記録にない正史脱漏部分を復元してみるのが、裁判の真相に迫り得ることになる。

次に、謀議に参加し乍ら死刑を免れた守君大石・坂合部連薬の流刑の相違を検討してきた。量刑の相違を引率人数の差とみ、量刑の内容を罪刑法定主義下の実務例を残す『古律書残篇』に求めた。『律断簡』の綿密な研究が進んでいない今日、断簡の解明に小稿が役立つ事を念ずる。

一般に本事件に触れる場合、裁判の場所を漠然と白浜とするのが実状である。そこで、法制史上日本最古の律令に基づく法廷を、行宮との密接な関連から考えてみた。行宮址を生活基盤である井戸の存在地に求めねばならない。その址の南側を広場に想定し、熊野三所神社境内の一角を推定した。通説は崎の湯近くの御所の芝を当てているので、ここで通説批判の異説を出すことになる。

次に、既発表の私見を土台にし、考古学上の資料を利用し、刑所地「藤白坂」切目村内説を補強し、その妥当性を問うことにした。つまり、江戸時代以来の「藤白之三坂」海南市説が誤解を生じた点を律令の検討を以て指摘したのである。神亀六年（七二九）二月の謀反事件で犠牲となった左大臣長屋王の埋葬が、王の自尽後翌日に平城京外（羅城門）西南西二・五里（唐里十八里強）の奈良県生駒郡平群町梨本にて行われた(27)、この事実を参考に謀反者が天子在住の宮廷から一定の離れた地に埋葬される点を注目した。

最後に、行刑監視官丹比小沢連国襲の行動を考察して、刑執行の手続と執行後の死刑確認書作成、天皇への報告義務、斬・絞二種の行刑執行文書の相違を以て『書紀』の「藤白坂」二回記載を推定する。鮒魚の命乞いの言葉を以て、謀反グループの結果がいかに弱いものか(28)といった説もあるが首肯しがたい。謀反グループは、記録に残る限り五人であり、その一人が命乞いをした故を以て全体の意志に代えるのは論理の飛躍というべきか。

罪刑法定主義は、法文を以て処理する裁判で非情な手続規定を絶対視する。承和十二年（八四五）に発生した法隆寺僧善愷の檀越登美直名告訴事件で、告訴状を受理した弁官が解任される裁判史上稀な不祥事があった。訴訟裁判として一年半の長期間にもつれこんだ理由の発端が、年月不記載の告訴状受理の違法性にあった。この時、訴状添付の手実結解で犯罪年月が明白であると主張した受推官に情状酌量を認めなかった。慣習化された訴訟受推官の訴状受理が違法として処理され、受推官への私曲問題に発展した。問題は慣習的行為も律令の正文に悖る場合、すべて違法性が存在することとなり、これによって関係官人の責任が問われ五弁官の処罰に終る前代未聞の事件がみられる。承和事件における教訓が法文至上主義であるが、この主義が頭角を現わすのが有間皇子事件ではないかと思う。

これを要するに、『唐律令』準用下公訴・公訴に基づく取調・自由人の緊急逮捕・審理終了後の断文・非常時における刑所指定・行刑関与の検屍官の義務行為、等事件の推移の背景には諸手続の文書がまつわりついている。換言すれば、本事件にかくれている文書至上主義を、刑事裁判を知る上で見失わない配慮が必要であろう。

註

（1）直木孝次郎『日本古代兵制の研究』吉川弘文館・昭和四十三年刊・六三頁。
（2）太田亮『姓氏家系大辞典』角川書店・昭和三十八年刊。
（3）佐伯有清『新撰姓氏録の研究・研究篇』吉川弘文館、昭和三十八年刊・四七〇頁。
（4）直木孝次郎、前掲書。
（5）「複姓の研究」『日本古代国家の構造』（青木書店・一九五八年刊）所収によれば、第二種の複姓は①共通の氏名称が朝廷官職と関係し、②複姓起源が大化以前に遡る、③有力な氏が少ない、④複姓共通部分を複姓の下半部にもち地名と関係あるものが多い、という。
（6）直木孝次郎「複姓の研究」。
（7）太田亮、前掲書。

（8）第一種形式の物部が上半部に冠し、部民を管理する立場にある伴造または豪族とみられる（直木、註（6）前掲論文）・この複姓は物部連と同族の系譜につながろうとする氏族だという（直木、註（1）前掲書）。
（9）奥野健治「有間皇子墓」『万葉地理三題』佐紀発行所・昭和三十四年刊所収。
（10）利光三津夫『裁判の歴史―律令裁判を中心に―』日本歴史新書・至文堂・昭和三十九年刊。
（11）拙稿「有間皇子の一生」（本書、第一章）。
（12）拙稿「中臣連金の死と行刑法」『歴史と地理』第一五九号・山川出版社・昭和四十三年刊。
（13）拙稿「律令時代における行刑の実体」昭和四十二年度『大阪学院大学高等学校教員研究集録』。
（14）『淮南子』、天文訓に「西北方曰二幽天一」とみえ、同書、墜形訓に「西北方曰三不周之山一、曰二幽都之門一」とある。
（15）『芸文類聚』巻一五、后妃部、后妃。
（16）『周礼』、春官、天府の職掌に「上春釁宝鎮及宝器」とみえ、『戦国秦策』に「周自知レ不レ救、九鼎宝器必出」とある。所謂、宝鼎は恵文王に張儀が進言した韓討伐策の言葉で、禹が主権の象徴として作った鼎をいい、夏・殷・周に伝わった。周滅亡後前漢武帝の元鼎元年（前一一六）六月、河東郡の東汾水で得たという。
（17）周国の宝器には、九鼎（宝鼎）・大宝器（①天を礼る蒼璧、②地を礼る黄琮、③東方を礼る青圭、④南方を礼る赤璋、⑤西方を礼る白琥、⑥北方を礼る玄璜。六器ともいう）・天下の四名器の美玉といわれる砥厄・大弓（封父の繁弱）・玉鎮・宝亀等が挙げられる。
（18）『続日本後紀』、承和二年九月乙卯条に「外従五位下嶋木史真、機巧之思、頗超二群匠一、欲レ備二辺兵一、自製二新弩一」の用例がみられる。
（19）拙稿「令外官〝弩師〟小論」昭和四十二年度『大阪府私学振興教育研究所第四回研究論文集』所収。
（20）『史記』匈奴伝に「其長兵則弓矢」とみえる。弩矢は遠距離に到達するところから長兵といわれる。『続日本後紀』承和四年二月辛丑条に「陸奥国言、剣戟者交戦之利器、弓弩者致遠之勁機」とある。
（21）拙稿「戦力兵器〈弩〉の及ぼした影響」月刊『歴史教育』十四号・東京法令出版・昭和五十五年刊・「新羅人の〝対馬〟侵入事件―弩兵の働きを中心に―」『兵庫地理』二七号・兵庫地理学協会・昭和五十七年刊・傅玄の晋宣武舞歌四首中の軍鎮篇に「弩為二遠兵軍之鎮一、其発有二機体難レ動一」の表現がみられる。

(22)『唐書』巻九三、李靖伝に「靖曰、兵機事、以レ速為レ神」とみえ、『芸文類聚』巻六〇、軍器部、弩の項に引く日南伝に、「安陽王治二神弩一張一、一発大死、三発殺二三万人一」とあり、太公兵法に「弩之神、名遠望」とみえる。

(23)E・H・カー、清水幾太郎訳『歴史とは何か』岩波新書・昭和三十七年刊。

(24)上田正昭「律令天皇制の形成」『日本古代国家成立史の研究』青木書店・昭和三十四年刊所収。

(25)北山茂夫『大化の改新』岩波新書・一九六一年刊。

(26)『中国法制史研究　刑法』東京大学出版会・一九五九年刊・一七四頁。

(27)奥野健治「長屋王墓」『万葉地理三題』(註(9)前掲書)所収では、行基の墓の例と同様に生駒山塊に収められるべきであり、改葬の記事がない限り現在の墓は再考の余地ありという。

(28)小西規雄「有間皇子謀反事件」『兵庫県社会科研究会会誌』二六号、昭和五十三年八月刊。

第六章　行刑地に関わる皇子墓

第一節　殺目山寸考

はじめに

『万葉集』巻十二の寄物陳思を詠んだ百五十首中に、作者未詳の次の様な歌が一首ある。

殺目山　往反道之　朝霞　髣髴谷八　妹爾不相牟（三〇三七）

この殺目山〈万葉集以後、切目山・切部山とも書く〉は、古く平安中期から誤って解されたやうで、江戸時代に入り『万葉集』研究が盛んになるに及び諸説が生じた。所謂、切目五躰王子社存在地説・城山説・狼烟山説〈榎木峠を含む〉・切目畝説等である。この中で第一の説が最も普及してゐるのであるが、権威ある辞典及び注釈書の中には説明の曖昧なものがあり、殺目山を調べたい者をとまどはせ理解を困難にしてゐる。

例へば、佐佐木信綱博士の『万葉集辞典』に、

殺目山＝紀伊国日高郡切目村の東北、熊野街道にて切目王子社がある。

とあるのや、沢瀉久孝博士の『万葉集注釈』に、

切目山は和歌山県日高郡切目村の山であるが、今、切目村はその西の印南《イナミ》町に合併せられた。しかし国鉄印南駅

の東に切目駅がある。そのすぐ東に切目川があり、その東が切目山である。後鳥羽天皇が熊野御幸の折歌会をされた切目王子の社がある。

とあるのはその好例である。次頁図に示す如く、佐佐木信綱博士が指摘される切目村の東北にある山は城山であるが、熊野街道にはない。熊野街道にあって切目村の東北に鎮座する切目王子社とは、切目中山王子社を指す。しかし、通常切目中山王子社は中山の二字を省略しない。通称切目王子社は切目村の北にあった切目五躰王子社〈分陪支王子ともいふ。現在は村の西北にある〉の略称である。従って『万葉集辞典』では殺目山は分からないことになる。

一方、沢瀉久孝博士の指摘された国鉄切目駅は、印南駅の東になく厳密には東南の方向にある。又、切目川は切目駅のすぐ東には流れてをらず反対側の西を南流してゐる。それはまだしも最も理解に苦しむのは、切目駅の東にあるといふ切目山に、後鳥羽上皇が正治二年（一二〇〇）と建仁元年（一二〇一）に歌会をされて有名な切目王子社が存在するといふ説明である。前記した如く、切目の東の山中には中山王子社が鎮座するのであって、五躰王子社は存在しない。従って、『注釈』によっても切目山と五躰王子社の何れの記述を信じてよいのか分からないから、殺目山は不明と言はざるを得ない。

この様に手近な参考書によっても、殺目山は理解しにくいのである。その上、後述する様に殺目山は、切目川の東に求める説と西に求める説とがあって一定しない。

古代史研究において紀路は、有間皇子の謀反事件ともからんで重要な問題を含んでゐる。この紀路が後には熊野参詣道として脚光を浴びる。所謂、紀路解明の中で殺目山を何処に求めるべきか。この様な素朴な疑問から殺目山を検討したのが本節である。

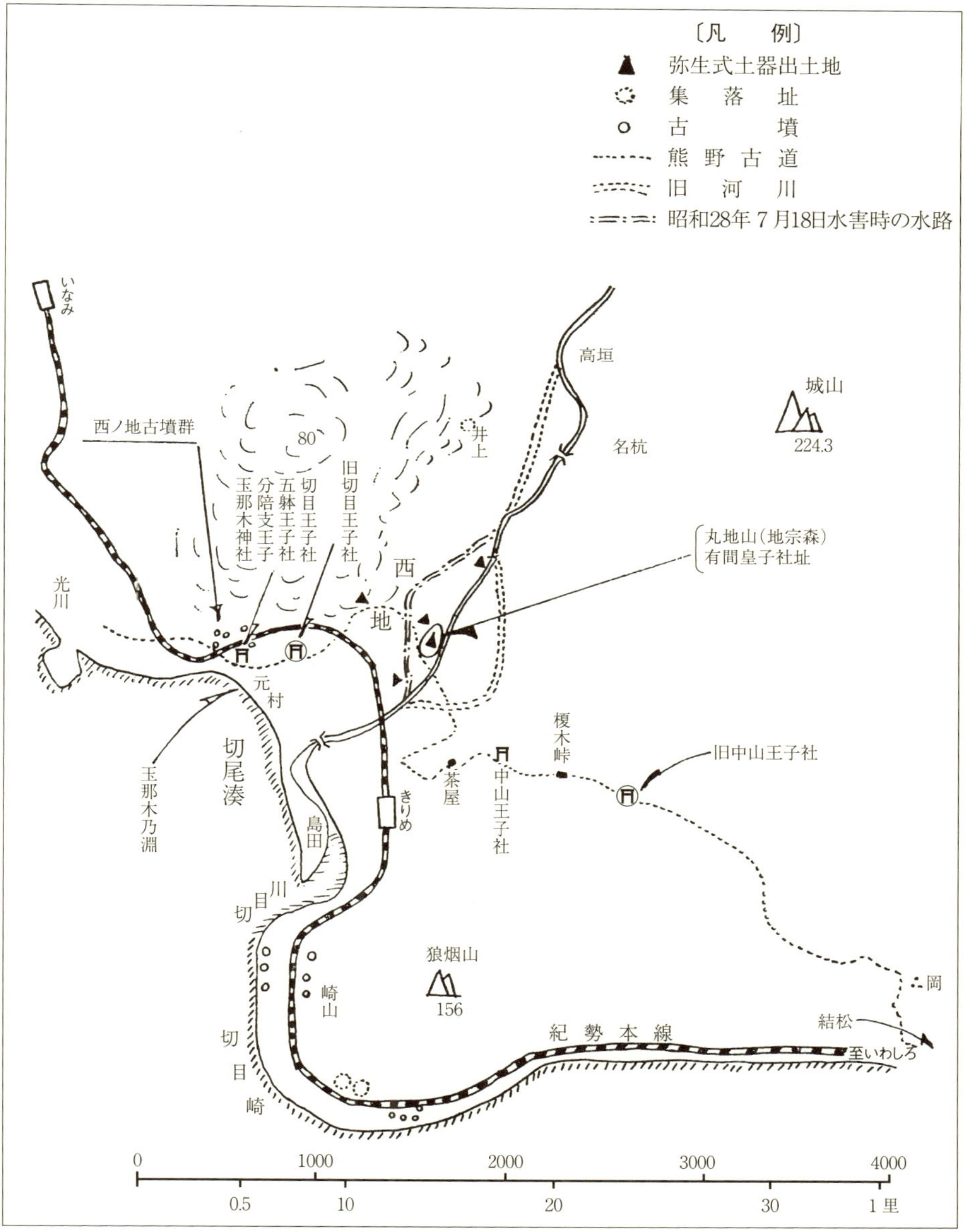

図七　殺目山周辺図

（昭和45年『紀伊水道及付近』第77号国土地理院の資料により、著者作成）

一　契冲以後の説

さて、殺目山の「殺」は『万葉集』巻四―六八八の「横殺雲之」・『常陸国風土記』行方郡条の「安殺」と同訓であるから、清寧二年紀にみえる天皇の御製「伐レ本截レ末」の注記により「キリ」と訓んでよい。『続日本紀』巻十三、天平十年秋七月丙子条に「大伴宿禰子虫、以刀斫殺右兵庫頭外従五位下中臣宮処連東人。……語及長屋王、憤発而罵。遂引剣斫而殺之」のキリに関わる例が見られる。その「殺」は平安朝に入って同義の「切」が用ゐられ、「目」は唇の合せ方の相違からくる表音の乱れで「メ」が「べ」と発音され、「陪」・「部」の文字が用ゐられるやうになる。殺目山の所在地は、『八雲御抄』に紀伊国とあり、キリメの地名を残す切目川流域の切目の丘陵、とみて大過ないであらう。事実江戸時代の『万葉集』諸注釈及び諸紀行文は、殆どが殺目山を切目川・切目村・切目王子社に関連づけてゐる。それは岸本由豆流の『万葉集攷証』に、

　磐白は紀伊国日高郡切目山を過ぎて、切目川ある次にある岩代也。

とあるのや、僧契沖の『万葉集代匠記』に、

　殺目山を奥儀抄幷に幽斉本にはいためやまとあれど、（中略）今の八雲御抄に紀と注せさせ給へるは、切目王子の於はします処ともや思しめしけむ。

とあるのや、本居宣長の『玉勝間』に、

　切目山は、同（日高）郡熊野道の海べにて、切目坂切目浦切目村あり。山は村より一里ばかり東北也。

と記すのや、その他林信章の『熊野詣紀行』・児玉荘左衛門の『紀南郷導記』等によって窺ふことができよう。

　ところで、切目と関係をもつ丘陵は、前掲図七より知られる様に、切目川の東西両側に存在して、何れを殺目山と考へてよいか明らかでない。丘陵の高さに基づく解釈を採れば、⑴川の西にあって切目王子社所在地の滑らかな傾斜

のある標高百五十二米の丘、⑵川の東にあって熊野古道に近く且つ傾斜も急な標高二百二十四米の城山、⑶切目中山王子社所在地の標高百五十八米で海に面した狼烟山を、殺目山と考へねばならないであらう。又、熊野九十九王子社所在地に基づく解釈を採れば、(イ)五躰王子社は川の西にあるので⑴に吸収される、(ロ)中山王子社は川の東にある上熊野古道に面するので⑶に吸収される。従って、いまこれらを整理すれば、⑴・⑵・⑶の説に要約できよう。

前記岸本由豆流・僧契冲・林信章等が殺目山とみたててゐるのは、その内容から推して⑴の説であり、本居宣長が指摘する殺目山は⑵の説であり、児玉荘左衛門が殺目山とみてゐるのは⑶の説である。

以上三つの説がある中で、熊野古道に直接関係のない第⑵説は、ここで問題とする殺目山の推定対象地から除外してよいと思ふ。その理由は、古代における熊野古道〈紀路〉が『万葉集』に載る藤白山・糸我峠・由良坂等の例から推して、海岸線に近い丘陵を横断する利用方法を採ってゐるからである。

所謂、「熊野古道」の発達は熊野参詣の盛大とみあふもので、その原因には、宇多上皇以後歴代の上皇の熊野信仰があげられる。熊野権現信仰が如何に盛んであったかは、僧明空の著わした『宴曲抄』に、

いなみ斑鳩切目の山　恵もしけき梛木の葉　王子々々の馴子舞　法施の声そ尊　南無日本第一大霊験熊野参詣

とある。参詣途次の王子社を詠んだ歌が作られてゐる。熊野九十九王子中、五躰王子社が殊に有名になったのは、後鳥羽上皇がここで歌会を催されたことによる。古来「切目懐紙」と珍重される歌懐紙は、この歌会で作られた。これ以後熊野王子社と言へば五躰王子社といふ様に、切目王子社が代表呼称ともなる。更に五躰王子社を有名にしてゐるのはナギの葉である。古活字本『保元物語』巻上「法皇熊野御参詣幷びに御託宣の事」に、

日来の御参詣には、天長地久に事寄せて、切部の王子の梛の葉を、百度千度翳さんこそ思召ししに云々

とみえる記述からよみとれよう。五躰王子信仰はその後ますます盛んとなり、遂には衰退の皇家再興の祈願を切目王子社で叶へようとする、大塔宮故事にまで高まるのである。

殺目山の諸説一覧表

	切目川の西	切目川の東	
推定地	五躰王子社所在地	狼烟山（榎木峠）	城山
出典	1 為房卿記 2 梁塵秘抄 3 宴曲抄 4 右大将通親の歌 5 倭漢三才図会 6 続紀州志略 7 万葉集代匠記 8 万葉集攷証 9 熊野詣紀行 10 万葉集略解 11 万葉集私注 12 万葉集大成 13 皇室と紀伊 14 万葉集辞典（折口信夫全集） 15 〃（アテネ文庫） 16 熊野三山の史的研究 17 葵羊園叢考	1 中右記 2 熊野権現御垂迹縁起 3 熊野道之問愚記 4 夫木抄 5 紀伊名所図会 6 紀南郷導記 7 大日本地名辞書 8 日高郡誌 9 万葉地理研究　紀伊篇 10 広辞苑 11 紀の湯へ（犬養孝）	1 玉勝間 2 南紀名勝略誌 3 紀路草

（注）　不明の例　切目神社旧記所引後白河上皇の御製・万葉集辞典・万葉集注釈

この様に、中世の貴紳が五躰王子を尊崇する風潮が庶民の熊野詣に支へられて、切目王子社をより有名にしてゐたことは疑へない。この事実は図入り百科辞典の『倭漢三才図会』や地誌の『続紀州志略』に、

　切目山。有レ峠。上下凡十五町、王子権現鎮座。毎年九月十八日祭礼。

とある様に、一項目をあげて庶民の熊野参詣の参考としてゐることから知られる。所謂『万葉集代匠記』に、殺目山を切目王子社に結びつけてゐるのは、かかる中世以降の熊野信仰に伴ふ五躰王子社尊崇に影響をうけてゐたからであらう。そして、上掲一覧表にも示した如く、殺目山の推定諸説が五躰王子社所在地に集中するのも、契冲の説が多分に影響してゐるためと思はれる。

　一方、熊野古道にあって切目中山王子社の鎮座する山を殺目山とみるのは、古くは後述する『熊野権現御垂迹縁起』・『中右記』・『熊野道之

問愚記』・『夫木抄』等である。熊野縁起は狼烟山を殺目山としてゐるのであるが、現在これと同じ解釈を採るのが辞典では『広辞苑』だけである。又、熊野古道と狼烟山の尾根と交叉する榎木峠を殺目山とみるのは、『紀伊名所図会』であり、これを引く『大日本地名辞書』・『万葉地理研究　紀伊篇』等である。

熊野古道にあって、前記二説と異なる丸地山を殺目山にみて詠んだ歌が一首ある。それは、『切目神社旧記』(1)に載る「丸地山地宗森の紅葉をみて」と題する後白河上皇の御製である。

露時雨　そめたてけり　切目やま　けふやぶ入りの　森の紅葉は

詞書にみえる丸地山は、国鉄きりめ駅の北北東千五百米の地点にある高さ五米に満たない小丘である。この丸地山は通称を丸山といひ、古くから地宗森と呼ばれた切目における神奈備であり、現在西之地古墳群の一つになってゐる。殊に、最近この台地上の開墾畑から後期弥生式土器が採集され(2)、村道に面した丘の一隅には昔から有間皇子社が存在した所である(3)。従って、この丸地山は切目における注目すべき古代遺跡地であると言へよう。

この様に由緒ある丸地山を、後白河上皇は切目山と詠まれた。その真偽のほどはさだかでないが、『旧記』には同詞書で上皇の御製をもう一首載せてゐるから、或いは上皇が本当に詠まれた歌であるかも知れない。いまは『旧記』に載せるまま、殺目山の特殊例として記す。

二　芝口常楠氏の主張点

さて殺目山の「諸説一覧表」で眺めてきた様に、殺目山は大別すると切目川東の丘陵と西のそれとに分かれ、熊野古道にある王子社に関係があることを知った。しかし、これとても確かな論証を経たものでない。この従来の単純な殺目山推定を、更に深めて検討されたのが芝口常楠氏である。

芝口氏は、「熊野古道に王子趾を尋ねて」と題する論稿の中で、特に「切目山考」の一節を設け、殺目山を「色々の記録に照らせば光川より切目王子の鎮座する丘阜を越えて、切目本村に達するもの」で、「島田領にある榎峠」でないと言はれた(4)。そこで、芝口常楠氏の主張点を紹介し、その検討のあとをふりかへってみたい。

芝口氏は殺目山を五躰王子社所在の西之地村内に推定された。その理由は次の三点である。

第一点は、諸記録にみえる殺目山が殆どナギと関係をもつ五躰王子社所在の丘陵である。即ち、『為房卿記』永保元年（一〇八一）十月九日条に、

　此日、於㆓切戸山㆒、取㆓奈木㆒、参挿㆑笠。

とあり、『梁塵秘抄』の熊野二首の中に、

　熊野出でて　切目の山の　梛の葉し　万の人の　うはきなりけり

とあり、前記『宴曲抄』にもみた様に、殺目山がナギの葉と関係のあることが明らかである。又、正治二年（一二〇〇）十月における切目御歌会で、遠山紅葉の題で右大将道親が詠んだ、

　きりめ山　遠のもみじ葉　散りはてて　猶色のこす　朱の端垣

の歌にある「朱の端垣」の句が示す様に、殺目山が五躰王子社と関係あることは否めない。この様に、殺目山はナギ及び五躰王子社と関係がある。つまり、五躰王子社の存在が殺目山推定の不可欠条件になる。

第二点は、古来よりの地名キリメに存在する山が殺目山であるといふ鉄則から、殺目山は村発生の本郷〈本村〉内に求めるべきである。即ち、キリメといふのは旧西の地村で、実はここを本村《もとむら》又は本郷と呼んでゐた。この本村は次第に発達し、江戸時代にはキリベ村とに分かれ、その広域は高垣にまで及んでゐる。従って、本村から発展した島田村内の丘陵を殺目山に想定するのは正しくない。

第三点は、島田領にある榎峠を殺目山と言ふ記録が過去に存在しない。但し、藤原長清の撰集になる『夫木抄』巻二十、山に、

見渡せば　切目の山も　霞みつつ　秋津の里は　春めきにけり

といふ歌がある。この歌にみえる秋津の里は、西牟婁郡内の村で現在の田辺湾に注ぐ秋津川の上流にある。従って、『夫木抄』にいふ殺目山は、秋津の里から切目中山王子社所在の山を望見できる様に考へられるが、現実には不可能である。『紀伊名所図会』も『夫木抄』にいふ殺目山を、印南町上洞より竜神村柳瀬に通じる三里峰〈一般には切目畝として知られ、標高の最も高い狼烟山一五六米の地点は国鉄きりめ駅の東北四里半の所にある〉に推定してゐる。『南紀名勝略誌』や『紀路草』が殺目山を（島田）村の東北一里にある山としてゐるのは、すべて切目畝を指してゐるらしい。従って、島田領内に殺目山の存在を示す記録は見当たらない。

以上が、芝口氏のあげられた殺目山の推定論拠である。

三　『長寛勘文』

さて、前項三で眺めた芝口常楠氏の検討された三点に問題がなければ、氏の説に従ってよいであらう。しかし、私見では芝口氏の説には猶検討の余地があると思ふので、氏の挙げられなかった資料を新たに加へて殺目山を推定したい。

最初に、芝口氏の論拠第一点の問題から入らう。所謂、五躰王子社がナギと密接な関係にあることは、『宴曲抄』や『保元物語』及び『平家物語』長門本にみえる、

切めの王子のなぎの葉を、稲荷の社の杉の葉にとりかさねて云々

によって窺へるし、又、後述する『熊野権現御垂迹縁起』から疑へない。殊に、五躰王子社が玉那木神社の別称をもつことは、この事実を例証するものである。しかし、ナギは暖かい地方の山中に自生する常緑の直立高木であり(5)、紀路の山中には到る所に生えてゐた植物である。従って、ナギは五躰王子社だけの特産ではないのである。ナギが五躰王子社に結びつき鏡の裏や守り袋に入れて災難除けにされるのは(6)、熊野信仰と関連して五躰王子社への尊崇が高まっ

てきて以後のことである。五躰王子信仰といふ時代の風潮を条件にして初めてナギが王子社に結びつく。だから、この条件を欠く万葉時代の殺目山は、必ずしも五躰王子社所在地に限らない。この故に、芝口常楠氏が『為房卿記』・『梁塵秘抄』・『宴曲抄』等にみえるナギと五躰王子社の関係を重視して、万葉時代の殺目山を推定するのは穏当でない。

次に、芝口氏は論拠の第二点に、キリメにおける村発展の過程から推して、西の地村が切目村の発生地であり、そこに殺目山がなければならぬとされた。これは古代のキリメを考へる上で注目すべき指摘である。がしかし、村発生地と指呼の間にありしかも山としての偉容をもつ狼烟山（榎峠を含む）を軽視して、標高が低く且つ滑らかな坂の貧弱な手前の丘を殺目山と考へるのは、どうも納得がゆかない。

元来、キリメは江戸時代になって本村（西野地村）と島田村とに分れた。だから、古代の村は単一であり、その集落も現在の本郷が発生地であるとは一概に言へないのである。文献から辿れる古代のキリメは、延久四年（一〇七二）九月五日付の太政官牒（『石清水田中家文書』）(7)により、十一世紀初頭に石清水八幡宮護国寺領で、延久元年の『荘園整理令』により国衙領にもどったことを知り得る。しかし、その頃の集落は全く不明である。考古学上の資料によれば、弥生時代の集落趾が切目川の西の丘陵及び丸地山の附近に集中してみられる(8)。ところが、村発生地と芝口氏が言はれる切目川河口の本郷には、現在のところ集落址は発見されてゐない。これは上古における河口附近が低湿地帯で住居に適さなかったことを暗示してゐるであらう。特に、丸地山の附近に集落址が固ってゐることは、古代のキリメ村を考へる上で注意されてよいと思ふ。

古における切目川は屢々氾濫して住居を流しその水路を変へたであらう。切目川の氾濫により下流に運ばれる土砂は莫大であった。その事実は、十世紀初頭に良港であった切尾湊が間もなく廃絶してゐることにより推定できよう。又、切目川の変遷に堪へた丸地山附近の集落は、かなりの年代に亘って存在したと思はれる。その集落の左右を氾濫した切目川が水流を変へて流れてゐるのである。だから、ここの集落と西の丘陵との間の低地に川の流れがあったことも充分考へられる。それは昭和二十八年の水害で氾濫した切目川の状態からみて断言してよからう。従って、ここにおいて後の西野地村・島田村の区分は、古代において何の意味もないと言へるのである。

とも角、旧状を推定できない本村を根拠にしてキリメの領域を推認し、更に殺目山を推定することは穏当でないと言へよう。

最後に、狼烟山或いは榎木峠を殺目山に解した記録が皆無である、といふ問題を検討しよう。

現在の榎木峠もしくは狼烟山を殺目山とみる記録は、少なくとも四例を挙げることができる。その一は『中右記』の天仁二年（一一〇九）十月二十一日条にみえる、

遅明、出二宿所（切部庄下人小屋）一、渡二切陪川一、登二同山一、出了祓。石代王子奉幣。

であり、その二は『熊野道之問愚記』の建仁元年（一二〇一）十月十一日条にみえる、

遅明、参二御所一、出二御前一先陣。又超レ山参二切部中山王子一。次出レ浜参二磐代王子一。

である。いま両記をつき合はして、それぞれの欠を補ふと、「一行は切部川を渡り、切部山を超えて切部中山王子に参る。次に切部山を出了って浜に出て祓す。石代王子に参り幣を奉ず」となる。従って、両記によれば、宿所を出て後の「超レ山」・「登二同山一」は、切目川を渡った所から切部中山王子社までの描写である。そして、両記に共通する山とは、榎木峠であることは言ふまでもない。何故なら、現在の中山王子社は榎木峠より切目川に寄った場所に在るが、「旧は今の社地より八町許東中山の内にあり」といふ『紀伊続風土記』の考証によって、旧王子社が峠より石代王子社側に在ったことが分かる。又、『中右記』の「出了祓」の記述より、切部山が峠を含む道途の山全体を指すことが分かる。それはともかく、芝口常楠氏は『中右記』の山を五躰王子社所在地に抉る為、「夜明の前に宿所を出で、切陪川を渡ることによって同じ名の山、即ち切陪山を出たそこで祓をした」といふ何とも理解に苦しむ解釈をされた。

芝口常楠氏のこの様な史料の誤解は、殺目山の推定に致命的であると言へよう。

第三例にあげる資料は、先に芝口氏が引用した『夫木抄』である。芝口氏が『夫木抄』にいふ殺目山を切目畝に解したことは既述した。しかし、この歌の成立事情を考へれば、作者が殺目山と秋津の里を望見できる位置にあると言へよう。従って、歌の成立する位置は海上であるから、作者は船上から対岸の山と里を望んでゐるのである。もしも、殺目山が西之地村内にあるとすれば、船上の作者は一方で秋津の里を望み崎山の邪魔な景色を見なくてもよい位置、即ち沖合遥かな位置に立つことになる。ところが作者は、春めいた秋津の里を注視できる位置、即ち沖合近き場所に立っての歌詠であるから、望見できる殺目山は手近の狼烟山でなくてはならない。この様に、『夫木抄』の歌を解釈して、殺目山を推定する論拠にしたい。

最後に採りあげる資料は、従来顧みられなかった『長寛勘文』に引く『熊野権現御垂迹縁起』である。同縁起は、長寛元年（一一六三）熊野権現と伊勢大神宮の両神躰が同躰か否かについて、太政官で争はれた際勘申に利用された証拠史料である。ここで縁起文を紹介すると次の如くである。

庚午年三月廿三日、紀伊国無漏郡切部山乃西乃海乃北乃岸乃玉那木乃淵農上乃松木本渡給云々。

縁起文に権現の垂迹した地が玉那木の淵の上の松の木の本とは、後の玉那木神社に当たる五躰王子社である。同『縁起』で注意すべきは切部山と五躰王子社とが場所を異にしてゐることである。そして、縁起文を一見して感じられるのは、縁起作者が切部山から海を介して玉那木の淵を望見した構想を採ってゐることであらう。

従って、玉那木の淵から切部山への方向を辿れば、縁起作者が望見した切部山頂に到達することになる。だから、玉那木の淵の上の王子社から南の海に入り、東に聳える山は狼烟山の他にない。

これを要するに、殺目山は狼烟山に比定すべきであると言ひたい。

四　『為房卿記』とナギ

以上縷述した如く、殺目山は島田村内の狼烟山に推定されよう。

ここで推定した殺目山について問題がないではない。それは縁起文の成立年代とその信憑性である。即ち、宮地直一博士は、この縁起の成立は寛治（一〇八七―九四）以降長寛に至る大凡八十年許の間に、天台の僧徒が卑俗なる民間の説話を以て偽作したものであらう、と言はれた(9)。

所謂、偽作といはれる縁起文にも、縁起成立当時における古伝承が残されてゐることに私は注意したい。即ち、本宮化現の次第が、伯耆の『大智明神縁起』（『撰集抄』七）等と系統を同じくする説話であるとしても、切部山を無漏郡に記すこと、切部山が玉那木神社と同地でないといふ伝承は、尊重してよいと思ふ。とすれば、切部山が無漏郡内であるといふ記述は、天武十四年における切目の行政区域改訂以前の古伝を物語る貴重な資料である。又、『縁起』の成立を宮地直一博士の推定に従って寛治元年頃とすれば、当時の殺目山は現在の狼烟山を意味するといふ伝承を是認せねばならない。そして、その殺目山が無漏郡であったといふことは、かなり根強く語りつがれた俗説であったとみられる。何故なら、殺目山が無漏郡であった天武十四年から寛治元年まで、四百一年もの歳月が経過してゐるのである。従って、殺目山無漏郡説話は俗説として貴重な内容を残してゐるものとみたい。

次に、『為房卿記』の切戸山と縁起文の切部山とは、何れを正しい古伝承と認めるべきであるか、といふ問題が残されてゐる。縁起文の俗説は無漏郡の例から推して、かなりの年代を経由したものであると言へる。ところが、為房は都人であって土人でないから、その記述は都で聞く五躰王子社の名声に惹かれてのことと思はれる。簡単な日記の記述はつれづれのままに書いた様であり、「切戸山」と尾の略体字を使用してゐるのも、『扶桑略記』作者が「切尾湊」と書いた(10)様に都人にありがちな特殊な書き方の様に思はれる。とも角、為房は縁起作者が引いた俗伝を知らなかったため、ナギで有名な切目王子社所在の山を殺目山と信じた、と私は解してゐる。又、『為房卿記』の短い記述から都人のもつナギに対する俗信が偲ばれ、ナギが熊野参詣者にとって災難除けに利用された有様が知られる。従って、『為房卿記』は、殺目山がナギの産地で有名な山となり俗伝と異なる山に解釈される様になった有様を示す貴重な資料と言へよう。

むすび

以上の検討で、本来の殺目山は現在の狼烟山を指すのであるが、十一世紀後半に至り五躰王子社所在地をも含む様になったことを知った。殺目山を平安朝の記録で探る場合、記述の中に熊野信仰の発展に伴ふ五躰王子社の名声が必ずつきまとってゐる。その名声に結びつくナギによって、殺目山は熊野参詣者が多くなるに従ひ俗伝と異なる山に誤解されてくる。従って、道中の安全についてナギを語らない『中右記』・『熊野道之問愚記』は、五躰王子社と殺目山が同所でないことを教へてゐる点で、注意されねばならないと思ふ。

註

(1) 山本賢撰『切目誌料』昭和三十五年刊・孔版本（非売品）・平成二十六年十一月・切目うらしま会復刻版刊。
(2) 巽三郎「須恵器窯址調査概報」『紀伊国日高郡切目村大字西之地須恵器窯址調査概報』『古代学研究』第一一号・一九五五年刊。
(3) 『紀南郷導記』・『増穂のすすき』・拙稿「有間皇子と有間皇子社」『神道学』第五九号・神道学会・昭和四十三年刊。
(4) 『葵羊園叢考』日高高等女学校同窓会・昭和三十六年刊。
(5) 牧野富太郎『新日本植物図鑑』。
(6) 『広辞苑』第二版　なぎの項。

（7）竹内理三『平安遺文』一〇八三号文書。

（8）『和歌山県遺跡地名表』（和歌山県教育委員会・昭和三十八年三月刊）。

（9）『熊野三山の史的研究』宮地直一先生遺著刊行会・昭和二十九年刊。

（10）延喜七年十月十七日辛酉条。

附記　昭和二十八年の水害時における切目川の水路、及び熊野古道については、山本賢氏の御教示を得た。又、切目川の旧河川については、滝本惣太郎氏の「河川考」（『郷土研究』昭和二十八年十一月九日）発表を参考にした。ここに記して両氏に感謝したい。

第二節　有間皇子と有間皇子社

はじめに

この本節でとりあげた有間皇子社は、去る三十八年九月『熊野路考古』三号で発表した「斉明四年紀十一月庚寅条の藤白坂について」の中で、問題にしながら紙数の関係で、後日の発表に残したものである。

壬申の乱を経て古代の律令体制が整備されたことは、今日誰知らぬものはない。しかし、大化改新後どのやうにして古代法が新しい中国の律令法と融合していつたかは、諸先学の精力的な研究によつて明らかにされてきたが、まだ必ずしも完全ではない。先に「塩屋連鯯魚寸考(1)」と題する小稿を発表し、更に藤白坂に関する通説を誤りとした前稿は、古代法から律令法に替る過渡期の律令国家を浮び上がらせ、有間皇子の変の実体を究明せんとしたものである。

さて本文に入る前に、前稿で述べたことを簡単に示して、問題点を明らかにしておきたい。

孝徳天皇の皇子有間皇子は、斉明天皇三年（六五七）に狂気のまねをして病気療養と称し牟婁温泉を訪れ、紀州の美しい景観を眺めて病気が全快した、と『書紀』には載つてゐる。その翌年に皇子は謀反を企て、共同謀議者である倭京留守官蘇我赤兄に捕へられ、白浜に滞在する天皇及び皇太子中大兄皇子の許へ護送され、ここで死刑の判決をうけ紀伊国藤白坂(2)で絞刑にあつた。

通説は専ら、有間皇子の謀反行為を蘇我赤兄の煽動によるものとし、その裏には中大兄皇子の含みがあつたとする。私は『万葉集』巻二に載る有間皇子の挽歌二首が、作歌事情と歌意との背反及び歌の成立時期に疑ひがあること、皇子が倭京から牟婁温泉の行宮までの護送中に、日程面から詠歌時間の生じ難いこと、等のゆへに事件の前年の作であると推定した。この二首[3]を護送途次の詠歌と誤解したことから、諸先学は有間皇子の無実を連想し、赤兄と中大兄との密約を推測されたのである。私は単に『万葉集』の歌だけによる根拠を以て、有間皇子の積極的謀反行為を明らかにするに不満であつたため、有間皇子・大津皇子・長屋王の謀反行為に対する律令法の共通した適用事例を表示して、有間皇子が絞刑に処せられる理由を明らかにした。ここにいふ共通した律令法の適用事例とは、被疑者の逮捕から「窮問」・「伏弁」[4]・「判決」・「断罪」までが、律令法に準拠することをいふ。この様に考へれば『書紀』に載る藤白坂は通説の如く、牟婁温泉から二日行程の海南に求めることが穏当性に欠けるものとなる。ここで皇子を護送する人員を考慮し、白浜からの所要時間から、一応印南以南の地に皇子の処刑地を求める必要が生じる。そこで、皇子の処刑地の密接な関係をもつのが、皇子の霊を祀る社の存在である。この点に着目し、かつて仁井田好古も指摘した有間皇子社が、切目に明治末年まで実は存在したことを私は確認した。第五章第三節ではこの社についての詳しい論証を、後日に残したのである。

　では項を改めて有間皇子社の分析に入らう。

一　『熊野独参記』記録

明治末年まで、切目に鎮座したいはゆる有間皇子社は、既に天保年間において土地の人々の記憶に殆ど残つてゐなかつた。だから、紀州の風土を刻明に調査され、天保十年（一八三九）に刊行された『紀伊続風土記』にも、有間皇子社について曖昧な説明で濁されてゐる。本来、綿密な考証を叙述する態度をとつた『続風土記』にしては、有間皇子社の不考証的なことは同記を読む者に意外の感を抱かせる。『続風土記』のこの様な態度に、当時における有間皇子社の認識状況を想像することができよう。『続風土記』は有間皇子社について、

　或人熊野紀行に載す、其地今詳ならす、下文に載す小祠三社の内なりしを、土人其伝を失ひしにてもあるへし、

弁才天社　　大畑にあり、
玉権現社　　高垣にあり、
衣美須社　　海浜にあり、

と記してゐる。ここに言ふ熊野紀行とは、元禄初年（一六八八）頃の作者不明による『熊野独参記』を指す。[6] すなはち、有間皇子社に関する数少ない記録中、作者不明の著作でこの社に触れてゐるのは、この『独参記』以外に発見し得ない。『続風土記』が引用したと推定される『独参記』巻二に、

切目坂十町下一町有本村左の方に五躰王子の小社有、（中略）是より廿五六町南小山の腰に穴有居様如塚其数多し、内は石を以てたたみたる也、昔氷の雨降し時、此穴に蟄居せしと云伝たり、有間皇子の小社あり、切目川幅五十間、常は徒渉。洪水には渡舟なき故に往来留る也。切目崎風あるときは浪あらし、云々

とあつて、元禄時代に有間皇子社が存在した事実を我々は窺知できる。この記載によると、皇子社の位置は切目川畔であるやうだ。『続風土記』が後考の小社として明記する三社は、玉権現社が切目川の上流に、衣美須社がその河口に、弁才天社が両小社のほぼ真中にあつて、いづれも川に近い。寛政四年（一七九二）の奥書をもつ武内玄竜纂輯の『紀伊志略』にも、有間皇子の霊を祀る祠が結松の近所にあつたといふ。[7] しかし、西岩代村と、異なる山一つ隔てた切目村に皇子の霊を祀るのは、結松の歌と直接関係があるとは考へ難い。第一章第一節で述べた如く結松の歌は皇子のなくなる一年前の歌と考へられるから、切目の社は藤白坂で処刑された皇子と、大いに関係あるものとみるべきであらう。又、正徳二年（一七一二）成立の『倭漢三才図会』の切目山の項に、

按有馬ノ皇子ノ社結松鵐藪《シトヤブ》小歌ノ森等ノ臼跡雖レ有《リト》二岩代一今《ニ》所レ在切目-領西岩代村ノ隣也、

と皇子社の存在地に関する記載がある。これから考へると、もと西岩代村に有馬皇子社があり、正徳の頃には切目村に遷座してゐたことが分かる。しかし、『独参記』によつて、有間皇子社は正徳以前において、既に切目村に存在し

たことを確認し得よう。

さて、『独参記』に見える「南小山」は皇子社と距離的に近いらしい。しかも江戸時代南小山の附近には数多くの穴があつたといふから、この辺には古墳遺跡が散在してゐたと思はれる。

現在、切目には西之地古墳群と崎山古墳群が、古代遺跡地として公表されてゐる。(8) しかし、前者はその位置が切目神社（五躰王子社）の北であり、後者は島田村内にあつて、西之地村内ではない。(9) だから『独参記』の「南小山」は、同記の記載が道中の事物を時間的変化の下に統一されてゐる点より、西之地村の丘陵に求めなければならない。その小山とは後述する丸山を指すのである。この丸山の附近は開墾畑から後期弥生式土器が出土し、そのため和歌山県における古代遺跡地に指定された注目すべき所である。丸山は古代の遺跡地ではあるが、『独参記』に言ふ様な古墳群らしい形跡がない。しかも、丸山は『独参記』に述べられる五躰王子社の南でなく、真東に位置する。この様にみると『独参記』の言ふ小山は、位置及び古墳群でない点で、丸山に比定することができなくなる。果たしてさうであらうか。『独参記』が小山と切目川との間に、有間皇子小社の存在を記してゐる事実から、小山となる丘陵は丸山を除き他に見当たらない。切目川が屢々氾濫して川の流れを変へたことは知られるが、丘陵が消えてしまふことは恐らくなかつたであらう。とすれば、『独参記』にみえる「穴有其数多し」及び「南小山」の南は、次の様に解することにより氷解するであらう。すなはち、前者は『独参記』の成立時から現在までの凡そ三百年の間に、破壊されてその痕跡をとどめなくなつたものであり、後者は見知らぬ土地で、方角を『独参記』作者が誤解したものと言へるであらう。私は叙上の点から、『独参記』の「小山」を現在の丸山に比定する。

そこで、『独参記』から有間皇子社の位置を推測すると、その場所は当時の熊野参詣道に近い西之地村内の切目川附近であつたと思はれる。この推測は『十寸穂の薄』(10) に「切目川の辺有馬皇子社あり」といふ記録からみても誤りなからう。ではその有間皇子社なるものは現在どこに存在するものであらうか。この説明をするに際し、切目附近の概

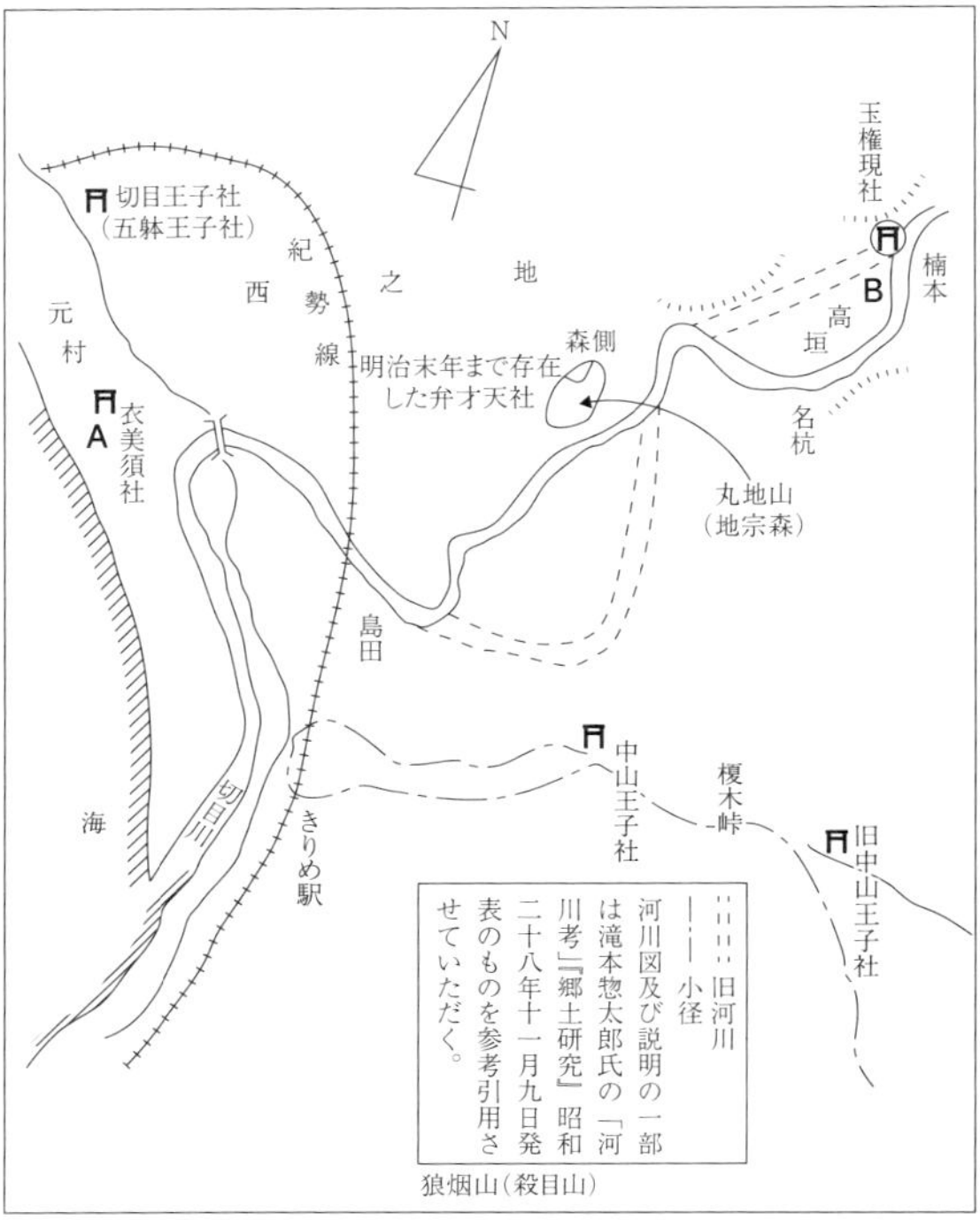

図八　切目村地内神社考

略図を上に示して理解を容易にしよう。

先づ、切目元村内の海浜にあると言ふ衣美須社Aをとりあげよう。この社は『切目神社旧記』[11]所収の「其後兵乱の次第」によると、元は切目王子社境内にあつた小社で、享保五年（一七二〇）に浜へ遷座したものである。これをもつてすれば、遷座以前の元禄時代に存在した有間皇子の小社が、衣美須社と並存することはあり得ず、衣美須社は考察の対象となり得ない。

次に、高垣にある玉権現社Bを考へてみよう。この社は『五躰王子宮御鎮座幷御造営記』[12]によれば、仁徳天皇五十一年に西之地村内の丸山に勧請した三島大明神・玉野明神の中の後者がそれで、同五十九年に丸山から現在の高垣の地に遷座したといふ。又、その後、玉権現社は天正十三年（一五八五）に兵災を蒙り祭礼を中止したが、慶長十年（一六〇五）に再び祭礼の復活をみたといふ。

したがつて玉権現社の高垣への遷座は、『旧記』成立以前の伝承を仁徳朝に求めたものと解すべきであり、それの前身＝玉野明神[13]も例外ではない。『旧記』はこの社の鎮座・遷座ともに六月十五日と記し、慶長十年の祭礼復活にも、この日が変らなかつたといふ。これは、玉権現社の祭礼がかなり古くから慣習となつてゐた事実を反映するものとみて大過ないであらう。何れにせよ、この玉権現社が遷座してゐる点に注意すれば、有間皇子の小社に並存したと考へることはできない。何故ならば、皇子の悲劇を関知しない土人が、信仰の対象とならない皇子の霊を此の社の隣りに祀る必要性を認め得ないからである。私見では、有間皇子社は最初に設置した場所で、物理的現象（地震・水害等による崩壊もしくは火災による焼失）による場合を除き、その位置を遷すことはなかつたと思ふ。玉権現社は現在もなほ切目川畔の高垣の地に存在するが、有間皇子の小社を並存させた形跡は認められない。

さて、最後に残る弁才天社が、果たして大畑の地に存在し、有間皇子を並祀してゐたかといふ問題を残すのみとなつた。そこで、大畑の字名を知る容易な手段として、古い地積図の利用がある。今日、切目に残る古い地積図は、明治四十三年六月の耕地測量に際し、山本重之助氏が写し取られた「耕宅地字絵図」である。ところが、この絵図には大畑なる小字名がどこにも見当たらない。しかし、大畑の小字名は『続風土記』だけでなく、『宝暦十歳（一七六〇年）切目組大指出帳』[14]にも、

弁才天　西之地内大畑と中所に御座候、但小宮にて御座候、

と明記してゐるから、その地名の存在したことは否定できない。この大畑は西之地村の西蓮寺に残る過去帳にも姿をみせないので、全く手がかりが摑めない。但し、丸山の南、切目川の対岸に当たる島田村内の畑地を「キリハタ」と呼ぶやうだが、ここは西之地村内ではないので大畑と関係がない。或ひは、現在の切目川の本流が大きく島田村にくびれてゐた時に、西之地村内の地として「ハタ」の呼称があつたのかも分からないが、今は徴すべきものが残つてゐない。

現在、『続風土記』に載る弁才天社は西野地に存在しないが、明治時代に現在の切目中学校の東にある丸山に存在した。この事実は滝本惣太郎氏の御教示によつて知られたが、滝本氏が幼少の頃この弁才天社に参られた記憶を以て、弁才天社の存在は疑へないと思ふ。その場所とは、前記「耕宅地字絵図」中の第七十番「字丸山」と示す社地である。

この社地の前を、人々は森側《モリカワ》・森口《モリノウチ》と呼んでゐる。しかも幸なことに、この森側は西蓮寺にある過去帳に「森川」の姓で残つてゐるから、古くから存在した字名であると言へる。又、この社地には明治時代、弁才天と共に三社が鎮座した事実を筆者は、附近に住む古老から聞いて確認し得た。西野地村に唯一の弁才天社が確認されたことは、『続風土記』に言ふ有間皇子社もこの弁才天社と並祀されてゐたと考へねばなるまい。

二　『切目神社旧記』

もともと、弁才天社の存在した丸山は、丸地山の略称であり、『旧記』成立以前には地宗森と称された聖地であつた。現在国土地理院発行の地図に残る字名「森側」・「森口」は、丸地山の神聖な場所を示した「モリ」の遺称地なのである。しかも、此処は昔から切目における聖地として、切目神社と共に土人から畏怖された場所であつた。

森、それは樹木の叢生する所であり、上代では神霊の憑依となるものであり、神と人との接触する媒体と考へられたものである。又、森で神霊奉祀の為に設けられた神籬が、後に神社の発生をみたことは吾人の知るところである。神社が「モリ」と呼ばれる[15]泣沢杜・石田杜等は、『万葉集』にもみられ神と森を結びつける好例である。特に、大神神社が三輪山全体を御神体とするのは、モリが神の斎場となるもので、モリが又「山」と密接な関係のあることを示してゐよう。神が森を経由して山に降り、更にそこを神の斎場として聖域に古代人は見做してゐた。神社に発展する原初形態には、『出雲風土記』秋鹿郡にある次の足高野山が参考となる。

足高野山（中略）無二樹林一、但上頭在二樹林一此則神社也

切目における丸山のモリは上述にみた様に、岡の地に神を祀つた場所なのであるから、切目における神奈備とも言へる。そして、丸山の麓を流れる切目川は上代における神辺川に他ならない[16]。切目川はよく氾濫をおこしたらしいから、水に対する恐怖は土人に根強く残つてゐたと思はれる。だから、水と関係の深い弁才天を丸山に土人が勧請した

ことも首肯できよう。弁才天社を祀る丸山に、明治時代三小社があつた事実から、このモリの中に有間皇子の霊を祀る小社が存在したと認めてよいと思ふ。何故ならば、『続風土記』に云ふ衣美須社と玉権現社が、既に有間皇子社を並置する根拠がなくなつたこと、及び丸山が熊野参詣道の切目川徒渉地に近く、しかも、弁才天社と並んで二社が存在したことに依るからである。

さて『切目神社旧記』に丸山を三島大明神・玉野明神・八幡神の勧請地とすることは、聖地といふ点で根拠のある記載と認めなければならない。ただここで注意すべきは、三島大明神の祭礼を十一月十三日とすることである。すなはち、元暦元年（一一八四）に社の焼失後、西之地村内の長谷に新社を設けてからは、従来の祭礼を二日後の十一月十五日に改めたことである。これは十一月十三日の祭礼が或時代に、何かの理由で二日後に改められたものと推測することも許されよう。大胆な推測をすれば、三島大明神の最も古い祭礼の日が十一月十一日かも知れない。これは有間皇子社の成立と無関係ではない。といふのは、皇子の死没日「庚寅」が十一日であつた点と考へ合はせて、死没日と祭礼日が何か結びつきさうなのである。現在では、その疑問を解くべき決定的根拠をもたないのだが、一考を要するものと思ふ。[17]

以上を要するに、前項一で述べた有間皇子の没地を切目の近くに推定する根拠として、切目の大畑に明治時代まで弁才天社と並存してゐた有間皇子社を縷述してきた。古代における謀反罪の処分手続を考察する一例として、有間皇子に対して採用された行刑の実体を第三章第二節で記したが、猶、同様な行刑の実体を壬申の乱直後における中臣連金にも認められてゐる。私は有間皇子社と関係する行刑の実体を、中臣連金の事例で少し補足しておきたい。

中臣連金は、壬申の乱後極刑処分をうけた、近江朝廷軍ただ一人の重臣である。左大臣をさしおいて五重臣中彼だけが斬刑となる積極的理由は、左大臣蘇我赤兄が娘を天武天皇に奉つてゐたといふ個人的な関係よりも、寧ろ乱中に近江朝廷軍の実質的指導者であつたことによる、と私は思ふ。[18]『書紀』に明記されないが、金は天武天皇軍の臨戦体制が整はない時に、近江朝廷軍の作戦会議中で時宜を得た発言をした「一臣」である。又、天武天皇が高市皇子に述懐された言葉に出てくる「智謀臣」の、最たる重臣であつたやうに思はれる。天武元年（六七二）八月甲申条にみえる中臣連金に対する判決には、押収された近江朝廷軍の資料と捕へられた重臣達の供述が、強く影響してゐるものと見ねばならない。だから、金に対する斬刑判決は、証拠資料にもとづく律令の行刑手続が採られたと思ふ。甲申条の、

命二高市皇子一宣二近江群臣犯状一、則重罪八人坐二極刑一、仍斬二右大臣中臣連金於浅井田根一、云々

とある記録からは、誰しも金が判決をうけると同時に、処刑地の田根に護送されたことを疑はないであらう。すなはち、金は後に成文法となつた『唐獄官令』断罪条の規定と同じ手続によつて、処刑されたのである。所謂、「行刑日一回覆奏」の素朴な姿が、ここにみられる。

大化改新以前における日本固有の謀反罪処分は、裁判手続を経ない即決の誅殺が原則である。ところが、窮問・伏弁・判決・断罪の諸手続を、有間皇子や中臣連金の例から我々は推定できるのである。唐の律令制度が、行刑面で知られることは、特に注意すべきである。又、処刑地が判決場所から戌の方向凡そ七里の地点であることは、有間皇子の場合、金と共通する興味深い事実である。これは一体何を意味するものであらうか。当時、一般人が歩く一日の行程は、『公式令』行程条から今日の里数に換算すると八里強である。これを以てすれば、金の処刑地は判決のあつた場所から、凡そ一日行程に近い地点と言はねばならない。ゆへに、日没に近い時刻に処刑が行はれたと見做される。大辟罪の執行時刻は、『唐獄官令』を母法としたわが国の『獄令』に、「未以後」としてゐるから、今日の午後三時以後に当たる。金が処刑された田根は、不破宮から護送に要する時間が多く見積つても八時間であるから、金が早朝に判決をうけ七時頃の出発とすれば、午後三時過に田根に辿りつく。金が処刑されたのは、恐らく午後三時以後であつたらう。私はここでも、『唐獄官令』の規定が生かされて、金が処刑されたのは未刻以後であつたと思ふ。

これによつてこれをみるに、『飛鳥浄御原律令』制定以前の行刑法は、『唐獄官令』の規定通りであつたと推定される。

次に、護送方向の戌の問題であるが、まだ明らかでない。当時、処刑地迄の護送方向に特別規定があつたとも考へられないのである。戌は夜の範疇に当たり、万物活動を止む時刻である。『淮南子』巻三天文訓に西北方を幽天と言ふから、幽界に入る方向と考へられたのかも知れない。ともあれ、中臣連金の行刑例から『飛鳥浄御原律令』施行以前に、わが国は『唐律令』を実用化してゐたことが窺はれ、且つ、処刑地が判決地と相当離れた地点であつたことが推定される。ここに至り、有間皇子の場合にも第三章第二節で述べたやうにこの行刑法が認められるので、判決地と処刑地が異なること、及び『唐律令』の実用化を更に古い斉明天皇時代に求めることができる。(19)

有間皇子社が切目に存在する理由を、私は行刑の実体を考慮して次のやうに考へてゐる。第五章第三節で推定した有間皇子の処刑地「藤白坂」は、行刑日一回覆奏の行刑手続上、白浜における判決地より一日行程の距離内であつたらう。そこは白浜より朝に出発して未刻以後に到達する地であつたらう。これより藤白坂は印南以南の地に求めるべきである。しかも、有間皇子の死と密接な関係をもつのが皇子の霊を祀る社であり、切目の有間皇子社は皇子の処刑地と大いに関係がある。これらの見地から、現存しない有間皇子社をモリの遺称地丸山の窮明によつて推定した。

むすび

これまでに述べたことをまとめると次の如くである。

最初に、切目に存在した有間皇子社を決定する根拠を、西野地村に残る「モリ」の遺称に求めた。尤も、『紀伊続風土記』や『宝暦十歳切目組大指出帳』にみえる大畑は、行政単位の小字名であり、今日記憶に残らない地名である。しかし、大畑と弁才天社とが不可分の関係にあることから、西蓮寺の過去帳にみえる「森川」及び「耕宅地字絵図」にみえる「森側」が同一地を指し、両者が丸山の前に残る地名であることを知つた。そして、丸山に弁才天社の存在した事実が確認されるので、ここに有間皇子社が並祀されてゐたのであらうと推断できる。幸にも弁才天社が存在した明治時代に、他の二社が並祀されてゐることも知られた。この二社の一社が有間皇子社であつたに違ひない。又、弁才天社の存在確認により、社の前の森側附近に、大畑といふ地名があつたことも推定される。

次に、モリと丸山の関係について考察した。そして、皇子の処刑された十一月庚寅日と三島大明神の祭礼日について、一考を要することを指摘した。

補足説明として、有間皇子の処刑例と類似する事例を、中臣連金に対する処刑に求めた。その類似点とは

(1) 謀反者は判決日に処刑されたこと、

(2) 処刑地が判決地から『公式令』行程条の規定に近い一日行程の場所であり、且つ、戌の方向に当たつてゐたこと、

(3) 『飛鳥浄御原律令』制定以前において、『獄官令』に準拠した大辟罪執行が行はれたこと。

等である。

小稿は有間皇子の積極的謀反事実を裏付けることに力を注いでゐる。ここで私見が大方の御賛同を戴ければ、『万葉集』巻二に載せる有間皇子の詠歌は、挽歌ではなく旅のすさびに詠んだ歌となる。又、注意すべきことは、わが国における律令制度が法の運用面で、早くから部分的ながら実用化をみたらしいことである。今日、なほ『近江令』成立以前の律令法の実体が明らかでない。紀州の切目に存在した有間皇子社の分析を通して、古代史解明の問題点を提供した。諸賢の御批判を切に願ふものである。

註

（1）『日本上古史研究』通巻第五九号、昭和三十六年十一月刊。

（2）通説は和歌山県海南市にある藤白神社から藤白峠に通じる小径で、現在皇子の霊を祀る碑がある。第五章第三節で推

定した藤白坂は、日高郡印南町切目とみなべ町岩代との間である。

（3）磐代の浜松が枝を引き結び真幸くあらば亦かへり見む（一四一）
家にあれば笥に盛る飯を草枕旅にしあれば椎の葉に盛る（一四二）

（4）太政官において、被告人が取調終了後の罪状決定に対し、服罪の意を表はすこと。

（5）伏弁後判決が下ると死刑確定者は、処刑日に覆奏がなされて、未刻（十三時〜十五時）以後に処刑される。『名例律』では犯罪行為の最悪を八虐と規定し、その八虐中の筆頭がここで論ずる謀反である。又『獄令』大辟罪の条文に、「凡決大辟罪、在京者、行決之司三覆奏、決前一日覆奏、決日再覆奏、（中略）若犯悪逆以上、唯一覆奏」、と謀反罪に対する規定があり行刑の原則を示してゐる。そして、同令断罪条に「凡断罪行刑之日、（中略）仍日未後乃行刑」と行刑手続の細則がみられる。これらの規定から有間皇子は手続通りに処刑されたのである。

（6）芝口常楠著『葵羊園叢考』日高高等女学校同窓会・昭和三十六年刊。

（7）柳田国男監修の『民俗学辞典』東京堂・昭和三十二年十四版神社の項に、「ごく小さな建物の場合はホコラ（小祠）という」とあり。『紀伊志略』の言ふ祠は小祠を指すものである。

（8）『和歌山県遺跡地名表』（和歌山県教育委員会発行・昭和三十八年三月）。
巽三郎「紀伊国日高郡切目川村崎山古墳発掘調査報告」『古代学研究』第一七号・一九四九年刊。

巽三郎「須恵器窯址調査概報」『紀伊国日高郡切目村大字西之地須恵器窯址調査概報』『古代学研究』第一一号・一九五五年刊。

山本賢「4切目出土遺物実測図」『切目誌料』昭和三十五年刊・孔版本（非売品）。平成二十六年十一月・切目うらしま会復刻版刊。

（9）『独参記』では日程順に行を改めて村別に記録がなされてゐる。従つて、同記に載る「小山」の場所は切目村と明記しないが、島田村とは明確に区別してゐることにより、西之地村と断定する。『独参記』にみえる土地状況の記録は、別本『熊野詣紀行』の中で「きりべ村」にあり、又、『続風土記』の切目荘の項中「西野地村」にある。いづれも島田村とは区別されてゐる。

（10）『南紀徳川史』所収。猶、岩瀬文庫蔵の源珪甫による写本では『増穂のすすき』となつてゐるが、ここでは内閣文庫本の題名によつた。

(11) 山本賢　註（8）前掲書所収。
切目神社関係資料は、近年郷土史研究家として業績を残された故芝口常楠氏によつて整備された。

(12) 山本賢　註（8）前掲書。

(13) 『五躰王子宮御鎮座幷御造営記』によれば、「此御神は御女神天の高知姫の命也」とあつて、仁徳五十九年六月十五日に玉野権現と号し、姫安産の神となり高垣川（切目川の上流）の中島に遷座したといふ。

(14) 山本賢　註（8）前掲書所収。

(15) 『神祇辞典』神社《ジンジャ》の項。

(16) 阪口保『万葉林散策』創元社・昭和三十五年刊所収「神奈備考」が神奈備についての研究で最も要領よくまとめられてゐる。

(17) 『日高郡誌』は『紀伊続風土記』にひく切目川村大字古屋に鎮座する八幡神社について、「（前略）伝へ云ふ、昔東岩代村の八幡宮を西野地村の丸山に勧請し、それより仏谷に移し、明応四年（一四九五）当山に遷座すといふ、云々」とある。同記所収の『水野氏旧記』によれば、尾張国愛知郡の氏神八幡を奉じ、仁和年中（八八五―八八九）里人の懇請に応じて、氏神を切目河畔に斎祀して、産土神にしたといふ。しかも、その社の位置は最初丸山にあり、後に古屋に移したといふ。この点からも丸山が通常の小山でなくて、モリとしての聖域であつたことがわかる。

(18) 田村円澄『藤原鎌足』塙新書・一九六六年刊。

(19) 有間皇子の生存年代は、『唐律令』の実用化が完全でなかつたのであるから、死刑者の護送方向は、律令施行過渡期における混乱した行刑手続の側面を示すものがあつたと思はれる。尤も、過渡期における行刑であるから、金に対しては、曾て蘇我倉山田麻呂にみられた様な、被処刑者の宍を大刀の先に刺し挙げて、叱咤び号び叫ぶ風習が残つてゐたかも知れない。

附記　小稿の校正段階で、『熊野独参記』は紀州藩士児玉荘左衛門が記したものであることを、紀南文化財研究会発行の『校訂紀南郷導記』によつて知つた。ここで小稿の訂正ができないため、余白を借りて書きとめておく。

終章　岩内古墳は有間皇子墓に非ず

岩内古墳は、印南町医師巽三郎氏によって戦後調査されたものです。この古墳は昭和三十一年五月及び八月の二回に亘る調査で、貴重な終末期古墳であることが分かった古墳です。『史跡岩内一号墳』御坊市教育委員会刊岩内一号墳環境整備竣工記念、資料によりますと、戦後間もない昭和二十四年の発掘調査で、「鉄製大花形飾り金具をつけた漆塗木棺、銀線　巻太刀一振りのほか須恵器杯・水・土師基盤・椀などの副葬品が石室内で発見された」とあります。

この調査報告は、巽三郎氏によるもので、森浩一氏の『古墳の旅―中国と日本―』（芸艸堂・一九七九年刊）の説明によれば、

夾紵棺をも含め漆を使った棺は、近畿では、奈良、大阪以外の唯一の出土例なのである。

と断定されました。ここで森氏は、巽氏に岩内古墳の一仮説を聞いてもらったと述懐されています。その仮説についての内容とは、

皇子の死の六五八年より約半世紀ほどしてから皇子の墓が立派に造営された可能性は十分にあります。六花文金具で飾った漆塗りの木棺や立派な刀、巨石で組んだ石室など、これは仮説から考えられるし、古墳が八世紀であるのもかえって辻褄があうのです。もちろんこれは仮説にすぎませんが、最初この古墳のことをうかがってから二十年にして、仮説なりにひとつの解釈をだせるようになりました。

と、いうものです。

仮説の第一は、半世紀後、立派に造営された可能性はある、と言われます。森氏が、半世紀後という根拠は何処に

もありません。立派に造営されたという推測は、私に言わすれば憶測に過ぎません。森氏は、六花文金具で飾った漆塗や木棺や、立派な刀、巨石組の石室が、故き孝徳天皇の遺児ならばを想定するのに、「悲劇の皇子有間皇子以外に他の皇族級の人物をもとめられないこと」を明記されました。国家犯逆の罪人に、生前と同じ条件の処遇が与えられたという解釈は、どの様な歴史的根拠があってできるのかが、私には理解できません。

森浩一氏は、「最初この古墳のことをうかがってから二十年」の考古学の研究を踏まえての体験を言われるのですが、有間皇子の処刑以前にも以後にも謀反罪復権の事例はございません。

該博な考古学の体験からひとつの解釈が出せるようになった、と森氏は言われますが、中国に関する深い研究から出される仮説に対して、門外漢の私には納得できかねます。何故ならば、被葬者の名を明記する文献の存在なくして岩内一号墳が、有間皇子墓と断定できないからです。

森氏は有間皇子が牟婁の湯（白浜裁判地）に送られる途中での、二首の詠歌を想定されています。しかし私は、『唐律令』を準用する大化改新後における罪刑法定主義の裁判を例証してきた手前、森氏の仮説が、岩内一号墳に該当する有間皇子墓の可能性を疑うのです。

昭和五十五年（一九八〇）三月三十一日公刊の御坊市教育委員会『岩内古墳群発掘調査概報』の「まとめ」には、巽三郎氏が、

本墳（一号）は床面が一度造り直され、また、墳上斜面に新たに階段状遺溝を設けるなど終末期古墳などには見られない特徴

もあると報告されています。がしかし、それ以後の進展した解釈はありません。

終末期古墳に見られない特徴をもつ岩内一号墳、と明記する巽氏の手法によれば、森氏が仮説として皇子処刑後半世紀頃に造営された、というのとどう繋るのか、私には理理由が見つけられないのです。

森浩一氏が可能性十分という時期を、私なりに限定しますと、有間皇子の処刑が斉明四年（六五八）ですから、半世紀後は丁度元明天皇の和銅元年（七〇八）から七年、或いは元正天皇治政下の霊亀・養老年代（七一五―二四）に及ぶ九年間が想定できます。両天皇は女性ですから、有間皇子に対する憐情を考えるのにふさわしい御方です。森氏は女性天皇の憐情として有間皇子に対する名誉回復を考えられたのかも知れません。

歴史を学んだ人ならば、『大宝律令』制定と和銅開宝の制作は脳裏に焼きついている筈です。この『大宝律令』及び『養老律令』施行直後に両天皇は直面されたのです。元正天皇は新制度の法に基づいて、「勅断」権を行使できます。それは養老の『名例律』除名条に、

会㆑降者、聴㆑従㆓当贖法㆒。

と見え、『唐律疏議』に、

如特奉㆓鴻恩㆒、惣蒙㆓原放㆒。非常之断、人主事専之。

とある規定によるからです。

この「勅断」権は、『唐律』に規定するところであり、『養老律』は『唐律』の適用と差異がありません。天皇が『名例律』の正条に基づかずに、恣意に「勅断」権を認められるかのように解釈されますが、「勅断」行使にも実は制約があります。それは、謀反・謀大逆・謀叛・悪逆・不道・大不敬・不孝・不義の「八虐」に該当する罪です。除名条の『唐律疏議』に、

其不孝流、反逆緣坐流、雖㆑会㆑赦亦除名。

と明示する故です。

従って、『唐律疏議』を準用する。『養老律』に、有間皇子謀反罪を「勅断」権を以て行使することは天皇の特権を理解する上であり得ないのです。ですから資料が皆無であるのは当然です。

冒頭で引用しました『類聚国史』は、宇多天皇の勅を奉じて寛平四年（八九二）に菅原道真が著わした歴史書です。道真が『六国史』中より該当記事を選別抽出して、各項目を編年体で記録した古代史研究の上で一等資料になります。

道真存命中に成立した間に、有間皇子一人のみが『名例律』謀反条に反く特別の「勅断」を行使された、という正史記録は見られません。ここで森浩一氏が述べた有間皇子墓成立の可能性は無いと断定できます。故に、森氏の仮説に敢えて同意できない理由を述べて、拙ない講演を終えます。御静聴を感謝します。

記　昭和六十一年十月三日㈮　白浜町青少年研修センターにおいて「有間皇子」と題して講演した内容の「結」部分である。

追記

昭和三十六年十月一日劇作家福田恆存氏は、『文学界』第一五巻第一〇号に「有間皇子」を発表された（のち、文芸春秋新社刊）。歌舞伎界の新人松本幸四郎（八世）を引立てる構想の下、シェークスピアの作品『ハムレット』を想定した革新作だった。

大阪府社会事業短期大学教授田中卓氏の、東宝劇団特別公演「有間皇子」三幕九場における『有間皇子の歴史的背景』の説が予め記されている。「理想とするところは、律令による法治国家の実現である。若き皇子は、たやすく赤兄の甘言にのり、煽動に動いた。事は筋書どほり運ばれ、未遂のうちに有間皇子の逮捕となるのである。事件は夢のごとく起り、幻のごとく消え去った」といわれた。白浜裁判を洞察されない表現に接すると歯がゆく思う。

公演前田中卓氏から役に立つ資料提供の依頼をうけたが、『詩緯』の「戊午革運」の影響については申し上げなかった。中国では戊午革運の王朝建国が二回もある。東晋を亡ぼした劉裕が宋を建て、その宋を戊午革運の革命観で南斉の蕭道成が国を建てた。二人が五世紀に於ける革命の実現者であることは、明徳出版社・昭和六十三年刊の安居香山・中村璋八編『重修緯書集成』巻三（詩・礼・楽）の『詩緯』に、

十周参聚、気生神明、戊午革運、辛酉革命、甲子革政。（四十六頁）

を残す。その注記に、

乃聖人改世歟、周文王戊午年、決虞芮訟、辛酉年、青龍銜図出河、甲子年、赤雀銜丹書、而聖武伐紂、戊午日、軍渡孟津、辛酉日、作泰誓、甲子日、入商郊。

とある。

皇子が意図した、世直しの革運原因がこの大陸で起こった革命思想に強く惹かれたことと無関係でない。公演の劇九場面の中に福田恆存氏は、この大陸思想をほのめかすことすらしていない。しかも白浜裁判は歌舞伎の見せ場である、有間皇子・塩屋連鯯魚・新田部連米麻呂等に、加えねばならぬと思う観客の鑑賞力を高める「拷訊」場面が全くないのだ。この点は学者の方々が発表した論文に「拷訊」記述がないのにも通じる。

松本幸四郎に言わせるセリフ、蘇我赤兄を、ガンギエイ科の「赤鱝」に倣らえて、「尾部に大棘に刺された」と語らせる。観客の一人としてこの場面の場内の反応を察た折、湧くことなく場内を白気させるものだった。私は、歌舞伎の醍醐味を失ったなあ、と思った。多分観客の反応がないのを知って、セリフの不味さを悟ったのではないかと思う。平成二十四年七月、川久保剛氏著『福田恆存』がミネルヴァ書房から出た。歌舞伎のこの公演を見なかった川久保氏は不調の公演雰囲気を知らない。新著には「史劇有間皇子の実行を、『文学界』昭和三六年一〇月号、同月芸術座により上演―松本幸四郎と手を組み」と、簡単表現でくるのみである。

そんな事情に鑑みて、公演を鑑賞した体験を回顧して、私の寸評を残しておきたい。

「史劇」と銘打つ公演は、観客に感動を与えなかった故の失敗である。その理由は、五世紀に二度重なる「革運」の歴史が、謀反の本質を充分伝えなかった点にある。論文にせよ公演にせよ重要と目される、裁判時に取扱われる「拷訊」の見せ場が欠落している。加えて大化改新後の唐の法制度吸収に熱心な様子が観客には伝わらなかった。

裁判問題には、訊問者と容疑者との間に交す会話の長い場面が普通ならある。その会話に乏しい。劇中に出てくる二首の詠歌は、初期万葉の素朴さがある。所が斉明四年時における死を予期させる場面で用いる。これは事実と異なる。福田氏は既存の学説を踏襲したのであろうが物足りなさを感じる。

有間皇子の行刑地は、『日本書紀』に明記する「藤白坂」である。歴史を尊重する為にも、海南市の藤白坂でないことを、観客に分からせるべきだ。大化改新後の法制度を理解させる絶好の機会を逸したと私は想定している。新制度では、『唐獄官令』で定める「日未剋後」が、白浜から剋限に到達できる地点に当たる。観客を納得させる配慮がほしい。この様に眺めた場合、歴史を考えさせる上で、施行する法により順序よく話を進める手法が、福田恆存氏には欠けていた、と私は思っている。

劇中で赤鯖を蘇我赤兄の代わりに、松本幸四郎に語らせる場面がある。観客は劇の進行過程を凝視し、「アカエイに刺された」のセリフに途惑う。湧く筈の観客が湧かなかった。幸四郎ファンの期待に外れた致命的な場面を私は見る。史劇に馴れない人々に、工夫が欲しかった。大陸で成長した革命観に、観客は予備知識を持ち合わせていないのである。だから湧く筈の客が静まり、幸四郎の熱演に溶けこまなかった。静かな雰囲気は、幸四郎ファンをがっかりさせた。この異様な雰囲気に幸四郎の責任はない。劇作家として福田氏の、セリフの勉強不足を痛感する。古い記憶は七紀寿になった今も脳裏にある。

斉明天皇四年における有間皇子謀反未遂事件後、元明天皇の和銅元年になり、六十五年とすれば元正天皇の霊亀元年になる。森浩一氏が想定される女性天皇の時代、大規模な墓造成は歴史上存在しないのだから、歴史事実に添わない説は、森氏独自の推量としか考えにくい。

私見では、菅原道真が歴史を丹念に調べあげ、著作した『類聚国史』を尊重する。有間皇子については、巻八十八、刑法二、罪人上に、

有間皇子　蘇我赤兄付出

斉明天皇四年十一月庚辰朔壬午、留守官蘇我赤兄臣。

と明示する。一度決定した罪人を訂正できるのが天皇の専決権である。罪人有間皇子に対して宥免の「勅断権」を行使された話は聞いたことがない。従って歴史上、事実でない事柄をさも事実であるかの様に述べるのは、読者が従前抱いていた正義心を歪めるものと思料する。

昭和二十三年六月二十日、日本学術振興会・編者代表市川三喜により英文訳『万葉集』第三刷が岩波書店から定価七百円で発行された。

有間皇子の説明には、

父孝徳天皇の死後、若冠十九歳の皇子は公事問題（謀反）に巻きこまれ、死刑を宣告された。

と明記する。真相は『詩緯』思想の影響を受けて、皇子自身が固い意思の下で謀反を計画し、未遂に終ったのである。従って、本事件を『唐律令』に基づくと、若干訂正すべきである。

成稿一覧

序章　有間皇子自傷歌二首問題　（初出）

第一章　有間皇子の一生（『万葉集』巻二、有間皇子詠歌斉明丁巳年作）
（昭和四十四年度『大阪府私学教育研究論文集』第六回、『老教師の回顧』平成二十年再録）

第二章　戊午革運実現者劉裕・蕭道成の位相　（『老教師の回顧』第一章と同年・第四章第一節所収）

第三章第一節　律令時代における行刑の実体
（昭和四十二年度『大阪学院大学高等学校教員研究集録』、『まむしの愚痴』平成十一年再録）

同章第二節　中臣連金の死と行刑法　（『歴史と地理』第一五九号、昭和四十三年）

第四章第一節　塩屋連鯯魚寸考　（『日本上古史研究』通巻第五九号、昭和三十六年十一月）

同章第二節　古代における皇族の謀反―海人族の協賛―
（神戸市外国語大学同窓会会誌『楠ヶ丘』第九号、昭和四十年三月）

第五章第一・二節　罪刑法定主義下の謀反
（巽三郎先生古稀記念論集『求真能道』歴文堂書房、昭和六十三年）

同章第三節　斉明四年紀十一月庚寅条の藤白坂について　（『熊野路考古』三号、昭和三十八年九月・南紀考古同好会刊）

同章第四節　丹比小沢連国襲の行刑　（初出）

第六章第一節　殺目山寸考　（『万葉』七五号、昭和四十六年・親父謇謇録平成十三年再録）

同章第二節　有間皇子と有間皇子社　（『神道学』第五九号、昭和四十三年）

終章　（有間皇子『講演』の「結」。白浜町青少年研修センター、昭和六十一年・『老教師の回顧』第四章第二節追記）

索　引

人名索引

あ行

さ　行

た行

ま　行

や　行

ら　行

わ行

書名索引

あ行

か行

さ行

た行

な行

事項索引

跋文

『万葉集』巻二―一四一・一四二番歌は有間皇子の作品として有名です。契沖は『万葉代匠記』に斉明四年戊午の作として先例を記します。「謀反の事によりて、刑戮の辱に遭たまふ」と。その後佐佐木信綱・芳賀矢一両博士は加藤千蔭の『万葉集略解』上巻を引用されました。「此皇子叛給ふ事顕しかば、紀伊へ召しけるに、其国の岩代の浜にて御食まゐる時、松か枝を結びて、吾此度幸くあらば又還り見むと契り給ひし御歌也。其あくる日藤代にて命うしなひまゐらせつ」と説明されました。この解釈が通説となり、国文・史学界にまで影響を及ぼします。通説の出現です。

通説は大化改新後『唐律令』準用下における新解釈になります。この解釈は戊午の変不動の理論となりました。白浜裁判で有間皇子は謀反未遂罪で自白をさせられ、絞刑になりました。私は四十四年前「有間皇子の一生」と題して、大阪府私学論文集に寄稿し通説の誤りを指摘しました。

謀反罪は『唐獄官令』に「皆日未後乃行刑」の刑執行に注目し、海南市藤白にては実行不可と思考したからです。白浜裁判では『書紀』に拷訊の文言がありません。拷訊の実状は『保元物語』中に具体例が記されています。「謀叛人各召し捕らるる事」の項に、「刑法かぎりありければ、七十五度の拷訊を経、はじめは声をあげさけびけるが、後には声もせざりけり。悶絶躃地して絶入りけるこそむざんなれ」と。

この拷訊につきどの学者も考察がありません。白浜裁判の必要条件が『書紀』に明記しないことから無視したようです。利光三津夫氏の『裁判の歴史』を弁えぬからと思います。法制史の研究が一「謀反」で追求する必要が出てきます。本書を読んで戴く為には、通説の誤ちを理解して欲しく思います。

昭和十五年岩波書店は『英訳万葉集』を出版しました。訳文は通説の誤りを普及する結果を生みます。昭和三十四年編者代表佐佐木信綱博士が日本学術振興会から、銭稲孫の『漢訳万葉集選』を出されます。所が巻二―一四一・一四二番歌を省かれています。二首歌入りの『露訳万葉集』が、昭和四十六年、A・E・グルースキー氏によりモスクワ版が出ます。そして十年後昭和五十六年、岩波書店本をネガとして趙楽甡氏の『漢訳万葉集』本も出ました。

平成二十七年三月八日、カナダ・トロント大学名誉教授アントニー・リーマン氏がチェコ語訳『万葉集』を全訳で上梓された由を、朝日新聞三十二面に「第四回　NARA万葉世界賞」で報じました。記事には「致密な研究を進め、チェコ語の詩としての完成度の高さを追求した」とあります。

『唐律令』の準用が戊午の変の解釈上求められます。二首歌の成立事情が押しなべて斉明四年作と訳本に見られる故、学術的でありません。作品が同じであり、扱い方の相違する事は異常と言うべきでしょう。斉明三年作品を翌四年に解釈するのは、学問上否定するのが大切です。

昭和三十年阪口保氏は、二首歌が事件と関係なく旅の歌であると『挽歌の本質』で言われました。六年後平泉洸氏は「万葉集の挽歌について」の論文を、『芸林』第十二巻第四号に載せられます。「挽歌の意味・出典について契冲が代匠記に述べた解説が今日でも認められ……「有間皇子の作歌も刑死前の辞世歌とでも言ふべきもの」」とあります。旧説が『唐律令』を熟視されず、相変らず歌論史に拘泥された解釈を続けられた点注意すべきでしょう。

本事件は歴史的思考に立脚せねばなりません。歌論史分野に限定せず時の推移問題に、斉明天皇時代が『唐律令』準用であると位置づける事を痛切に感じます。

視点第一は有間皇子の詠首歌を斉明三年丁巳作と認める事です。中国で王朝革命が五世紀に連続しました。この現実を学者は注目する視点を持つべきです。後漢時代に「緯書」殊に『詩緯』の革命観に通じる故、第二の視点になります。

第三点は弱冠の皇子が劉裕・蕭道成の「老成人」という条件を軽視した故謀反に失敗します。皇子は『詩緯』に示す戊午の年を、倭国でも実行可能と判断します。世直しの必然性を黠という才能が働いたからです。

第四点は『唐律令』の受容が白浜裁判を、法制史問題として位置づけねばなりません。古代から現代に通用する革命思想を、マクロヒストリーの視点で察る為です。

第五点は『近江令』成立以前の斉明朝が、改新後十年経過である事を冷静に思考の要を抱きます。『唐律令』準用下である為です。『書紀』には白浜裁判の具体的説明が欠けています。E・H・カーが『歴史とは何か』(清水幾太郎訳、一九六二年作、岩波新書、二十五頁)で述べている指摘が参考となります。

歴史というのは現在の眼を通して、現在の問題に照らして過去を見るところに成り立つものであり、歴史家の主たる仕事は記録することではなく、評価することである。

白浜裁判は『唐律令』を用いて『書紀』に欠ける所を補うと、有間皇子一行には肝腎の拷訊事情が抜けています。拷訊の事理を弁えれば皇子が自白に追いこまれる審理過程を考察でき、絞刑になった決定も洞察できます。碩学には拷訊後の皇子が肉体上翌日の歩行に支障を来たす状況を考えられていません。尤も大切な視点は皇子が民の負担軽減を考えた事です。皇子の計画には理想社会に近づけようとする決断が、戊午年にこだわったと思われます。本事件は時・人物・場所・内容・理由の歴史視点で捉えるのが賢明でしょう。

皇子の行動には『詩緯』思想・戊午革命観が横たわります。この影響は大であり皇子の使命観に通じます。独立不羈行動が大陸で流行した新しい思想に注意すべきでしょう。

民を天命に置き換える思考が皇子にはありました。思想に世直しが連動しているのです。

皇子は自己犠牲を以て、公に役立つ精神を見せる様です。所謂使命観は吉田松陰が、楠木正成を学問の礎に置き、皇道の行方を案じたに等しく、世直行動に似通う点になります。

『旧唐書』巻一九〇下劉蕡伝に大和二年の策試賢良問題中百姓を思いやる言葉を載せます。

百姓塗炭之苦、陛下《文宗》無レ由而知。則陛下有二子育之心一、百姓無レ由而信。上出二悪政一、人為二寇盗一。臣聞国君之所二

以尊者一重二其社稷一也。社稷之所二以重者一、在二其百姓一也。苟百姓之不レ存、則社稷不レ得レ固二其重一。苟社稷之不レ重、則国君不レ得レ保二其尊一。故治二天下一不レ可レ不レ知二百姓之情一。

劉蕡の言葉を斉明帝に代えると有間皇子が謀反行動に走らざるを得ない心境を私は感じます。

有間皇子の人生に添って感じるのは、大陸思想に心酔したことが無視できません。戊午革運の世直しに一途の命を賭けた故です。戊午年の世直しは未老成の有間にとって、実行せねばならない必然仕事だったのです。律令制度最初の革命のために一身を捧げる、心の焦りが斉明四年、焦眉の急に感じられるのです。

民に対処する行動が皇子の良心に基づく資質に求められますから、弱冠皇子の宿命行為が人生体験不足であったのを痛感するのです。

程伊川の『孟子』の叙の引用文中には「学者はもはら時を識る要あり、若し時を識らずんば、学を語るに足らず」の言葉があります。有間皇子は戊午の歳に生命を賭けて、大陸で二度の王朝革命が存在した事実に執着しました。「老成人」の苦労を皇子自身にも備わると過信します。劉裕と蕭道成の周到な歴史的秩序の感覚が欠如していたと思われます。苦労を重ねて出来上る老獪さが皇子に乏しかった背景が浮かびます。謀反行動に一層の石橋を叩く用心をしなかったのが致命傷と云えます。時を識る学者の心構えを率直に述べた程伊川の言葉が合致します。

修士の学位を得たのが実に五旬前になりました。山本テイさんが研究の切掛を作られた歴史があります。本書を上梓するにあたり、和泉書院の方々には先年『儀礼文の研究第二巻日本誄詞』の件でお世話になりました。今また感謝を繰返します。拙い論稿が陽の目を見るのは望外の喜びになります。廣橋研三氏は私の筆遅を見込んで、編集の労をとっていただきました。老骨を支えて下さり感謝すること一入です。

平成廿七年四月八日三校の日

三　間　重　敏

■著者紹介

三　間　重　敏（みま　しげとし）

昭和　四年　島根県賀足郡津和野町生誕。
昭和三二年　神戸市立外国語大学英米科卒。
昭和四〇年　立命館大学大学院文学研究科日本史専攻修士課程卒。
昭和四二年　大阪学院高等学校、就職。
昭和四五年　兵庫県立尼崎北高校、転勤。
平成　二年　同伊丹北高校、定年退職。
平成　七年　私立神港学園高校、定年退職。

主要論文・著書
昭和三六年「塩屋連鯯魚寸考」発表。

昭和六三年「罪刑法定主義下の謀反」巽三郎先生古稀記念論集『求真能道』共著、歴文堂書房刊。

平成　三年　建多胡郡弁官符碑他二点『古京遺文注釈』共著、桜楓社刊。

平成一八年『高橋氏文注釈』共著、上代文献を読む会編、翰林書房刊。

平成一九年『儀礼文覚書』高麗仁宗大王謚冊文他五章、金子商店刊。

平成二五年『儀礼文の研究　第一巻　中国誄詞　研究の部』蔣介石の追悼文辞他、金子商店刊。

『儀礼文の研究　第一巻　中国誄詞　概説の部』金子商店刊。

『儀礼文の研究　第一巻　中国誄詞　史料の部』友月書房刊。

平成二六年『儀礼文の研究　第二巻　日本誄詞』和泉書院刊。

日本史研究叢刊　29

有間皇子の研究
―斉明四年戊午十一月の謀反―

二〇一六年二月一〇日初版第一刷発行
（検印省略）

著　者　三　間　重　敏
発行者　廣　橋　研　三
印刷所　亜　細　亜　印　刷
製本所　渋　谷　文　泉　閣
発行所　有限会社　和　泉　書　院

大阪市天王寺区上之宮町七―六
〒五四三―〇〇三七
電話　〇六―六七七一―一四六七
振替　〇〇九七〇―八―一五〇四三

ISBN978-4-7576-0785-9 C3321

日本史研究叢刊

11	日本中世の説話と仏教	追塩　千尋著	九〇〇〇円
12	戦国・織豊期城郭論 丹波国八上城遺跡群に関する総合研究	八上城研究会編	九五〇〇円
13	中世音楽史論叢	福島　和夫編	品切
14	近世畿内政治支配の諸相	福島　雅藏著	八〇〇〇円
15	寺内町の歴史地理学的研究	金井　年著	七〇〇〇円
16	戦国期畿内の政治社会構造	小山　靖憲編	八〇〇〇円
17	継体王朝成立論序説	住野　勉一著	七〇〇〇円
18	「花」の成立と展開	小林　善帆著	六〇〇〇円
19	大塩平八郎と陽明学	森田　康夫著	八〇〇〇円
20	中世集落景観と生活文化 阿波からのまなざし	石尾　和仁著	八五〇〇円

（価格は本体価格）